乡村70载 振兴跨百年系列丛书

中国乡村振兴

——驴业转型与脱贫攻坚

王玉斌　等○编著

中国农业大学出版社
China Agricultural University Press
·北京·

内 容 简 介

《中国乡村振兴——驴业转型与脱贫攻坚》是“乡村七十载　振兴跨百年系列丛书”的第二册，全书聚焦驴业转型与脱贫攻坚时代主题，用5章共52节的内容，从探寻驴业发展之路、明晰驴业发展之要、聚焦驴业发展之根、夯实驴业发展之基、铸就驴业发展之魂5个方面进行谋篇布局，多维度展现了驴业扶贫的跌宕起伏，客观记录了转型发展时期的生动感人故事，精心描绘了驴圈驴人在服务中国乡村振兴战略中的情怀与担当。

图书在版编目（CIP）数据

中国乡村振兴：驴业转型与脱贫攻坚／王玉斌等编著．—北京：中国农业大学出版社，2020.12

（乡村七十载　振兴跨百年系列丛书）

ISBN 978-7-5655-2484-4

Ⅰ．①中…　Ⅱ．①王…　Ⅲ．①驴－养殖业－经济发展－研究－中国　Ⅳ．①F326.33

中国版本图书馆CIP数据核字(2020)第263663号

书　名　中国乡村振兴——驴业转型与脱贫攻坚

作　者　王玉斌　等　编著

策划编辑　童　云　　**责任编辑**　陈颖颖

封面设计　郑　川

出版发行　中国农业大学出版社

社　址　北京市海淀区圆明园西路2号　　**邮政编码**　100193

电　话　发行部 010-62733489,1190　　读者服务部 010-62732336

编辑部 010-62732617,2618　　出　版　部 010-62733440

网　址　http://www.caupress.cn　　**E-mail** cbsszs@cau.edu.cn

经　销　新华书店

印　刷　涿州市星河印刷有限公司

版　次　2021年2月第1版　2021年2月第1次印刷

规　格　787×1 092　16开本　19印张　300千字

定　价　68.00元

《中国乡村振兴——驴业转型与脱贫攻坚》
编写人员

王玉斌　刘强德　鹿傲飞

王春洪　赵　飞　李　军

（以下人员按姓氏拼音排序）

董建宝　华　静　姜昊辰　李　杰　李　婕

李　乾　林　慧　刘文君　刘议蔚　任竹凌

孙荣荣　王凯文　王鹏程　王　妍　吴曰程

张冰洁　赵培芳　邹杰玲

序

中国畜牧业协会（China Animal Agriculture Association，CAAA）于 2001 年 12 月 9 日在中华人民共和国民政部注册成立，该协会是由从事畜牧业及相关行业的企事业单位和个人组成的全国性行业联合组织，是具有法人资格的非营利性社会团体，已经发展成为中国农业领域产值最高、规模最大、范围最广的社会组织，是中国 2 亿多农牧民行业利益的代表者。

中国畜牧业协会驴业分会于 2015 年 3 月注册成立，是由全国驴业养殖、加工、贸易及其相关行业的企事业单位和个人组成的行业联合组织，是代表中国养驴行业最广泛的非营利性社会团体。依托中国畜牧业协会的资源优势，驴业分会聚集了全国驴业各领域的顶尖专家和学者，每年召开一次全国驴业大会，根据需要适时开展专题调研、业务交流培训、行业标准制定、驴业扶贫与产业规划研讨等系列活动，定期发布中国及世界驴业动态信息及调研报告，围绕驴业健康持续发展发挥很好的服务、协调、维权、自律、管理、咨询、指导等作用。

中国农业大学经济管理学院畜牧经济研究中心近年来积极参与中国畜牧业协会以及驴业分会工作，尤其是 2017 年以来，王玉斌团队在缺乏经费支持的情况下，自筹经费深入新疆、宁夏、内蒙古、辽宁、河北、山东、山西等 10 多个省（自治区）开展调研，足迹遍布城市与乡村、山区与大漠、车间与圈舍，与驴业分会联合开展了“投身驴产业 · 责任勇担当”“驴产业扶贫”等典型案例征集活动，多次参与驴业分会组织的调研和行业咨询活动，撰写了大量高质量调研报告和政策建议。2020 年年初，王玉斌老师主笔的《亟需尽快叫停适繁母驴屠宰》获国家有关领导的重要肯定性批示；新冠肺炎疫情之初，王玉斌老师又聚焦驴业发展，在《中国农网》等媒体发表 10 多篇系列文章，助推驴业扶贫与升级发展。正是基于多年的扎实工作和突出贡献，2020 年 9 月，王玉斌老师获评“第六届中国畜牧行业先进工作者”，确属实至名归。

王玉斌老师精心策划的“乡村七十载　振兴跨百年系列丛书”之二聚焦中国乡村振兴——驴业转型与脱贫攻坚主题，联合中国畜牧业协会副秘书长兼驴业分会秘书长刘强德、驴业分会副秘书长王春洪等同志一道组织、挑选和审定稿件。本书将成为中国驴业经济领域第一部著作，也是该领域内致力于中国乡村振兴的一部力作。

在此，我特向他们卓有成效的工作表示祝贺！向他们投身驴业、振兴驴业的炽热情怀与责任担当致以由衷敬意！

中国畜牧业协会会长

中国畜牧业协会秘书长

二〇二〇年十月十日

前　言

中国农业大学经济管理学院创办93年以来，一代又一代经管人牢记“格物致知”“经世致用”和“潜心‘三农’”理念，凝心聚力为国育栋梁、为农谋出路、为民解烦忧。2020年是新中国成立71周年，也是决战决胜脱贫攻坚之年和“两个一百年”奋斗目标历史交汇期的关键之年，乡村振兴战略扎实推进。中国农业大学经济管理学院畜牧经济研究中心携手中国畜牧业协会驴业分会，聚焦新时代“三农”工作召唤，紧扣“乡村振兴战略”主题，围绕“驴业转型与脱贫攻坚”，深入农业农村一线开展深入调研，联合开展“投身驴产业·责任勇担当”“驴产业扶贫”等典型案例征集活动，并结合驴业大会征集到的稿件进行了筛选和完善。在中国农业大学经济管理学院和国家农业农村发展研究院领导的支持下，经编撰团队紧张细致、认真高效工作，在中国农业大学出版社有关领导和老师的指导帮助下，“乡村七十载　振兴跨百年系列丛书”之二《中国乡村振兴——驴业转型与脱贫攻坚》终于顺利付梓。

本书聚焦驴业转型与脱贫攻坚主题，共分为5章。第一章　追根溯源：探寻驴业发展之路，探讨了我国驴业发展的历史进程、动力、现状及其趋势、省际比较、绿色发展等方面的内容；第二章　转型创新：明晰驴业发展之要，探讨了品质品牌、特色优势、文化传承、疫病防控、三产融合等方面的内容；第三章　脱贫攻坚：聚焦驴业发展之根，探讨了驴业扶贫之路、养驴“致富经”、老区脱贫攻坚、消费扶贫、模式创新等方面的内容；第四章　调查研究：夯实驴业发展之基，探讨了优势区域发展、遗传资源保护、国际经验借鉴、功能产品开发等方面的内容；第五章　薪火相传：铸就驴业发展之魂，介绍了产业、人才、文化、品牌等方面的典型案例。

本书涉及的52篇文章当中，驴业大会投稿15篇，报纸、采访等媒体稿件12

篇（原文 15 篇，部分文章进行了合并），征文稿件 9 篇，驴业分会公众号文章 9 篇，相关领域期刊文章 6 篇，课题报告 1 篇。在编辑出版过程中，编者对上述文章进行了规范性修改。

作为在驴业经济方面的探索性工作，本书在成稿过程中虽然遇到了许多困难，但也得到了相关各方领导和同仁的大力支持和帮助，在此一并致以诚挚谢意！

王玉斌

二〇二〇年十月十日

目　录

第一章

追根溯源：探寻驴业发展之路

引言：熟稔历史以更好地预知驴业未来。伴随毛驴由役用转向商用，近年来驴业发展之路磕磕绊绊、一波三折。回望来时路探寻新趋势，需要总结历史和国际经验，需要区域比较和归纳梳理，需要分析行业发展中的大事借以认清发展之大势，需要激发内源动力和顺应绿色环保发展要求，需要面对新时代进行战略性思考。

第一节　我国驴产业发展的历史进程①

驴产业是特色畜牧业的重要组成部分，我国是世界上罕有的集驴养殖、屠宰、精深加工及销售于一体的全产业链的国家。消费是现代生活的重要组成部分，是实现美好生活的重要方式。随着对品质生活要求的提高，人们对动物性食品的需求也逐渐多样化、精品化。在这一背景下，驴产业不断升温，大中小城市几乎到处可以见到驴肉餐馆，但是驴肉并没有普遍摆上百姓家的餐桌。从现有政策来看，我国支持驴产业发展的政策措施还相对零散，大多是区域性的；从支持力度来看，我国还没有将驴产业发展上升到民生层次，给力的支持政策并不多见。面对新形势、新任务和新挑战，如何实现"双向协同共促发展"值得探究。本节重点对我国驴产业的发展特点及困境进行剖析，进而提出推动驴产业升级发展的政策建议。

一、我国养驴史及其发展现状

1. 驴在我国豢养历史悠久，其迁移与扩散途径与古丝绸之路重合

驴由野驴经过长达 5 800 多万年的时间进化而来，野驴又分为亚洲野驴和非洲野驴。早在公元前 5 000 年，非洲野驴就被人类驯化。考古学者研究发现：家驴最古老的遗骸来自 6 000～5 000 年前的埃及，稍晚出现在美索不达米亚和伊朗；国内学者王长法教授及其团队指出：家驴首先在东北非被驯化，然后在 7 000～3 500 年前迁移到埃及和西非，自 4 000～2 000 年前以来，一些家驴从埃及迁徙到欧洲及中亚。据《吕氏春秋》《史记》《盐铁论》等古书记载，我国养驴始于殷商时期，当时驴作为奇畜贵兽存在，被视为难得的珍贵动

① 本节内容原文发表于第五届(2019)中国驴业发展大会暨第三届国际毛驴产业发展论坛，原题为"我国驴产业发展进程与产业思考"，作者为张伟、朱曼玲、齐鹏飞（山东省农业科学院畜牧兽医研究所），张燕（山东省农业科学院生物技术研究中心），王长法（聊城毛驴高效繁育与生态饲养研究院），嵇传良（山东天龙驴产业研究院），门建军（聊城新亨祥农业科技有限公司）。略有修改。

物豢养于宫廷，供王公贵胄观赏娱乐。西汉陆贾在《新语·道基》篇中提道："夫驴骡骆驼，犀象玳瑁，琥珀珊瑚，翠羽珠玉，山生水藏，择地而居。"秦始皇统一中国后，西北地区的驴、骡更易进入内地。西汉张骞通西域后，随着与中亚、西亚直至地中海各国的商贸交易的日益频繁，大批驴、骡也沿着丝绸之路东来。2011 年 1 月，在陕西蓝田新街遗址（仰韶文化晚期与龙山文化早期，距今 4 350～3 950 年），考古工作者发现了一具完整的驴骨（图 1-1）。"驴"字在东汉才开始出现，许慎《说文解字》中说道："驴，长耳，从马。骡，驴子也。"北魏时杰出的农学家贾思勰所著的《齐民要术》中就有养驴和相驴方法的记载。至唐代，驴的驯养已普及至当时的中原各地，驴的分布几乎遍及北纬 32°～42°，约覆盖我国面积 100 万千米^2，驴成为主要役畜之一。在历史上，驴是农民生产生活的重要工具，为中国的农耕文明做出了巨大贡献。在典型的半丘陵山区，特别是在一些偏远地区，驴至今仍在不辞劳苦，默默耕耘，早已与人类社会融为一体，同老黄牛一样，成为吃苦耐劳、甘于奉献的文化符号。如唐代白居易有诗云"机梭声札札，牛驴走纷纭"，宋本《清明上河图》中描绘动物共有 208 头（只、匹），其中驴骡最多，达 56 头。

图 1-1　陕西蓝田新街遗址出土的完整驴骨①

---

①　华夏经纬网，2011 年 1 月 24 日。http://www.huaxia.com/zhwh/kgfx/2011/01/2269902.html.

2. 驴以其独特的生物学特性，在美食界获得“天上龙肉，地上驴肉”的无上褒扬

驴作为中国中医药文化和美食文化的代表，奉献了皮、肉、乳等，具有特殊的价值和市场潜力。据明代李时珍所著《本草纲目》记载：“驴肉味甘、性温。可解心烦，止风狂；治多年消渴，无不者；补血益气，治远年劳损。”每 100 克驴肉约含蛋白质 18.6 克、脂肪 0.7 克、钙 10 毫克、磷 144 毫克、铁 13.6 毫克、胆固醇 0.007 4 毫克。驴肉具有“三高”（高蛋白、高必需脂肪酸、高不饱和脂肪酸）、“三低”（低脂肪、低胆固醇、低热量）的特点，富含的不饱和脂肪酸约占高级脂肪酸总量的 70%，对动脉硬化、冠心病、高血压病人有着良好的保健作用。驴肉中的鲜味氨基酸含量较高，这使得驴肉更加鲜美，口味与营养价值融为一体，成为极受消费者欢迎的肉食品之一。驴乳的营养成分非常接近人乳；维生素 C 含量高，为牛乳的 4～5 倍；胆固醇含量低，仅为牛乳的 15%；驴乳属高蛋白低脂肪乳品，脂蛋比的平均值为 0.21；驴乳中富含丰富的 EGF 因子，单不饱和脂肪酸含量多，蛋白主要是乳清蛋白（乳清蛋白可以通过升高谷胱甘肽水平，抑制乳腺癌、结肠癌等某些癌症细胞的生长）。驴皮为“国药瑰宝”阿胶的主要原料，含有 18 种氨基酸，具有补血、止血、抗休克、增强机体免疫力等多种功效。驴骨中富含的胶原蛋白，可用于制造保健、美容等产品。驴血中含有丰富的蛋白质、微量元素和其他一些生物活性物质，被称为“液体肉”。驴胎盘具有补肾益精、健脾益气的功效。驴阴茎性温，有益肝补肾、强壮筋骨的功效。驴的蹄甲具有解毒消肿之功效，常用于痈疽疮疡防治。

3. 驴产业是完美对接乡村振兴，实现新旧动能转换的典范产业

乡村振兴的关键是产业振兴。近几年来，随着国家政策对发展草食畜牧业的大力支持，作为典型草食畜牧业代表的驴特色养殖业得到迅速发展。按照育肥模式，一头驴经过 10 个月的饲养周期，获益 1 000 元；按照繁育模式，一头繁育母驴每年获益 4 880 元（驴驹净收益）；按照驴乳生产模式，一个生产周期，一头哺乳母驴获益 5 000 元。2005—2016 年，活驴、驴肉价格上涨 3 倍，同期阿胶价格上涨 40 倍，驴皮价格上涨 100 倍。可以说，把养驴作为精准扶贫项目前景光明。随着经济社会发展进入新阶段，驴产业展露出满足产

品消费、承载农牧循环、推动结构调整、实现扶贫脱贫等多种重要功能。目前，驴产业扶贫脱贫领域已经探索出了聊城“龙头带动”、敖汉“小规模大群体”、法库“市场培育”等多种扶贫模式，搭建了“政策、融资、技术、交易”平台。大力发展驴产业，契合《国家创新驱动发展战略纲要》和“一带一路”等国家倡议。驴产业是完美对接现代畜牧业“调结构，促增长”供给侧结构性改革、乡村振兴的产业，是落实传统产业新旧动能转换、脱贫攻坚的典范产业。《全国草食畜牧业发展规划（2016—2020 年）》等多个文件支持驴产业发展，2018 年启动驴遗传资源改良计划，2019 年开展驴特色产业调查研究。2018 年 7 月，中央要求农业农村部在指导各省落实乡村振兴战略和扶贫攻坚时，统筹考虑驴产业发展，通过加强先进科技推广力度，带动提升驴产业发展水平。因此，各级政府对驴产业的关注度持续提高，据不完统计，12 个省 20 个市县相继出台了 34 个促进驴产业发展的扶持政策。

二、我国驴产业的特点

1. 驴的种质遗传资源丰富，但在畜牧业中受重视程度不够

世界上驴的遗传资源十分丰富，据联合国粮食及农业组织（简称“联合国粮农组织”）2014 年调查，约有 194 个品种（欧洲 60 个、美洲 31 个、非洲 27 个、中东 44 个、泛亚 32 个），数量约为 4 276 万头。我国是传统养驴大国，驴存栏数约占世界总量的 15%。根据全国第二次畜禽资源调查显示，我国现有驴种资源丰富，生态类型繁多，有 24 种家驴、1 种蒙古野驴、1 种藏野驴，其中德州驴（分布于山东德州、滨州地区，河北沧州地区）、关中驴（分布于陕西西安至宝鸡地区）、广灵驴（分布于山西广灵地区）、新疆驴（分布于新疆和田地区）、泌阳驴（分布于河南泌阳地区）5 个品种已被列入国家级畜禽遗传资源保护名录。但长期以来，驴产业在现代畜牧业生产中受重视程度还不够，养驴的组织化程度和规模化程度都较低，散养仍然是主要模式，缺乏科学的饲养和管理方法，导致驴整体生产水平低下，主要表现为营养不均衡、饲料报酬低、增重慢、繁殖力不高、出栏率和出肉率低等。这与驴的养殖技术基础研究与实践推广落后有较大关系：一方面，国家对有关驴的科研立项较少，国家重大科技计划、农业产业技术体系、良种补贴等项目均未将驴列

入，导致从事驴业研究的科技力量非常薄弱，远远落后于猪、牛、羊、禽产业的发展；另一方面，由于驴役用功能的弱化，我国驴存栏量从 1996 年的 944.4 万头，减少到 2017 年的 267.8 万头，20 多年来驴的存栏量减少了 70%以上，而且还在以每年约 30 万头的数量递减（图 1-2），若不及时采取相关措施，将面临濒危境况。虽然驴业发展身处逆境之中，但不可否认的是，驴在现代畜牧业生产中的发展潜力和提升空间巨大。

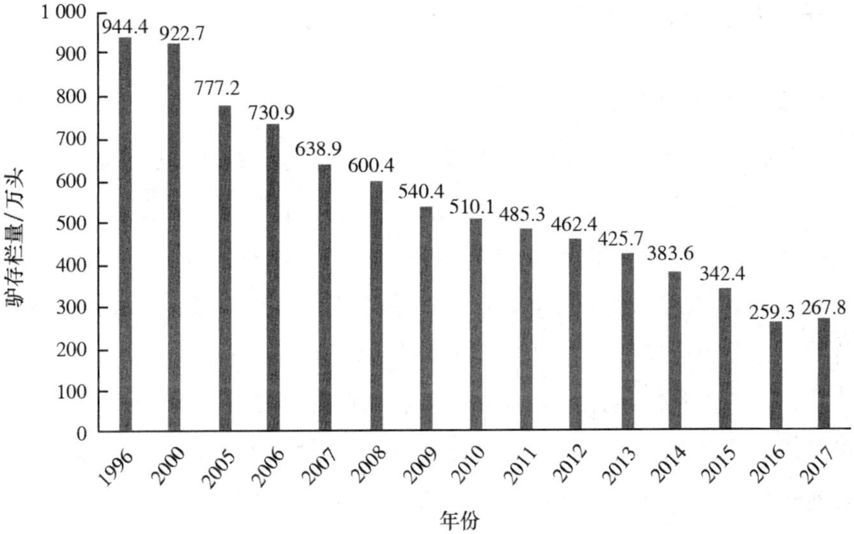

图 1-2　中国驴存栏量统计（1996—2017 年）

2. 驴产业是一二三产业融合度较高的产业

驴产业是我国的名优新特产业。因宗教信仰、民族风俗、地区经济发展情况等差异，驴在国外大多作为役用或宠物饲养，延伸的产业发展基础薄弱。而我国具有相对完善的驴产业链条，即以饲养繁育为基础的养殖业，以驴皮、驴肉、驴乳等畜产品加工为主要内容的传统加工业，以孕驴血清、雌性激素等生物制品为主的创新型技术密集产业，是集驴养殖基地建设、屠宰加工、驴肉销售、阿胶生产于一体的全产业链。随着养驴业的升温，用科技提升驴产业技术含量、增加养殖效益，用规范的技术标准推动产业价值倍增，使驴产品生产加工能力不断增强。例如，山东省阿胶深加工企业众多，生产加工能力占全国 90%以上，共有阿胶类产品生产企业 96 家，其中，药字号阿胶生产企业 9 家、健字号阿胶企业生产 20 家。山东省培育了东阿阿胶、福牌阿胶、宏济堂等多个全国甚至国际知名名牌，阿胶及系列产品总产值 400 多亿元，利税 50 多亿元，直接从业人员 1.5 万多人，产业带动 10 万多人就业。市场上也出现了专业化的驴肉加工、驴饲料研制、驴乳开发公司，如山东东阿天龙食品有限公司、北京泽牧久远生物科技研究院、新疆玉昆仑天然食品工程有限责任公司等。

三、我国驴产业发展中亟待破解的困境

1. 驴良种繁育体系尚未建立

作为原始品种，我国驴品种尚未在皮、肉、乳用等方向进行系统培育，生产性能不够突出。我国的驴品种虽然对当地风土环境具有良好的适应性和较强的抗逆性，但由于缺乏专门化的系统培育，没有形成性能优越的品种，也无系谱记录和生产性能测定数据。怀孕期长、繁殖率低、生长速度慢等生物特性成为驴产业发展慢、驴数量下降的自然因素。正常母驴 2.5 岁配种，3 年 2 胎，每胎 1 驹。在常见家畜中，母驴的妊娠期最长，平均达 360 天，基础母驴受孕率仅为 60%～70%。繁殖力低不仅导致现有驴群的扩繁速度慢，而且使新品种的培育周期延长。一个存栏为 1 000 头母驴的饲养场，依靠自繁大约需要 12 年才能达到 10 000 头规模。而目前地方驴品种多数处于濒危状态，虽然原产地建立了资源保种场，但由于经济效益低、饲养成本高，难以长期维持，亟须保护与开发利用。此外，国内外对母驴生殖生理研究较少，其繁殖技术总体较其他家畜落后。在生产上应用的只有人工授精，母驴的情期受胎率不足 40%，远低于其他家畜。

2. 驴的养殖模式和饲养技术亟须改变

虽然我国农牧民一直有养驴的传统和经验，但主要还是粗放饲养，目前 50 头以下的家庭式小户散养仍然是主要模式，养驴的组织化程度和标准化程度都较低，规模化养驴场仅占 5%左右。由于缺乏科学的饲养和管理方法，驴的饲料报酬低、出栏率低等问题突出，在一定程度上制约了驴产业的快速发展。现代驴产业的市场消费要求阿胶、驴肉、驴乳和其他相关驴产品要有安全、稳定、质量均一等特性，即对现代驴产业所提供的产品提出了均质性和

稳定性的要求。而要实现以上目标，驴产业必须走专业化、规模化、集约化发展之路。

作为大型非反刍草食动物，驴具有抗逆性强、消化能力强、耐粗饲、饲料转化率高等特点，青草、干草、秸秆等农业废弃物为驴的主要饲料来源，饲料资源广泛。成年驴每天采食干物质占体重的3%左右，与马相比，驴的采食量低30%，而消化率高30%。一般一头250千克的成年驴每年可以消耗农作物秸秆等粗饲料2 000千克。但在驴饲料加工技术、饲喂管理技术方面，如何促进饲养技术的转变及其标准化突破仍是驴产业健康发展的薄弱环节，需要强有力的科技支撑。

3. 三产融合利益分配不合理

目前，驴产业中的一二三产的利润分配还不平衡，三者的效益差距显著。如养殖户繁殖饲养母驴，每头母驴在一个泌乳期收益为2 000元左右，6个月驴驹收益为4 000元左右，如果购买幼驹育肥6～8个月，收益为800～1 000元。屠宰场一般性分割每头收益为300～500元。阿胶产业链中，驴皮商贩每张驴皮赚100元左右。一张鲜驴皮按生产阿胶2.5千克算，收益为12 000元左右。驴产业各环节之间，尤其是中小规模从业者之间抱团发展的意识淡薄，各自为战，使得本就岌岌可危的产业市场更受冲击。如何让更多养殖户能够进入二、三产业领域，参与到二、三产业的增值分配过程当中，如何分享增值收益，培养合作共赢机制，结成利益共同体，这里面涉及很多具体问题有待解决。无论是养驴的人卖不出去毛驴，也卖不出去产品，还是有市场的人，没有稳定的原材料可用，抑或是养殖和市场之间严重脱节，驴产业都很难发展。另外，国外的进口冻驴肉，国内的马、骡肉等充斥市场，严重扰乱驴肉价格，尤其是进口冻驴肉肆无忌惮地冲击市场，压得真驴肉、好驴肉抬不起价。

4. 驴产业的可持续发展亟须多点发力

目前，整驴效益的80%～90%体现在驴肉，驴产品精深加工的水平有待进一步提高。驴产业可持续发展面临加工产值与养殖产值比率不协调，原料供给、生产加工和产品终端市场供求信息不对称等问题，围绕驴产业，以“互联网+”、信息化、电子商务为特征的现代商贸物流体系尚未形成，生产加工链条还需提质增效。由于销售渠道窄、销售量小，无法形成连续屠宰，造成活驴收购成本及屠宰成本偏高。活驴价格看驴皮价格，即“以皮谋驴”现象突出。以大型德州驴15月龄、体重175千克以上为例，其收购价格为市场价溢价1 000元，将刺激农户的养殖积极性。驴皮是制作中药阿胶的主要原料，随着驴存栏量的减少，驴皮的市场供应量也急剧减少，已成为制约阿胶行业可持续发展的瓶颈。由于使用国内外驴皮的品种不同、生产环境不同等原因，驴皮的大小、皮质等不统一，造成阿胶产品出胶率不一致，严重影响了驴产业的持续健康发展。另外，驴产业在全国地理产品标识的基础上，尚未建立完整的全产业链标准，驴的生态价值、地理价值、品牌价值、健康价值、功能价值等多种价值还没有完全释放。

四、驴产业发展趋势及对策

1. 科学的标准化养殖是驴全产业链模式的重要支撑

以标准引领行业发展，可以规范企业行为，降低生产成本。标准化精准饲喂对提升养殖经济效益，提供安全、稳定和质量均一的畜产品具有重要的意义。当前，驴的规模化养殖还没有建立和完善集约化饲养管理综合配套体系，在精准养殖技术方面基本空白，在驴场的标准化建设、自动化养殖和规范化管理等相关配套技术方面都处于起步阶段，急需绿色保健等关键技术为产业提质增效及健康可持续发展保驾护航。在发展模式上，驴产业应融合一二三产业，将短期育肥模式转变成长期可持续发展的基础母驴繁育模式，通过循环发展，提升驴产业价值链的整体效益。在养殖模式上，驴产业应大力发展小区、大户集中饲养的适度规模标准化养殖模式，但不能局限于必须搞大规模养殖的常规思维，形成单户养殖规模小但区域群体大的态势。

2. 建立驴高效繁育技术体系和新品种培育体系势在必行

建立完善的驴高效繁育技术体系，利用已有丰富的遗传资源，培育专门化的肉用、药用、乳用、役用或兼用优良驴的新品种是驴种质资源发展的方向。地方驴品种有较强的环境适应性和抗逆性，但没有进行专门化的系统选育。近30年来，除存栏量逐年减少外，驴种质资源退化、流失、混杂严重，生产性能不突出，已无法满足驴产业发展需求，急需具有优良的产皮、产肉或产乳性能，生长发育快、繁殖力强，饲料报酬率高、群体生长性能一致性好的品种。此外，母驴是妊娠期最长的家畜，其发情表现不明显，个体间排卵间隔差距较大，最佳配种时间难以掌握，致使基层繁育驴群体配种率、妊娠率、产驹率、存活率和群体繁殖力不高。目前，在规模化驴场，普遍应用的人工授精技术总受胎率也仅为70%左右，远低于其他家畜，不能适应驴产业的发展需求。如何利用目前的遗传资源，培育新的皮用、乳用和肉用品种，是我国驴产业发展应首先解决的问题。

3. 活体开发宽度和产品加工深度是驴产业化发展的核心动力

驴产业发展呈现新的趋势，产品消费量及增长速度直接决定了驴产业的发展前景，其功能与作用也逐步转变。目前，驴肉产品相对单一，缺乏成熟的驴屠宰标准和分级分割标准，驴的私屠滥宰现象普遍。驴屠宰加工企业规模小，设备简陋，技术含量低，宰后品质参差不齐；驴肉的九分体分割粗放，产品多样化和精细化分割程度低，食用方便性差，驴冷鲜肉市场占有份额低；驴产品缺乏市场上涨动力，利润空间有限。对于中小规模的驴产品加工企业，其加工技术尚需提高，特别是驴肉加工企业，很多还带有小作坊的性质，需要从硬件和软件方面进行提升；对于规模大的驴产品加工企业，其缺乏系统的肉驴生产、屠宰、加工等质量标准和高端驴肉生物制品的开发，面临的问题主要是品牌提升与推广，驴产品需要得到更多消费者的认同和接受。笔者经考察综合其他畜种，建议在以下几个部位进行分割：（带皮）驴肉、驴腱肉、驴腿肉、驴排骨、驴龙骨、驴耳朵、驴脸肉、驴心、驴肚、驴鞭、驴蹄、驴尾巴、驴蹄筋、驴板肠、驴口条等。目前，在所有驴副产品中，除驴皮的利用较好外，其他的驴副产品的综合利用还处于初级阶段，亟待开发。如驴骨胶原、驴胎盘和驴鞭中的活性物质的提取工艺处于待开发阶段；驴油和驴血的营养价值有待研究开发；与牛乳相比，驴乳产品研发滞后，市场占有份额极低。因而，要扩大驴活体开发宽度，提高驴产品加工深度。

4. 培育规范、公平、诚信的交易市场是驴产业成熟的必由之路

整合行业信息，提供价格分析、政策解读、养殖技术等资源，以解决产品不可追溯的问题，解决行业所需信息分散且相互矛盾而不能有效指导行业发展的问题。我国驴产业地域发展不均，驴主产区主要集中在偏远山区，如西北和东北地区（蒙东辽西、晋冀蒙交界、陕甘宁交界、南疆）、丘陵地带和

少数民族聚居地，但驴肉消费却主要在北京、天津、河北、山东、河南等东部、中部地区以及南方的大中城市。长期以来，进口冻驴肉、国内老龄驴肉以及进口马肉等劣质肉大量冲击市场，其成本价格仅为3岁驴鲜驴肉的1/3，导致市场价格严重畸形，大量养殖户在驴皮不景气的大背景下苦不堪言。然而，在国家海关进口商品目录中，根本没有驴肉这一项，也就是说，国内市场上流通的外国冻驴肉全部为走私货物，严重危害到产业的发展。另外，活驴交易不规范，驴源体况参差不齐，销售以线下交易为主，毛驴养殖分散，销售价格不透明，不同年龄段驴混合销售，交易手段落后、交易秩序混乱。驴源掌控在驴贩子手里，交易靠目测估价，交易驴的信息缺乏、健康状态无法保证，造成驴及其产品的运输、销售和交易不畅，使驴肉市场无序化加重，活驴资源减少，驴产品的市场竞争力降低。因此，培育和树立驴产品的规范消费习惯，加大科普力度，需要专业人士、政府、媒体等社会资源共同推动，让消费者乐于消费，放心消费。

5. 理顺发展机制，多渠道创新支持驴产业发展

驴产业要想实现可持续发展，有两点很关键：一是产业龙头要承担引领责任，适当让利于产业链中的薄弱环节，实现产业的健康和可持续发展；二是中小规模从业者要实现互助合作，争取正当权益和市场话语权。政府出台的具体政策措施，要兼顾行业内中小规模从业者的权益，引导产业重点突破，但也要均衡发展，重点拓宽融资渠道，充分利用扶贫到户贷款贴息、金融扶贫、产业扶贫等利于畜牧业发展的优惠政策，建立科学合理的养驴补贴机制，重点解决发展创业的资金问题。以机制创新、科技创新、品牌创新为动力，重点解决驴产业中母驴基数少、饲养技术差等问题，实现驴产业中饲养繁育、疾病防控、加工销售等环节无缝衔接，突破驴资源产业链条深度开发的瓶颈。同时，大力培植以市场为导向、龙头企业为依托的“温氏产业化”发展模式，以订单形式收购。目前，部分养驴户已有退出的念头，但实际上，养驴数量在短期内不会下降。在自繁自育的情况下，驴价30元/千克仍会有一定的效益可言，若按养驴户购买120千克左右的良种驴驹计，所得利润的关键在于当时良种驴驹的购买价格。经过8～10个月的育肥，驴的养殖成本不低于2 500元，即便驴价有所下跌，一般也没有人舍得处理基础母驴。当前不少地

区仍在大力发展养驴业，特别是基础母驴，一些地区甚至将养驴作为精准扶贫项目来发展。从目前市场上驴驹销售情况便可以看出，母驴驹售价和需求量仍要高于公驴驹。在基础母驴还在不断增加的情况下，未来数年内养驴数量肯定还会有所增加。同时，之前默许驴皮、驴肉出口的非洲、南美的国家，已经或正在出台法令，禁止其国家的毛驴屠宰和出口业务。中国对驴的需求，最终还是主要靠自己解决，这对国内的驴产业发展是个利好。国家应加大支持力度，建立“政府搭台、协会建台、专家站台、媒体助台”的合作机制，通过完善驴产业链和刺激民众消费，加速驴产业的恢复与发展。利用产业融合手段，通过发展特色餐饮、观光旅游、文化展览、休闲体验等多种形式，拓展产业发展空间，提升区域品牌价值，延伸产业链，并打通现代农业产业链，开拓市场、引导消费，以产品优势和品牌效应上接市场、下联基地，拉动驴产业整体向好发展。

第二节 中华人民共和国成立后养驴业发展的动力①

2019年是中华人民共和国成立70周年，70年中国的变化翻天覆地，70年中国的养驴业也随着时代变迁发生了历史性的变化。回顾养驴业的这段历史，探究70年来养驴业的发展本质，对于今后中国养驴业的发展是非常重要的。

一、70年中国养驴业的发展阶段

我国已有4 000多年的养驴历史，曾经是世界上养驴最多的国家。驴的存栏量，1949年为949.40万头，2017年为267.78万头，中间经过了大起大落

① 本节内容原文发表于第五届(2019)中国驴业发展大会暨第三届国际毛驴产业发展论坛，原题为“新中国70年养驴业的发展动力”，作者为杨怀伟(内蒙古自治区兴安盟突泉县农牧和科学技术局)。略有修改。

（图 1-3、表 1-1①），大致可以分为以下六个阶段。

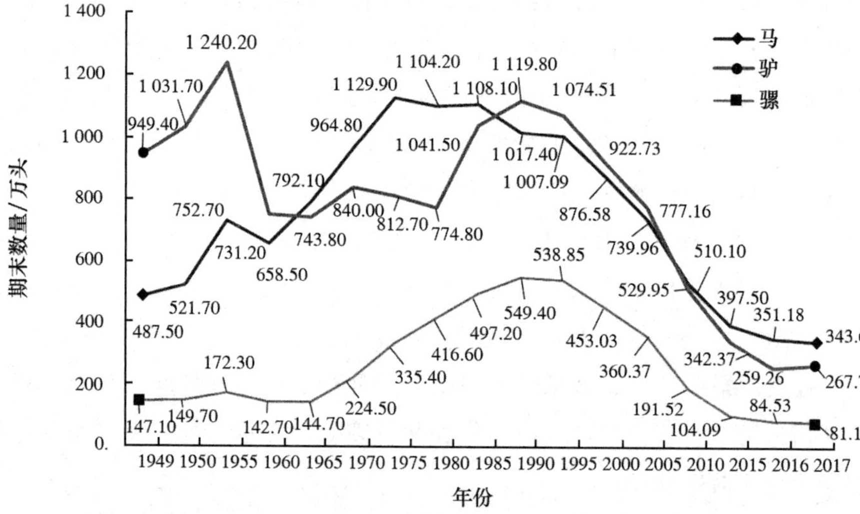

图 1-3　1949—2017 年中国养驴业的年度期末存栏数量变化

1. 快速发展期

1949—1955 年，从 1949 年年末的 949.40 万头，到 1955 年年末的 1 240.20 万头，增长了 30.6%。这一阶段，国家逐渐进入和平发展时期，土地改革，小农经济得到巨大发展。但战争没有完全停止，抗美援朝时期，我国养驴数量始终在养马数量之上。养驴业的功能主要是提供运输、耕作动力。养驴起点低、花费少、起步快，小农经济投入积极性高。除了自然淘汰，驴的存栏数量只增不减，从而快速储备。1954 年，驴的存栏量多达 1 270.00 万头，这个数字是我国养驴数量的峰值，之后的高点是 1990 年年末的 1 119.80 万头，也没超越这个数字，而未来我国还会养这么多的驴吗？

2. 快速收缩期

1956—1965 年，从 1956 年年初的 1 240.20 万头，减少到 1965 年年末的 743.80 万头，1960 年较 1959 年的减少达到了 16.64%。1959—1961 年之后，在 1962 年年末，驴的数量降至 645.40 万头，之后逐渐回升。1956—1962 年，

① 图 1-1、表 1-1 均来源于国家数据 http://data.stats.gov.cn/easyquery.htm? cn=E0103.

马、驴、骡合计数量总体在减少，1962 年年末，降低至 1 409.80 万头，然后缓慢增长。1963 年，马属家畜内部结构发生一个特征性变化，马的数量第一次超过驴的数量。这也表明养驴的经济效应变化与农业合作化、人民公社化发展是紧密相连的，对于驴的需要，集体经济比小农经济低。在“三年困难时期”，数以百万头的驴成为食品，补充粮食的短缺，耕驴、役驴、骑驴、车驴等变成了食用驴，因为提前淘汰出栏宰杀，驴的寿命非自然减短，驴群存栏量减少。

表 1-1　全国马、驴、骡年末存栏　　万头

时间	马	驴	骡	驴增/%	马属合计
2017	343.64	267.78	81.12	3.29	692.54
2016	351.18	259.26	84.53	−24.27	694.97
2015	397.50	342.37	104.10	−10.75	843.96
2014	415.75	383.62	117.40	−9.89	916.72
2013	431.68	425.71	138.50	−7.94	995.43
2012	465.24	462.43	159.00	−4.71	1 086.63
2011	515.39	485.28	171.10	−4.87	1 171.74
2010	529.95	510.10	191.50	−5.60	1 231.57
2009	562.28	540.35	219.70	−10.00	1 322.30
2008	594.74	600.38	243.80	−6.03	1 438.92
2007	646.69	638.90	291.00	−12.58	1 576.62
2006	719.34	730.87	345.50	−5.96	1 795.70
2005	739.96	777.16	360.40	−1.86	1 877.49
2004	763.85	791.91	374.00	−3.51	1 929.71
2003	790.02	820.69	395.70	−3.43	2 006.45
2002	808.77	849.88	419.40	−3.59	2 078.09
2001	826.00	881.50	436.20	−4.47	2 143.70
2000	876.58	922.73	453.00	−1.29	2 252.34
1999	891.40	934.80	467.30	−2.20	2 293.50
1998	898.10	955.80	473.90	0.31	2 327.80
1997	891.20	952.80	480.60	0.89	2 324.60
1996	871.50	944.40	478.00	−12.11	2 293.90
1995	1 007.10	1 074.50	538.90	−1.63	2 620.45
1994	1 003.80	1 092.30	555.20	0.34	2 651.26
1993	995.90	1 088.60	549.80	−0.88	2 634.30
1992	1 001.70	1 098.30	561.00	−1.57	2 661.00
1991	1 009.40	1 115.80	560.60	−0.36	2 685.80

续表 1-1

时间	马	驴	骡	驴增/%	马属合计
1990	1 017.40	1 119.80	549.40	0.56	2 686.60
1989	1 029.40	1 113.60	539.10	0.76	2 682.10
1988	1 054.00	1 105.20	536.60	1.90	2 695.80
1987	1 069.10	1 084.60	524.80	1.47	2 678.50
1986	1 098.80	1 068.90	511.30	2.63	2 679.00
1985	1 108.10	1 041.50	497.20	4.55	2 646.80
1984	1 097.80	996.20	479.00	5.43	2 573.00
1983	1 080.60	944.90	459.30	5.00	2 484.80
1982	1 098.10	899.90	446.40	6.94	2 444.40
1981	1 097.20	841.50	432.50	8.61	2 371.20
1980	1 104.20	774.80	416.60	3.68	2 295.60
1979	1 114.50	747.30	402.30	−0.11	2 264.10
1978	1 124.50	748.10	386.80	−1.95	2 259.40
1977	1 144.70	763.00	371.50	−1.75	2 279.20
1976	1 143.80	776.60	353.60	−4.44	2 274.00
1975	1 129.90	812.70	335.40	−1.29	2 278.00
1974	1 110.30	823.30	313.90	−1.40	2 247.50
1973	1 073.00	835.00	292.30	−0.04	2 200.30
1972	1 034.10	835.30	268.20	−1.88	2 137.60
1971	992.60	851.30	244.40	1.35	2 088.30
1970	964.80	840.00	224.50		2029.30
1966—1969 年数据缺失					
1965	792.10	743.80	144.70	5.53	1 680.60
1964	739.40	704.80	140.30	4.48	1 584.50
1963	686.50	674.60	135.50	4.52	1 496.60
1962	632.00	645.40	132.40	−1.69	1 409.80
1961	621.10	656.50	133.20	−12.78	1 410.80
1960	658.50	752.70	142.70	−16.64	1 553.90
1959	705.80	903.00	154.70	−7.60	1 763.50
1958	689.30	977.30	157.10	−10.04	1 823.70
1957	730.20	1 086.40	167.90	−7.03	1 984.50
1956	737.20	1 168.60	171.10	−5.77	2 076.90
1955	731.20	1 240.20	172.30	−2.35	2 143.70

续表 1-1

时间	马	驴	骡	驴增/%	马属合计
1954	693.90	1 270.00	171.70	3.97	2 135.60
1953	651.20	1 221.50	164.50	3.46	2 037.20
1952	613.00	1 180.60	163.70	7.17	1 957.30
1951	518.60	1 101.60	155.30	6.78	1 775.50
1950	521.70	1 031.70	149.70	8.67	1 703.10
1949	487.50	949.40	147.10	—	1 584.00

3. 恢复发展期

1966—1976 年，养驴业在历经快速收缩期后迎来了恢复发展的阶段。1966 年年初，驴的数量仅为 743.80 万头，到 1971 年年末达到了 851.30 万头，增加了 14.45%。此后，又逐渐缓慢减少至 1976 年年末的 776.60 万头。恢复发展期驴的总数量增加了 4.4%。在 1971 年全国计划会议期间，周恩来总理发现了“三个突破”问题，即职工人数突破了 5 000 万人，工资支出突破了 300 亿元，粮食销量突破了 400 亿千克，这“三个突破”给国民经济各方面带来一系列的问题。为切实解决好以上几个问题，1971 年 12 月 26 日，中共中央做出关于农村人民公社分配问题的指示，针对当时部分农村存在的极“左”思潮导致的分配不兑现、劳动计酬上的平均主义等严重挫伤农民生产积极性的状况，提出各地不要硬搬照套大寨的管理办法，要从实际出发。这一政策出台后，马、驴、骡合计数量一直在增加，从 1966 年年初的 1 680.60 万头增长到 1976 年年末的 2 274.00 万头，马、驴、骡的比例从 1966 年年初的 47∶44∶9，变化为 1976 年年末的 50∶34∶16，内部结构也在变化。这一结构可以解读为“快马加鞭，懒驴不少”。

4. 持续发展期

1977—1990 年，改革开放，经济大发展。“文革”结束，国家经济发展逐步进入正轨，养驴业持久“正向”发展，直到承载力顶点，形成以“一谷一峰”为特征的发展曲线。1979 年年末出现一个谷底，为 747.30 万头。1990 年年末又出现一个高峰，达 1 119.80 万头。这一阶段，全国性养驴的小农经济效应起了很大的作用。这一阶段，土地承包、包产到户和中华人民共和国成立初期的土地改革对养驴业的需要是一致的。

1987 年年末，马、驴、骡占马属合计的比例分别为 40%、40%、20%，为 2∶2∶1的最佳值。1988 年年末，中国马属家畜存栏数量达到顶峰，为 2 695.80 万头。这一时期，还出现了一个“马骡换驴”的迹象。马、驴、骡占马属合计的比例分别为 39.1%、41.0%、19.9%，接近 2∶2∶1的最佳值。从 1988 年开始，驴的数量再一次超过了马的数量，一直持续到 2006 年。1989 年以后，我国农业机械化迅速发展，社会运输，尤其是农业动力从畜力向机械力转化，马属家畜开始减少。2 695.80 万头是中国马属家畜承载力的“天花板”，从 1985 年到 1995 年，中国马属家畜总量一直保持在 2 600 万头以上。这一时期，养驴业欣欣向荣，蓬勃发展。

5. 持续下降期

1991—2016 年，养驴的小农经济效应萎缩减退。1991 年之后，养驴业几乎持续负增长，持久而漫长。1996 年、2007 年、2009 年、2015 年、2016 年都是 10%以上的负增长。据 2000 年年末统计，我国驴存栏总量为 922.73 万头，位居世界第一，但到 2016 年年末，驴存栏总量为 259.26 万头，与 2015 年相比，存栏骤降 24.27%，已经退出了世界前三名。如果这个趋势继续，养驴业将面临毁灭。

1995 年年末，马属合计数量为 2 620.45 万头，到 1996 年年末只有 2 293.90 万头，一年时间，减少 12.46%。徘徊几年之后，2004 年年末，马属合计数量不到 2 000 万头，只有 1 929.71 万头。这比 1970 年还要低，甚至还低于 1952 年年末的 1 957.30 万头。2000 年年末，马属合计 2 252.34 万头。2013 年年末，马属合计降到了1 000 万头以下，为 995.43 万头。

马属家畜内部结构也在演化。2009 年年末，驴的数量再一次降低到马的数量之下，马、驴、骡占马属合计的比例分别为 43%、41%、17%，马多驴少的结构一直持续到现在。

6. 触底反弹徘徊观察期

2017 年至今，养驴的小农经济效应继续萎缩减退。2017 年开始，我国大力发展肉驴养殖，全年驴存栏增长率为 3.29%，创 30 年来的新高，虽然有偶然因素，但应该是好的迹象。而马属家畜总量持续下降，总存栏在 700 万头以下。《全国草食畜牧业发展规划（2016—2020 年）》提出“特色畜禽。坚持市场导向，因地制宜发展兔、鹅、绒毛用羊、马、驴等特色草食畜产品，满足肉用、毛用、药用、骑乘等多用途特色需求，积极推进优势区域产业发展，支持贫困片区依托特色产业精准扶贫脱困。”肉驴养殖方兴未艾，多元化供给侧多功能养驴尚未成形，任重道远。2019 年是新时代我国养驴业新发展的开端之年，期待我国养驴业早日进入绿色可持续发展的新阶段。

二、70 年中国养驴业的发展动力“新解读”

从 1954 年年末的 1 270.00 万头，到 2016 年年末的 259.26 万头，驴的绝对数量减少了 1 000 万头以上，减少将近 80%，如果下降速度依旧，我国养驴业几乎将要走向灭绝。为什么这样说呢？

一般社会动力＝需要力＋生产力＋共产力＋消费力

养驴业发展动力＝需要力＋生产力＋共产力＋消费力

上述公式可以说是养驴业的政治经济学（图 1-4①）。

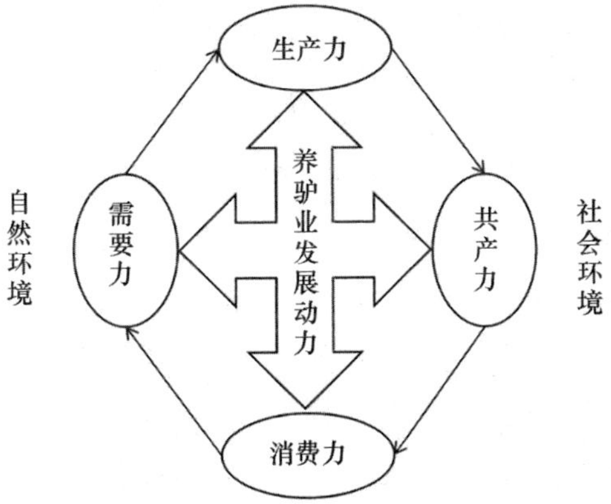

图 1-4　养驴业社会发展动力

1. 需要力是养驴业发展的第一社会动力

需要力是人类个体或群体有意识地对物质和自身产生渴求或欲望并要求满足的作用。几千年来，尤其是中华人民共和国成立 70 年来，养驴业在农业

---

① 杨怀伟．畜牧哲学：畜牧承载力的政治技术经济学和哲学思考[M]．香港：中国博学出版社，2018：13-15，145-157.

生产上满足人类的需要，为农耕生产直接提供犁耕动力。虽说“驴全身都是宝”，但畜力是养驴业的第一需要，食用、药用、骑乘用、文化需要等都是附属需要、非主流需要。改革开放以来，养驴需要力转化没有真正开展，老需要一直维持着。而随着社会的发展进步，养驴业的原始需要逐渐转化为“不需要”，不需要驴来耕地拉车，自然就要淘汰。而其他的需要在市场规律中也不占据优势，养驴业被社会经济淘汰似乎成为大趋势。这是 20 世纪 90 年代开始，我国养驴业逐渐衰落的根本原因。

党的十九大报告指出，中国特色社会主义进入新时代，我国社会主要矛盾已经转化为人民日益增长的美好生活需要和不平衡不充分的发展之间的矛盾。美好生活需要对于养驴业意味着什么？衣食住行，美好生活，养驴业如何满足人类的需要？

2. 生产力是养驴业发展的第二社会动力

生产力是人类改造、利用自然和自我的作用。养驴业生产力主要是畜力，而畜力和机械力相比具有很大的劣势。如表 1-2 所示①，全国拖拉机的数量由 1978 年的不足 200 万台增加到 1990 年的将近 800 万台，而 2000 年已经超过 1 300 万台，2015 年超过 2 300 万台，每一台拖拉机恰好顶替一头牛/马/驴/骡。农业机械化的优势和竞争力是畜力无法战胜的，是社会进步的体现，畜力退出农业是生产力进步的结果。

表 1-2　全国拖拉机数量情况　台

年份	大中型	小型	数量合计
2017	6 700 800	16 342 400	23 043 200
2016	6 453 546	16 716 149	23 169 695
2015	6 072 900	17 030 400	23 103 300
2010	3 921 723	17 857 921	21 779 644
2000	974 547	12 643 696	13 618 243
1990	813 521	6 981 000	7 794 521
1980	744 865	1 874 000	2 618 865
1979	666 823	1 671 000	2 337 823
1978	557 358	1 373 000	1 930 358

① 表 1-2 来源于国家数据 http://data.stats.gov.cn/easyquery.htm? cn=E0103.

养驴业其他生产力又如何？驴的肉用生产力方面，“驴年马月牛十天”，这种自然生产力局限还没有克服。我国以猪肉为主，驴肉竞争力无法抗衡猪肉，而食用驴肉的习惯养成需要从娃娃抓起。规模化生产的驴肉产品地域性限制极大，产业化发展滞后。药用的阿胶更是少数人的消费品。食用、药用、骑乘用、文化需要的驴业生产力明显弱小和不足。

养驴业生产力低的原因除了历史和自然原因外，我国养驴业的基础研究匮乏，科研能力低下也是重要原因。比较需要力和生产力的关系，有以下简单的规律：需要力＜生产力，价格下降，存栏增加；需要力＞生产力，价格上升，存栏减少。养驴业综合生产力小于需要力，虽然驴产品价格上升，但是驴存栏不断减少，每个生产周期之后都是如此，累计起来，在一些地区，养驴业就彻底消失了。

3. 共产力是养驴业发展的第三社会动力

共产力是人类在对生产的结果进行处理时产生的对内或者对外的作用。查阅各种词典会发现根本没有“共产力”一词，“共产力”是“力学”的、不具有意识形态特征的、中性的，是与“生产力”并列的范畴。

什么是养驴业的共产力？一切驴产品用来交换的结果就是养驴业的共产力，具体来说就是货币。从一定程度上说，养驴业的共产力就是产值，就是GDP。驴产品生产出来之后，如果卖不出去、无法交换、无法换来货币，就是共产力的不足、缺失、减少。在小农经济、传统农业时期，驴产品很少面对市场，共产力很弱小。笔者研究内蒙古自治区兴安盟突泉县养驴业[①]发现，1985年，全县养驴达2.41万头，占大家畜总数的24.74%，占大小家畜总数的8.25%，驴创造产值8万元，占畜牧业产值的6%。直观上看，平均一头驴创造产值3.32元。从数量占比看，驴的共产力是很低的，也就是说，驴的商品化、市场化水平很低。

比较生产力和共产力的关系，有以下简单的规律：生产力＜共产力，价格上升，存栏增加；生产力＞共产力，价格下降，存栏减少。

养驴业生产力潜力很大，但是当前情况是共产力仍然较小，在市场经济

① 该县主要饲养当地品种驴，也有少量陕西驴。1949年全县有驴1.66万头，1985年达2.41万头。

发展中，驴的存栏数量必然逐渐减少。

4. 消费力是养驴业发展的第四社会动力

消费力是人消化自然资源和自己劳动、成果、产品的作用。驴的消费力主要分为两个部分，即驴肉消费力和驴皮消费力。目前我国大量进口驴皮，但是，驴肉是不进口的，这也反映出驴的消费力不平衡的特征。消费力巨大但畸形，“杀鸡取卵”导致驴产业反而萎缩。驴产品生产之后，如果没有真正被消费，只是被购买，也是隐性的库存，不会有良性顺畅的周期循环。而消费品之间是互相作用的。驴肉和猪肉之间的竞争，阿胶和其他滋补品之间的互补和竞争，都是影响驴产品消费力的社会因子。例如，2014 年 2 月 10 日，国务院办公厅发布《中国食物与营养发展纲要（2014—2020 年）》，提出食物消费量目标，到 2020 年，全国人均全年口粮消费 135 千克、食用植物油 12 千克、豆类 13 千克、肉类 29 千克、蛋类 16 千克、乳类 36 千克、水产品 18 千克、蔬菜 140 千克、水果 60 千克。消费力根据营养学的标准计算。中国营养学会推荐成人每日摄入量：鱼虾类 75～100 克，畜禽肉类 50～75 克，蛋类 25～50 克，乳类及乳制品 300 克①。2010 年，全年人均摄入畜禽肉类约 27.35 千克，全年人均肉类生产 57.99 千克，约为前者的 2.12 倍，人均占有量不仅没有持续增加，反而在不断下降，这反映了肉类生产的承载力已经在下降。而根据 2013 年中国产畜禽肉 8 373 万吨算，全年人均吃（消费）肉近 60 千克。我国一年饲养大约 12 亿头猪，其中出栏 7 亿头，全国的消费量大体上是两个人消费一头猪，生产力和消费力比较，生产力远远高于消费力，这意味着，全国的肉类生产已经“过剩了”。虽然俗话说“天上龙肉，地上驴肉”，但是，驴肉还未在高端消费领域占据一席之地，驴肉消费还是不普遍的。

比较消费力和共产力的关系，有以下简单的规律：消费力＞共产力，价格上升，存栏增加；消费力＜共产力，价格下降，存栏减少。

比较需要力和消费力的关系，有以下简单的规律：需要力＜消费力，价格下降，存栏增加；需要力＞消费力，价格上升，存栏减少。

上述规律是肉类总的比较，而驴肉由于自身生产力比较低，价格高，在肉

① 中国营养学会．中国居民膳食指南[M].拉萨：西藏人民出版社，2010：199.

类内部竞争中处于不利地位，这也是驴存栏、出栏都不断降低的根本原因。

5. 社会发展动力是合力

马克思对“生产与分配、交换、消费的一般关系”的研究认为，不管是消费、分配还是交换，都只是作为生产活动的内在要素包含在生产之内，而绝不是一种并列的关系。随着社会的进步，社会发展动力总体增加，新的社会力量不断壮大，尤其是科技进步在各个领域都创造出前所未有的成绩，人类自身的单项力的独立性越来越大，因此，作为分力的需要力、共产力、消费力都会逐渐独立。但是，在社会现实中，还是统一表现为总的合力，在数量上可以体现在“价格”这一个指标上。例如，驴价格＝驴肉价格＋驴皮价格，但是，驴皮价格不等于阿胶价格，而形成阿胶价格的“价格力”等于需要力、生产力、共产力、消费力的加总。阿胶的市场价格是经过交换的讨价还价（甚至期货）、出厂指导价、成本价格、资本价格、消费价格、储存价格等共同磨合、浮动形成的，而且随着时间在不断变化。

三、70 年养驴业的发展本质

一头毛驴，同样的身体，体力一样，可是随着人类的进步，其对于社会的动力就大大不一样了。养驴业也是如此。70 年来，小农经济发达时，养驴业就兴旺，小农经济衰落时，养驴业就萎缩。养驴业作为一种自然经济发展阶段出现的产业，是国家经济、政治、生产方式的附属物，内化为小农经济一种虚拟的存在，严重依赖传统农业经济，造成历史性的“产能过剩”，之后又缺乏自觉的发展和创新，被动地自然本能地“去产能、去库存、去杠杆”。这种发展本质导致养驴业由过去的“正发展”到新时代的“负发展”的衰落性转变，由“正动力”到“负动力”的转变，“倒车”“倒挡”在持续。这种“负动力”主导的局面不改观，养驴业不会迎来新的“正发展”。

“发展主义”的“发展”是哲学术语，指事物由小到大、由简到繁、由低级到高级、由旧物质到新物质的运动变化过程。2015 年 10 月 29 日，党的十八届五中全会第二次全体会议鲜明地提出了“创新、协调、绿色、开放、共享”的发展理念。2017 年 10 月 18 日，党的十九大报告提到“发展”共 232 次，新发展理念动力强大。

面对70年来的历史巨变，我们不禁要问，什么是发展现代养驴业？传统养驴业正在加速土崩瓦解，发展新的养驴业是否就是消灭旧的养驴业？什么是传统养驴业？传统养驴业会彻底消失吗？是否会成为遗产？需不需要大力保护？目前全国毛驴饲养量270万头左右，内部产业结构陈旧，势必无法满足人民的需要。我国毛驴资源急剧下降的主要原因是发展动力下降，驴产业是不平衡、不充分的“负发展”。

发展动力下降之一是创新、绿色发展能力有所欠缺。养驴业顶层设计和施工缺失，对肉驴生产没有科学创新的发展规划及技术创新，包括没有品种改良目标和具体项目，基础研究几乎为零。中国“绿色养驴”历史优势没有被继承创新和发扬光大，反而黯然消褪。

发展动力下降之二是协调、开放极度不均衡。驴产业转型随意自然，缺乏主动奋斗。驴肉竞争力低，以驴皮消费力为主导，这大大影响了世界养驴业的格局，使其他养驴比较多的国家也受到影响。耕驴被拖拉机取代，役用功能被电机、发动机替代，驴车被汽车代替！随着机动车的普及，毛驴的役用价值越来越低，使毛驴的饲养量逐渐减少。驴产业转型发展处于起步阶段，饲养方式落后，产业链结合不紧密，市场开发力度不足，导致驴的生产性能低下，效益为负值。

发展动力下降之三是共享发展非常不充分。文化是全社会的，文化共享才是充分的共享。驴产业共享发展的瓶颈是“没文化”，驴文化是养驴业共产力的核心，而共产力较低的重要原因就是驴文化不振兴。驴文化保护、开发、创新起步晚，文化产品缺失，其增长潜力深埋于历史生活中没有被发掘。驴文化传统断裂，传统多元化养驴技术也正在消亡。人民需要的驴产业不能自生自灭，而是要靠养驴业的创造，在现代化市场经济的今天，尤其要靠文化创意的引领。

所以，养驴业要增强发展的“正动力”。创新、协调、绿色、开放、共享的五大发展理念，是养驴业“正发展”的强大动力。新发展理念符合我国养驴业的现实，顺应时代要求，对破解养驴业发展难题、增强养驴业发展动力、厚植养驴业发展优势具有重大指导意义。新发展理念承上启下，也指导着养驴业未来的发展大势，业界决不能再缓慢等待，决不能放弃奋斗！

第三节 驴产业发展的现状及其趋势[①]

任何事情都有两面性。此次新冠肺炎疫情将人困在家中，作为17年前经历过SARS全程防控的人，笔者先是内心充满恐惧和焦虑，而后逐步静下心来开始思考事情，做线上调研，写调研报告和政策建议，备网课。

这时，我们获悉此前与中国农业大学曾申明老师、聊城大学王长法老师、青岛农业大学孙玉江老师合作调研撰写的《亟需尽快叫停适繁母驴屠宰》得到了国家有关领导的重要肯定性批示，数年的调研与奔走呼吁终于有了一些进展。笔者略感丝丝欣慰，随之又觉得应借此机会再做点什么。于是，与农民日报社崔丽主任商量，由聊城大学王长法老师、山东畜牧兽医学院董建宝教授与笔者从不同角度各撰稿一篇在《农民日报》新媒体推出。文章发表后很快得到了人民政协网等诸多媒体的全文转载。

这之后，笔者仍感觉意犹未尽，憋在心中不吐不快。于是与农民日报社崔丽主任再次协商，结合近年的调研与思考，笔者两天内撰就“疫情之思——驴产业发展”系列小文10篇，在《农民日报》新媒体客户端陆续推出，随后相关媒体相继予以转载，进而得到了行业协会有关领导与驴产业同人的反馈和认可，终于算是了却了一桩心愿，也算是为驴产业健康持续发展做了一点微不足道而又十分想做和该做的事情。笔者衷心希望政府能够迅速重视驴产业发展与驴业扶贫，希望驴产业链各环节主体都能找好自身定位并获得相对合理的收益，希望驴产业得以转型升级稳步发展，以更好助力驴产业精准扶贫、精准脱贫，造福于社会。

在大健康产业迎面走来、绿色生态高质量发展大行其道的当下，总体来看，驴产业发展的现状可以用“供不应求、冷热不均、充满挑战”来概括。在前述系列小文中曾经分析过：驴皮供给严重不足，进口与走私猖獗；驴肉

① 本节内容原文发表于中国农网2020年3月13日，原题为“疫情之思：驴产业发展现状及趋势”，作者为王玉斌（中国农业大学经济管理学院）。略有修改。

供给严重不足，进口冻肉与假驴肉充斥市场；驴乳产量低、价格高，驴乳市场作为高端消费市场尚处于培育发展阶段，市场认知度还不够高，潜在市场需求还没有得到很好挖掘。驴皮驴乳开发热，驴肉开发冷；驴产业扶贫热，正常发展冷；养殖屠宰热，循环发展冷；前端进入热，后端市场出口开发冷。驴产业总体发展很不成熟，供给严重不足与存栏快速下降、价格不温不火并存，工商资本大量进入与产业链环节之间不匹配并存，个别环节赚钱与较多环节赔钱并存，扶贫被寄予厚望与产业总体重视程度过低并存，高端稀有真品缺少与假冒伪劣产品充斥并存。

放眼乡村振兴战略稳步推进与脱贫攻坚收官后大的经济社会发展形势，驴产业的未来发展可以用“活体循环、品牌引领、回归高端”加以概括描述。驴产品需求旺盛、供给严重不足与存栏快速下降、难以为继的局面有望得到重视和扭转，适繁母驴将得到应有重视和适当保护，母驴屠宰将得到有效遏制，驴乳产业将逐步探索活体循环发展新模式，养殖、屠宰、加工等各个环节在整体产业链条上将得到较好的匹配。养殖组织模式与规模体量趋于合理，驴肉、驴乳、阿胶等的品牌建设与注重品质和信誉的企业将得到同步快速成长，行业集中度与市场规范化程度将进一步提升，一家独大与普遍弱小并存的局面将逐步得到改变，三产融合、产城景融合发展程度将快速提高，行业发展趋于成熟和稳定。优质高端、相对稀缺、培育周期长的驴系列产品，随着市场环境的净化、贸易条件的优化、生产加工的规范化、产品的可追溯化与品牌化，将摆脱其“苍蝇馆子式”的低端错位竞争格局，在诸多畜类产品中寻找到合理的高端产品定位与价格区间。

现状清晰，未来可期。联通现状与未来的，可以是一段并不遥远的路，也可以是一条难以逾越的沟，就看政府与市场如何携手、怎么去走。走好这段路、跨过这条沟，既需要产业链上相关经营主体牢固树立健康可持续发展、绿色高质量循环发展的理念并采取得力措施，也需要政府给予足够重视与大力扶持。毕竟政府与市场“两只手”不可偏废，单纯依靠政府政策倾斜在市场经济条件下行不通，对行业长远发展也不利。但是眼下这般光景，市场这只“看不见的手”已经明显失灵，根本不能回到正常发展轨道，所以宏观调控与政策引导亟须快速跟进。

第四节　驴产业发展省际比较优势分析①

一、我国驴产业区域划分

为便于对养驴的适宜程度与产业链的发展健全情况进行归纳分析，根据地理情况，本节将全国驴产业区域划分为东北内蒙古产区、华北产区、西部产区、南方产区与大城市周边产区。

1. 东北内蒙古产区

本区域包括黑龙江、辽宁、吉林与内蒙古 4 个省份，以内蒙古的御驴科技牧业有限公司（简称“御驴牧业”）和内蒙古阿鲁科尔沁旗太极天驴有限公司（简称“太极天驴公司”）为例。御驴牧业是工商资本进入驴产业进行全产业链战略布局的典范，立足于打造集毛驴繁育养殖、屠宰加工、驴乳、餐饮乃至阿胶等生物制品于一体的行业领先企业，所以企业非常注重产业链各个环节的发展与打造；而太极天驴公司，从养驴逐步向市场出口、中药材加工和旅游业等业态发展。

本区域是我国重要的玉米主产区，玉米播种面积基数大且亩产高，这就意味着这里有着充足的饲料资源，即玉米秸秆。这里虽然年均气温仅为 0～8℃，年总降水量 50～450 毫升，但是拥有利于养殖的草原地貌和充足光照，比较适合改良后的驴种。可驴的繁殖能力低、单产量低，所以要提高驴的良种率，不断提高驴的单产水平。吉林与辽宁、内蒙古作为驴的主要养殖区，从整体来看，驴的存栏量也都明显大幅度下降。辽宁 2010 年驴存栏量超过全国驴存栏量的 1/5，占比为 21.99％，2018 年降低到了 18.31％，虽然占比依然约为 1/5，但因为全国驴存栏量大幅度减少，所以数量上有着明显的下降。

① 本节内容原文来自中国农业大学本科生毕业论文，原题为“我国驴产业发展省际比较优势分析”，作者为常瑞萍（中国农业大学经济管理学院），指导老师王玉斌（中国农业大学经济管理学院）。略有修改。

吉林的驴存栏量在全国的占比则从 2010 年的 4.54%下降到了 2018 年的 0.92%。

2. 华北产区

本区域包括河北、山西、河南和山东 4 个省份，都是中大型驴养殖区。山东一直在打造专业驴产业大省，且以东阿阿胶作为“龙头”产品而不断发展成为一条延伸度广、产品专业化程度深的产业链，带动了许多养殖户的积极生产与相关产业的快速发展。河北也一直以打造驴肉火锅文化而闻名，例如，河北驴福记食品有限公司（简称“驴福记”）从餐饮业这一市场终端出发，发展中央厨房成套配送与连锁门店，专注于链条较短的核心业务，以全程规范化、标准化为保障，进行行业形象与地方品牌打造。但河北的驴存栏量由 2010 年的 57.73 万头下降到了 2018 年的 17.96 万头，占全国驴存栏量的比例从 11.32%降到了 7.09%。目前河北张家口成为驴产业发展的新引擎，张家口桑阳牧业有限公司成为行业的一面旗帜。河南的驴存栏量占全国驴存栏量的比例更从 3.15%下降到了 0.92%。

3. 西部产区

本区域包括陕西、甘肃、青海、宁夏、新疆和西藏 6 个省份。驴产业是甘肃一大优势特色产业，全省注重龙头企业的带动作用，以打造特色养殖全产业链为着力点，大力发展黑毛驴养殖产业，努力开辟一条市场主导、企业主打的特色养殖产业之路。甘肃的驴存栏量 2010—2016 年始终保持在 100 万头以上的水平，直到 2017 年和 2018 年才分别骤减到 36.55 万头和 34.50 万头，而骤减的主要原因是驴规模化养殖中市场上可供引进的基础母驴少、市场波动大等市场供需矛盾。但近 10 年来，政府出台了一系列扶贫政策，为驴产业发展提供资金支持，解决了养殖过程中存在的资金短缺、周转困难等问题，使得甘肃驴存栏量在省际层面上还是十分可观的。同样，新疆是全国养驴数量最多的省区之一，具有发展驴产业得天独厚的条件。以新疆玉昆仑天然食品工程有限责任公司为例，驴乳制品是公司主打产品之一，公司奉行“科技为本、创新为先、质量第一”的宗旨，已拥有冻干驴乳粉等多项国家专利，开发生产的“驴妈妈”牌冻干驴乳粉投放市场后受到消费者的好评，市场销售范围不断扩大。

4. 南方产区

本区域包括湖北、湖南、江苏等13个省份。湖南、湖北、江苏的驴养殖数量都比较少，原因可能是北方多用驴拉磨，所以有养驴的传统，而南方多用水磨，所以基本没有养驴的传统。

5. 大城市周边产区

本区域包括北京、上海、天津和重庆的周边区域。北京、上海、天津和重庆作为直辖市，有着发达的经济水平，有助于驴产业的发展。这些地区的驴存栏量都非常小，驴产业的发展方式主要是产业链的精深加工及产品交易。例如，在健全产业链发展的过程中，北京金地世纪投资有限公司明确提出分三步建设驴产业链，涉及驴乳、驴尿、驴粪、驴血、驴精、驴骨、驴肉等精深加工厂，打造集驴养殖、繁育、育肥、食品深加工、生物制品等为一体的驴产业链项目。该项目在云南丘北县实施，使丘北县成为毛驴产业生产、繁育基地和交易中心，公司在实现盈利基础上，带动丘北县建档立卡贫困户脱贫。同样，上海、天津、重庆也有龙头企业在努力推动驴产业链布局发展。

为了检测是否能更好地实现打造产业链的目标，本节分析产业链的生产成本、交通运输仓储情况与市场出口情况，探究龙头企业是否在整个产业链中具有庞大而多样化的市场渠道、是否能够降低交易成本与生产成本等。龙头企业在产业链中扮演不可或缺的生产者、中间运输者、最终销售者等多重角色，所以本节选取了三个指标：玉米产量、交通运输与仓储中的就业人数以及居民消费价格总指数，并通过资源禀赋系数法进行各省份的比较优势分析，以更清晰地了解各省份驴产业链的整体情况。

二、我国驴产业比较优势测算指标选取

1. 指标选取

比较优势理论不仅适用于讨论国际贸易的情况，还适用于讨论中国驴产业链的优化。在驴养殖近10年的存栏量变动与各省驴产业链发展特征的基础上，选取三个指标间接反映产业链上的成本、交通运输与仓储及市场销售状况。

(1) 玉米产量。玉米作为主要的粮食作物被各区域大量生产，具有资源

的广泛可获得性，而秸秆的循环利用也一直是人们针对生态环境问题提出的对策。玉米秸秆作为驴饲料的主要成分，其循环利用不仅可以实现生态效益，还可以节省养驴的生产成本。所以玉米产量是否充足在很大程度上影响着驴的养殖数量。

（2）交通运输与仓储中的就业人数。对于生鲜肉来说，良好的交通运输与仓储条件是保障产品安全健康的重要前提之一，有着关键的意义。当该环节的就业人数能够满足企业发展需要时，可以保障运营过程的顺利进行，还可以避免产生不必要的交通运输等成本。

（3）居民消费价格总指数。居民消费价格总指数，是反映一定时期内城乡居民所购买的生活消费品和服务项目价格变动趋势和程度的相对数。利用该指标可以观察和分析消费品的零售价格和服务价格变动对城乡居民实际生活费用支出的影响程度。驴产业在市场中是否具有良好的消费反馈、良好的发展前景、广泛的销售渠道等问题都可以通过该指标反映出来，因此，该指标是反映市场出口的良好指标。

2. 比较优势测算方法的应用

（1）比较优势测算方法的选择原则。本节在选择测算一个地区比较优势方法的时候遵循以下原则。①科学性原则。所选方法能够准确测算出各地区比较优势的差异性，驴产业的比较优势主要通过地区之间的比较体系来体现。②可操作性原则。所选取的指标必须能找到相应的数据，数据比较容易在现有资料中直接获得或者依据现有数据计算得到。现有的测算比较优势的方法多种多样，本节选择多种指标对不同省份产业链上具备的比较优势进行全面分析，从而测算各省份驴养殖业的比较优势。

（2）比较优势测算方法的选择。测算驴养殖业比较优势的因素，大致涵盖政府的预算支出、成本与市场等诸多角度，本节侧重从成本角度，使用定量分析来衡量中国驴养殖业的区域比较优势。驴产业作为精准扶贫及新兴产业，其融资中政府的预算支出提供了一定帮助，但各地的资源禀赋差异导致驴养殖的成本也大不相同，同时驴价随供需不平衡而不断变化，给市场生产与市场交易都造成了很大的影响。这些因素都会不同程度地影响当地的驴产业发展，造成驴产业链中生产成本、生产技术、生产收益等各方面都存在差异。为了客观、真实、全面系统地反映我国驴产业链中的比较优势情况，本节利用资源禀赋系数法构造能够反映驴产业比较优势的指标，主要从产业链的成本、运输与仓储、市场的出口三个方面进行测算。

资源禀赋系数是用于反映一个国家或地区某种资源相对丰富程度的计量指标，本研究做如下定义：

$$EF = \left(\frac{V_1}{V}\right) \div \left(\frac{Y_1}{Y}\right) \tag{1-1}$$

公式（1-1）中，V_1 表示某省份的玉米产量（交通运输和仓储中的就业人数、居民消费价格总指数）；V 是全国的玉米产量（交通运输和仓储中的就业人数、居民消费价格总指数）；Y_1 是某省份的生产总值；Y 是全国国民生产总值。如果 EF>1，则表示某省份的驴产业资源充沛，存在比较优势；反之，如果 EF<1，则表示某省份的驴产业资源匮乏，当地并不存在比较优势。

3. 基于玉米产量的比较优势测算结果分析

（1）基于玉米产量因素的测定原理。驴产业是由饲料加工企业、养殖主体及产品加工厂等主体之间的多种合作关系组成的，这决定了驴产业链是由产业链上下游主体之间的交易过程完成。因此，通过对驴的资源禀赋条件进行分析，可以了解中国驴产业的资源状况，优化驴产业链各主体之间的交易过程，测算出在资源禀赋方面存在优势的区域，从而可以检验我国驴产业链的发展是否符合比较优势原理。

表 1-3 反映了某省份玉米产量因素是否存在资源禀赋比较优势：当 0<EF<1 时，说明该省份在玉米产量资源禀赋上不存在比较优势，即玉米资源缺乏；当 1<EF<2 时，说明该省份在玉米产量资源禀赋上存在一定程度的比较优势；当 EF>2 时，说明该省份在玉米产量资源禀赋上存在很强的比较优势。

（2）基于玉米产量因素的结果分析。我国的玉米产区主要集中在东北、华北、西南和西北，大致形成一个从东北到西南的斜长形玉米种植带，种植玉米面积较大的省份主要有黑龙江、吉林、辽宁、内蒙古、山东、河南、河北、山西、甘肃。由表 1-3 可知，这 9 个省份的玉米产量资源禀赋系数（EF）基本都一直大于 1，有的甚至大于 2（只有山东省 2014 年玉米产量 EF 值小于 1），说明这些省份一直具有明显的玉米资源禀赋优势。

表 1-3 各省份不同年份玉米产量的 EF 值

年度	0<EF<1	1<EF<2	EF>2
2012 年	北京、天津、上海、江苏、浙江、安徽、福建、江西、湖北、湖南、广东、广西、海南、重庆、四川、贵州、西藏、陕西、青海	河北、山西、辽宁、山东、河南、云南、甘肃、宁夏、新疆	内蒙古、吉林、黑龙江
2014 年	北京、天津、上海、江苏、浙江、安徽、福建、江西、湖北、湖南、广东、广西、海南、重庆、四川、贵州、西藏、陕西、青海、山东	河北、辽宁、河南、云南	内蒙古、吉林、黑龙江、山西、甘肃、宁夏、新疆
2016 年	北京、天津、上海、江苏、浙江、安徽、福建、江西、湖北、湖南、广东、广西、海南、重庆、四川、贵州、西藏、陕西、青海	河北、河南、云南、山东	内蒙古、吉林、黑龙江、山西、甘肃、宁夏、新疆、辽宁
2018 年	北京、天津、上海、江苏、浙江、安徽、福建、江西、湖北、湖南、广东、广西、海南、重庆、四川、西藏、陕西、青海	河南、云南、山东、贵州	内蒙古、吉林、黑龙江、山西、甘肃、宁夏、新疆、辽宁、河北

然而结合表 1-3 可知，这 9 个省份中驴的主产区只有辽宁、内蒙古、河北、甘肃。河北 2010—2016 年全国驴存栏量占比从 11.31%一直增长到了 15.78%，直到 2017 年、2018 年发生骤减；内蒙古 2010—2018 年全国驴存栏量占比从 20%直逼 30%左右；辽宁全国驴存栏量占比则从 2010 年的 21.96%增长到 2015 的 25.19%，即使在 2016—2018 年占比也是非常大的，在 20%左右；甘肃的全国驴存栏量占比也毫不落后，从 20%直升 40%。这说明这 4 个省份将驴产业的发展很好地与玉米秸秆作物这项资源优势进行了结合，大力推动了驴产业的发展。反观黑龙江、吉林、山东、河南、山西的全国驴存栏量占比，均不足 5%，表明这些省份的玉米产量优势并没有促进驴产业的大力发展。

此外，从表 1-3 中可以看出，云南和宁夏（新疆未找到数据支撑）的玉米 EF 值也一直大于 1，说明两省份存在一定的玉米资源禀赋，但其全国驴存栏量占比却同样在10%以下，宁夏2011—2018年甚至没有驴存栏量的数据，不符合比较优势理论的发展。

总体来看，在排除2016—2018年的政策影响外，辽宁、内蒙古、河北、甘肃4个省份实现了玉米资源禀赋比较优势的循环利用，带动了当地驴产业的发展。同时，政府与龙头企业也在加大推动黑龙江、吉林、山东、河南、山西以及云南、宁夏驴产业的发展。

4. 基于交通运输与仓储中的就业人数的比较优势测算结果分析

从饲料加工厂到驴养殖场，再到加工厂，最后到销售厂等整个产业链中，交通运输与仓储起着重要的作用。这个资源禀赋比较优势的存在可以更好地实现产业链上的交易与产品转移，降低生产成本，对于厂商的生产具有积极的作用。

以下基于玉米产量因素的结果分析，继续对具有玉米比较优势的省份进行研究。从表1-4可以看出，9个玉米主产区中，黑龙江、吉林、内蒙古、辽宁和山西的交通运输与仓储中的就业人数的EF值在2左右波动，表明其具有一定的甚至明显的交通运输与仓储优势，便于驴产业在省内与省际进行产业链的布局发展；而河北、山东、河南和甘肃的交通运输与仓储中的就业人数的EF值在1左右波动，表明其不具有便利的交通运输与仓储优势，其省际产业链布局还有较大的发展空间，政府与这些省份的企业还应该努力强化产业链主体间的产品交易转移与产品的储藏质量保障。其中，尤其要注意到之前分析提到的河北、内蒙古、辽宁与甘肃这4个拥有玉米产量优势的驴存栏量大的省份。

另外，作为补充，如果具有玉米产量比较优势的云南、宁夏、新疆要发展驴产业，在交通运输与仓储中的就业人数的EF值小于1的情况下，就一定要考虑创新科技与提高人力资本，同时加强交通运输与仓储条件建设。同样的，从表1-4可以看出，北京、上海、江西、湖北、重庆这5个省份，都有1＜交通运输与仓储中的就业人数的EF值＜2，说明其存在一定的交通运输与仓储优势，广西、江苏、海南的交通运输与仓储有着明显的优势，所以企业可以考虑将驴产品向这些驴存栏量低、相对缺少秸秆等草料资源，但有着便利的交通运输与仓储的省份运输，适当在这些省份拓展产业链。

表 1-4　各省份不同年份交通运输与仓储的 EF 值

年度	0<EF<1	1<EF<2	EF>2
2012 年	北京、天津、吉林、上海、浙江、安徽、福建、江西、山东、河南、湖北、湖南、广东、重庆、四川、贵州、云南、西藏、陕西、甘肃、青海、宁夏、新疆	河北、内蒙古、辽宁、黑龙江、江苏	山西、广西、海南
2014 年	天津、浙江、安徽、福建、山东、河南、湖北、广东、四川、贵州、西藏、陕西、甘肃、青海、宁夏、新疆、河北、江苏	内蒙古、黑龙江、北京、吉林、上海、江西、湖北、重庆、云南、广西、海南	山西、辽宁
2016 年	天津、浙江、安徽、福建、山东、河南、湖北、广东、四川、贵州、西藏、陕西、甘肃、青海、宁夏、新疆、河北、江苏、黑龙江、云南	内蒙古、北京、吉林、上海、江西、湖北、重庆、广西、海南、山西	辽宁
2018 年	天津、浙江、安徽、福建、山东、河南、湖北、广东、四川、西藏、陕西、甘肃、宁夏、新疆、北京、海南	内蒙古、上海、江西、湖北、重庆、广西、海南、河北、江苏、贵州、云南、青海、辽宁	山西、吉林、黑龙江

5. 基于居民消费价格总指数的比较优势测算结果分析

居民消费价格总指数影响着市场的供需平衡，居民消费价格总指数越高，越有利于产业的发展，产业链上的受益主体获得的收益越高。（云南、山西、青海和甘肃的数据由于居民消费价格总指数 EF 值的分母值过小，EF 值异常，故省略。）

从表 1-5 中可知，各省份在市场出口方面都具有良好的比较优势，可以更进一步积极探索拓展驴产业的市场范围。各龙头企业应加大宣传力度，积极开展产品创新和新产品推广，大力拓展市场出口渠道。

表 1-5 各省份不同年份居民消费价格总指数的 EF 值（上年＝100）

省份	2018 年	2016 年	2014 年	2012 年
北京	27.71	29.02	30.56	31.00
天津	68.79	41.61	41.36	42.71
河北	28.18	23.02	22.09	20.88
山西	57.04	56.41	50.97	45.59
内蒙古	56.73	40.81	36.64	34.91
辽宁	38.83	33.35	22.57	22.23
吉林	81.29	50.36	47.04	46.25
黑龙江	70.99	48.08	42.88	40.56
上海	25.43	26.59	27.39	27.36
江苏	9.82	9.62	9.92	10.23
浙江	15.85	15.70	16.07	15.96
安徽	26.79	30.37	30.99	32.21
福建	23.55	25.83	26.88	28.06
江西	40.43	40.15	41.15	42.65
山东	13.71	10.89	10.85	11.02
河南	18.28	18.32	18.58	18.73
湖北	21.75	22.73	23.69	24.96
湖南	25.13	23.52	23.92	24.99
广东	9.14	9.19	9.54	9.69
广西	46.60	40.55	41.14	42.65
海南	188.48	182.34	185.28	195.04
重庆	42.12	41.78	45.43	48.45
四川	21.28	22.55	22.73	23.15
贵州	59.17	63.25	69.79	80.51
西藏	590.79	648.24	709.86	786.24
宁夏	260.61	233.48	237.05	238.33
新疆	71.84	76.29	70.69	74.77

三、研究结论

在运用玉米产量、交通运输与仓储中的就业人数、居民消费价格总指数三个指标测算之下，将各省份的驴产业进行基于资源禀赋的比较优势分析，得出以下结论：9个玉米主产区中只有内蒙古与辽宁两大驴存栏量大的省份兼有玉米产量与交通运输与仓储两个比较优势，既降低了生产交易成本，又可以在当地大力发展驴产业，是驴产业发展的最佳选择省份；而同样有着玉米产量优势的驴存栏量大省河北与甘肃，还应继续强化交通运输与仓储系统，同时可以考虑将出口向其他省份发展与延伸。

可以看出，大部分省份都能在原料成本方面（即产业链上游）实现资源的有效利用，以降低生产成本。成本与效益始终贯穿于产业链中的每个环节，是产业链中所有从业者关心的焦点，有效减少和杜绝无谓的开支浪费并着力拓增必要的收益，对于省际产业链的发展是非常有效的帮助。在中间的物流环节中，除了广西、江苏和海南有着明显的优势外，其他省份的交通运输与仓储中的就业人数的EF值都在1左右波动，说明企业都还需发展健全产业链中各环节的衔接融合与产业链末端的市场拓展。最后，在市场出口与渠道方面，驴产业具有光明的发展前景，各个企业要加紧省际联合与合作，立足资源与市场把控，利用好渠道优势，打造末端市场企业形象与品牌。

第五节　甘肃省驴产业发展状况及问题①

驴作为甘肃省传统农业生产工具，养殖历史悠久，曾在大家畜饲养量中占有绝对优势地位，为甘肃省农业发展和社会进步发挥了积极作用。近年来由于驴肉及阿胶等市场逐步兴起，驴的经济价值凸显，价格快速攀升，市场供需严重失衡。针对全省肉驴产业发展，笔者于2018年5—8月对庆阳、兰州、白银、张掖和酒泉5市的15个县（区）进行了深入调研，通过现场参观、资料查阅、与养殖场（户）座谈等形式，全面掌握了甘肃省肉驴养殖现状，同时也对产业存在的主要问题进行了分析和梳理。

---

① 本节内容原文发表于《甘肃畜牧兽医》2018年10期，原题为“甘肃省驴产业发展现状及问题”，作者为王世泰（甘肃省畜牧业产业管理局）。略有修改。

一、甘肃省肉驴产业现状

1. 品种及数量

驴作为传统役用家畜，与马、牛相比具有轻巧灵活、耐粗饲、适应性强、耐力持久等优点，在甘肃省广泛分布。据统计，1982 年全省驴饲养量达到 107.64 万头，占全省大家畜饲养总量的 43.5%，占全国大家畜饲养总量的 7.8%，之后呈缓慢上升趋势，到 2001 年达顶峰期的 124.54 万头。据 1982 年调查，甘肃省饲养的驴主要品种有庆阳驴（主要分布于甘肃省陇东、中部及陇南部分地区）、凉州驴（主要分布于甘肃省的河西五市）。此后，随着全省农村低产田改造和梯田建设面积的稳步提升，农业机械逐步替代了传统役畜，全省毛驴饲养量短期内呈断崖式下跌，至 2006 年，全省驴饲养量仅为 19.64 万头。近 10 年来，由于驴的经济价值逐步得到大规模的开发，驴肉以其独有的高蛋白、低脂肪及良好的风味口感逐步成为百姓的消费选择，以驴皮为主要原材料的传统名药阿胶风靡全世界，驴乳是营养成分最接近人乳的乳品，人饮用后营养平衡且易吸收，广阔的市场前景带动了驴产业的快速发展。据不完全统计，2015 年全省驴饲养量恢复到 116.37 万头。此次调查结果显示，甘肃省目前主要饲养品种以生长发育快、肉用性能好且皮张面积大的德州驴、庆阳驴及关中驴等大、中型品种为主，凉州驴作为小型品种逐步被淘汰。

2. 养殖模式变化

甘肃省地处青藏高原、蒙古高原和黄土高原结合部，耕地以山塬坡地为主，2000 年之前广大农村养驴主要用作农业动力，以农户放牧散养为主，极少开发驴的经济价值。近 10 年来伴随农业科技进步和农业机械的普及，驴的使役价值逐步弱化。目前全省驴的饲养主要集中在规模化养殖场，养殖场以驴肉、驴乳、驴皮为主要产品，全方位开发驴的经济价值。大部分养殖场以全舍饲、配方化方式喂养，少部分具备放牧条件的规模养殖场采取放牧加补饲的养殖方式，或白天放牧晚上补饲，或夏秋放牧冬春舍饲。

3. 政策扶持情况

驴产业作为甘肃省一大优势特色产业，在省级层面目前并没有纳入扶持范围。由于驴规模化养殖中市场上可供引进的基础母驴少、驴苗昂贵、生长速度缓慢、市场波动大、养殖周期长等固有属性，该产业发展面临着资金短缺、周转困难等重重压力，严重制约了产业的迅速发展，养殖户和养殖企业的扶贫带动力差。从调查的庆阳、白银、兰州、张掖及酒泉5市的15个县（区）看，白银市首先出台了一系列的扶持政策，于2017年印发了《大力发展黑毛驴和奶骆驼特色养殖业实施意见》，在此基础上，市内各县（区）相继出台了各项配套政策，通过项目资金带动、中小商业银行融资等手段使全市驴产业发展进入快车道，企业（合作社）规模养殖逐步取代农户散养，成为驴养殖主力军。据统计，截至2018年6月底，平川区肉驴存栏量达到4 925头，其中养殖企业、合作社及贫困户入股养殖场共存栏肉驴2 904头，占总数的59%；散养户存栏2 021头，占总数的41%。截至2019年6月底，平川区由政府全额贴息，协调落实肉驴产业扶持贷款1 621.1万元，有力地推动了驴产业的快速发展。平川区作为全省先例，在政府和业务部门的共同努力和协调下，于2018年4月与中国人寿财产保险公司达成合作协议，参照2017年肉牛分类保险，结合驴自身特点按不同年龄及用途对引进的肉驴进行了分类保险，为养殖者减轻了因肉驴意外伤亡而造成的损失。相反，没有相应扶持政策的个别县（区）肉驴养殖出现萎缩现象，如张掖市甘州区近5年来，肉驴养殖规模逐步缩小，规模养殖场从2011年的9家缩减至目前的4家，2015年前发展起来的规模养殖场都已关停或转产，肉驴养殖数量也从6 530头减少到目前的4 033头。

4. 养殖效益情况

驴养殖的主要获利点是驴肉及驴皮，个别企业出售少许驴乳。驴皮是传统名药阿胶的主要制作原料。随着人民生活条件的逐步改善和保健意识的进一步增强，阿胶的消费量稳步提升，极大地刺激了肉驴养殖行业，市场驴皮价一度达到了鲜皮240元/千克，一张成年驴皮可卖到3 000元以上。育肥一头肉驴净收益可达2 000元。利益驱动下，大量资金涌入养驴业，将原本约3 000元/头的种苗价炒到了增加一倍以上，大幅度推高了养殖成本。2017年10月之后，受新环保政策的影响，国内部分阿胶生产企业在国内的驴皮收购数量锐减。此外，国内市场高昂的驴皮价使得生产企业不得不另辟蹊径，从非洲及西亚等地进口驴皮。这严重打压了国内驴皮市场，市场驴皮价不及两年前的1/4，目前一张成年驴皮市场价格维持在650～800元。据调查，2018年6—8月，从市场收购驴驹全舍养殖情况下，一头驴从130千克的驴驹育肥到250千克出栏，养殖场（户）平均亏损2 000元，这严重挫伤了养殖场（户）的积极性，虽然对自繁自育、有放牧条件的养殖场（户）影响相对小一些，但与养殖牛、羊等其他草食畜种相比，仍然无利可图。

二、甘肃省肉驴产业发展存在的问题

1. 饲养管理过于粗放

近年上马的大型肉驴养殖企业投资者基本都是受市场高价驴皮的利益驱动而从其他行业转投而来，自身对驴养殖认知几乎空白。在没有充分调研和充分准备设备设施、饲草料的条件下仓促上马，致使驴种引进后草料短缺，不能满足驴正常的营养所需，导致驴的生长发育受阻，营养性疾病频发，因而损失惨重。草料加工粗放，个别养殖企业将苜蓿和玉米秸秆不经任何铡切直接给驴采食，一方面造成驴消化吸收困难，另一方面造成草料严重浪费；大部分企业将玉米等原粮整粒饲喂，不尊重驴自身的消化特点，导致精料不能充分消化吸收利用；大部分养殖场（户）缺乏基本的动物营养知识，在全舍饲条件下饲料配方中不加入维生素、微量元素等营养素，致使驴的营养严重失衡；部分养殖场（户）饲草加工过程比较粗糙，饲草含水率介于干草与嫩草之间，纤维柔韧高，铡切长度在5～10厘米，不适合驴采食利用，同时加大了肠梗阻风险；部分养殖场（户）圈舍面积、饲槽长度等基础条件与饲养头数不匹配，饲喂过程中驴争抢严重，导致消化道疾病难以控制、驴群强弱分化严重；有些养殖场（户）为节省人力，将后备公母驴混群饲养，私交滥配，严重损害了驴群健康，一定程度上缩短了种驴利用年限；还有些饲养管理人员业务素质较低，对种驴运动管理不到位，致使母驴过于肥胖假发情或乏情，公驴体质虚弱，精液质量低下，无法完成正常的交配而严重制约了驴群的正常生产和世代更替。

2. 盲目引种和过分炒作

受市场高价利益驱动，部分养殖场（户、合作社）在没有充分调研和理性评估的前提下盲目上马驴养殖项目，造成了严重的后果。一是短期内推高了种驴及驴苗市场价格，使价格与价值严重背离；二是缺少对驴这个物种自身的认知而致使引入种驴良莠不齐，使大量不具种用价值的驴以种驴的形式引入饲养，严重延缓甚至阻滞了种群的繁育和更新；三是不法商贩违背客观规律肆意炒作，对繁殖效率、生长发育速度、部分品种间的杂交优势过分夸大宣传，使部分不明真相的养殖场（户）蒙受损失；四是部分企业以产业帮扶或合作发展之名高价卖驴、炒作蒙骗；五是部分养驴专业合作社缺少理性思考和充分论证，吸收贫困户，欲以股份形式帮扶带动精准脱贫，而以目前驴肉和皮张的市场需求及阿胶的消费需求无法支撑该产业稳定发展，因此无法保证贫困户的收入稳步增加。

3. 养殖标准化问题

甘肃省是我国养驴最早的地区之一，驴从非洲及西亚沿古丝绸之路传入甘肃省后主要作为农业动力而存在，全省驴的存栏量一度占到全国大家畜存栏量的7.8％。驴作为役用畜时主要由农户分散饲养，品种选育中的关注点集中在使役性能方面，全国制定的驴的品种标准也是主要针对役用性能方面，很少研究驴的肉、乳、皮等的商业价值。目前我国没有各品种驴的营养标准，因此对不同生产用途、不同生理阶段的驴的营养需求量没有依据可言，只能是“摸着石头过河”，对维生素、矿物质营养用量更是无从下手，导致生产中有的全舍饲场（户）不给驴补充维生素、矿物质等营养素，个别场（户）以育肥牛预混料替代。部分饲料生产企业自己研发预混料，但因为没有标准而导致不同厂家饲料中营养素有效含量差别很大，养殖者没法选择。

4. 适宜品种培育问题

驴一直以来都是作为役畜存在于人们生活中，除役用性能之外的其他价值受关注度较低。现代养驴业的主要目的是开发驴的肉、乳、皮等的经济价值，但因自古以来我国驴的育种方向与现代养驴业的需求相背离，现有驴种的各项生产性能都不能满足经营者各自的生产需求：肉用驴生长速度缓慢，生长周期长，肉重比低；乳用驴日泌乳量低，泌乳周期短，驴驹代乳料开发滞后，实际挤乳量无法保障生产线运转；皮用驴皮张质量不过关，无法满足阿胶生产厂家对优质皮的要求。因此，不管是哪种用途的驴，养殖效益都明显偏低。鉴于此，国家应该借鉴各地肉牛、肉羊育种的经验，及早立项开展不同用途、不同生产方向的驴的育种工作，通过新品种的培育与应用来最大限度地开发驴的经济价值。

5. 兽医防疫人员短缺

由于农业机械的普及及农业现代化的逐步推进，马、驴、骡等大家畜在农业生产中的地位下降，饲养量大幅萎缩。20 世纪活跃在各地的大家畜兽医人员逐渐退离，加之近 30 年来各大农业院校及科研院所对大家畜兽医的培养工作弱化，各地大家畜兽医人员严重短缺，一定程度上制约了驴产业的健康发展。经调查，庆阳、白银、兰州、张掖及酒泉 5 市的 15 县（区）近 100 家肉驴养殖场中，真正懂大家畜疾病的兽医人员不超过 5 人。兽医人员甚至对某些普通病的诊疗水平都极为低下，如对马、驴最为常见的肠梗阻病，没有预防策略、缺乏治疗手段。调查中，白银景泰一家千头驴场引种 870 头，引进后两个月内先后因病死亡 37 头。某企业的酒泉养殖基地引进种驴 2 000 头，初期也是大量死亡。经解剖诊断发现，其中大部分是因为各型肠梗阻病没有得到及时有效地处理而致死。因此，培养大家畜兽医是摆在各大农业院校和各级畜牧业务部门面前亟待解决的问题，是各类技术创新、业务培训中的重中之重。

6. 舆论宣传、引导及培训问题

近年各地驴产业的发展取得了一定的成就，对满足人们乳、肉等的差异化需求，弘扬祖国传统中医文化等方面发挥了积极作用。但是我们应该清醒地认识到，作为一项新兴产业，驴产业仍是一个极为弱势的产业。目前国内驴产业的主要产品是驴皮，其次才是驴肉和驴乳。阿胶是我国传统名药，具有补血滋阴、润燥、止血之功效，曾为皇室贡品，价格不菲，社会消费人群较为有限。作为阿胶产品的主原料，驴皮的需求量受有限几家企业的控制，市场价格极不稳定。近年来几家阿胶企业都从国外大量进口皮张，市场上每张驴皮从 3 000 多元降到目前的 650～800 元，严重冲击了我国驴产业，致使大部分养殖者都严重亏损，在一定程度上增加了社会的不稳定因素。因此，作为政府和业务部门，对欲步入驴产业市场的投资者应该进行理性宣传，风险预警，使其强化风险意识，理性决策，切不可盲目夸大其词，虚假宣传，误导投资者，要从源头上降低风险，形成一个理性、健康、有序的养殖大环境。对于养殖场（户）的投资者和饲养管理人员，各级业务部门要从国家养殖政策、市场需求、驴品种特性、生长发育特点、饲养管理、产品加工等方面进行业务培训，提高从业者的业务素质，为产业健康发展保驾护航。

第六节　我国驴产业发展与国际借鉴[①]

当前，畜牧业中的牛、羊、猪、鸡等畜禽品种已得到长足发展，产业培育也已相当发达。但近年来，大宗类畜禽产品特别是牛羊肉和乳品的生产加工经营企业饱受国外进口的冲击伤害，竞争压力日益突出；同时在我国猪肉进口阀门已经开放的背景下，生猪生产因治污成本陡增、猪瘟疫情频发等客观因素制约，发展也面临诸多挑战。大宗畜产品受制于进口的冲击与环保的压力，要继续保持高速度发展的动力略显不足。相比而言，驴作为特色大型畜种之一，具有对精饲料的要求较低、能够大量利用农业废弃物资源且抗病性强等独特优势，使得驴产业迎合了当前绿色生态文明建设的契机，产业发展具有重要的时代价值和发展潜力。

除此之外，发展特色驴产业不仅符合乡村振兴战略中产业兴旺的要求，也是推进特色产业扶贫的有力抓手。驴产业是畜牧业中具有较大潜力和独特优势的特色产业，养驴脱贫被国务院扶贫办作为产业扶贫的主推模式之一在全国大力推广，多地政府也因地制宜出台多个红头文件促进驴产业发展，使得驴产业不断发展壮大。可见，近年来各级政府重视发展驴产业，以特色驴产业发展促进农民脱贫增收、农业提质增效和乡村产业振兴。

① 本节内容为中国农业大学基本科研业务费专项资金项目“我国驴产业发展及其国际经验研究”（项目编号：2019TC074）的部分研究成果，作者为王玉斌、刘议蔚（中国农业大学经济管理学院）。略有修改。

一、驴产业发展的必要性

近年来，随着我国经济社会发展和人们消费观念的转变，驴肉、驴乳及其加工制品的消费需求呈不断增长态势，驴产业成为特色畜牧产业发展新的增长点。促进我国驴产业良性健康发展对于推进多样性特色产业、调整地方农业结构、发展循环经济、决战决胜脱贫攻坚等方面具有重要意义。

1. 驴产业是具有发展潜力的特色产业

我国养驴的历史悠久，驴品种资源丰富。近些年，在消费需求的拉动下，驴肉、驴乳及各类驴制品由于契合了人们的健康保健意识而逐渐在市场中活跃起来。在国家大力倡导发展绿色、优质、特色农产品的背景下，独具特色优势的驴产业迎来了新机遇，成为极具发展潜力的畜牧经济特色产业。

2. 驴产业是助力脱贫攻坚的优势产业

我国驴养殖主要集中在地理位置偏远且经济发展相对落后的中西部地区和少数民族聚居区，如内蒙古、辽宁西部、甘肃、新疆等地区。这些地区的畜牧产业特色明显、土地及生态环境优势突出、饲料饲草资源丰富，是驴养殖的重点发展区域。为响应精准扶贫号召，各地政府纷纷将驴产业与脱贫攻坚相结合，因地制宜地摸索出多种扶贫模式，驴产业成为助力贫困地区脱贫攻坚的优势产业。

3. 驴产业是发展循环经济的重要产业

循环经济是我国现代农业发展的重要方向。首先，驴属于草食型畜牧品种，相比于猪、牛、羊等而言，对精饲料的要求较低，可利用农业废弃物资源进行饲养，不仅能节约粮食资源，还能减少农区大量焚烧农作物秸秆造成的环境污染。其次，驴粪便排泄量相对猪、牛等牲畜为少，还可将粪便用作田地肥料，改良土壤肥力，提高土地生产率，形成“养殖—种植”生态绿色循环模式。

二、我国驴产业发展现状及问题

1. 驴产业发展现状

（1）驴产业整体发展情况。我国是世界主要的产驴国家之一，有近 4 000

年的养驴历史，养驴始于新疆南部，渐次东来，经甘肃、陕西逐渐发展到全国。我国驴种资源丰富，据第二次全国畜禽遗传资源调查，我国有毛驴品种24个，其中关中驴、德州驴、广灵驴、泌阳驴和新疆驴5个品种被列入国家级畜禽遗传资源保护名录①。过去我国毛驴主要以役用为主，在农业生产中占据重要的地位。近年来随着农业机械化程度的不断提高，毛驴原本的役用价值不复存在，而肉用、药（皮）用、乳用、保健等生产性能潜力尚未完全开发，加之产业政策的长期缺位，致使驴产业发展极为缓慢，毛驴存栏量呈现不断下滑的趋势。2000年我国毛驴存栏量922.7万头，2010年已锐减到510.1万头，2016年进一步减少到259.3万头，2017年毛驴存栏量略微回升至267.8万头②。1996—2017年20多年时间里，我国毛驴存栏量平均每年约以3.4%的速度在减少（图1-5）。

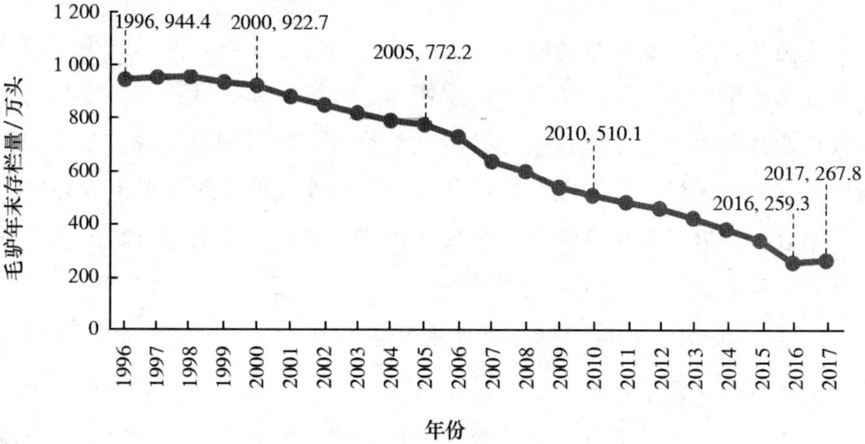

图1-5　1996—2017年我国毛驴年末存栏量

（2）驴产业区域发展情况。我国毛驴主要分布在25个省份，且集中分布于华北、东北、西北等地。据2018年国家统计局数据显示，2017年内蒙古、辽宁、甘肃、新疆、河北等10个省份毛驴存栏量占全国驴存栏总量的93%

① China National Commission of Animal Genetic Resources（国家畜禽遗传资源委员会）(2011)。

② 文中所用的分析数据为国家统计局《2018中国统计年鉴》中的数据，2018年国家统计局依据第三次全国农业普查情况，对2007—2016年的畜牧业数据做了相应修订。

（图 1-6），其中内蒙古、辽宁、甘肃、新疆 4 个养殖省份的占比分别达 28%、19%、14%、8%，4 个省份的驴存栏总量占到了全国驴存栏总量的 69%。调研发现，蒙东辽西地区、甘肃和新疆畜牧养殖历史悠久，产业特色突出，资源及生态环境优势明显，具有典型的区域发展优势和潜力，故成为毛驴养殖的重点发展区域。从近几年毛驴存栏量变化幅度来看，内蒙古和甘肃驴存栏量整体较为稳定，而辽宁、新疆、河北的驴存栏量下降幅度较大，2014—2017 年，新疆下降了 75.7%，辽宁和河北也分别下降了 52.7%、65.3%。

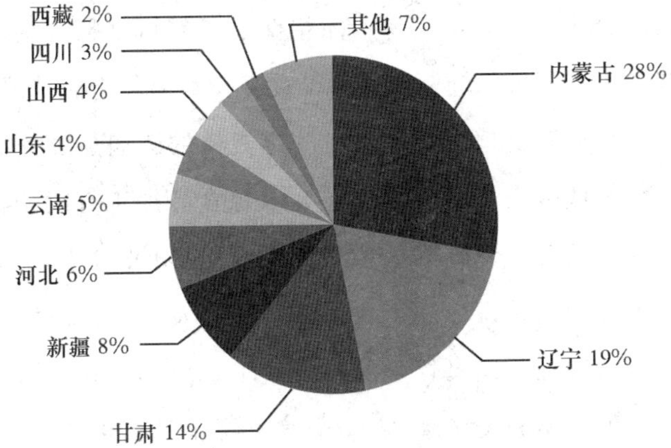

图 1-6　2017 年我国毛驴年末存栏量排名前十省份

（3）驴产业生产发展情况。养驴业是我国畜牧业的重要组成部分之一，是具有传统文化内涵的地方特色产业。改革开放以来，在宏观政策的支持下，我国畜牧业得以长足发展，猪、牛、羊、家禽养殖业的规模化、标准化程度不断提高，肉、蛋、乳等畜禽产品的生产持续增长。但驴产业受限于传统观念、养殖消费习惯等，加之市场信息失灵①、收益见效慢、优良品种匮乏、饲养技术落后②等制约，生产发展非常缓慢，一度形成恶性循环，驴饲养量逐年减少。2016 年，农业农村部印发《全国草食畜牧业发展规划（2016—2020 年）》，将驴产业纳入草食畜牧业范畴予以统筹规划；2017 年，又将驴产业纳入全国畜禽养殖标准化示范创建活动范围。随着国家对特色产业的大力扶持，

① 杜娟，宋燕，宋富琴．肉驴产业的发展现状、存在问题及对策建议[J]．肉类工业，2014(08)：3-6.

② 司占军，金晖．我国驴业生产发展现状及趋势分析[J]．新农业，2018(23)：47.

以及人们对驴肉、驴乳、驴皮及其他驴副产品功能效用的明确与开发利用，农民养驴的生产积极性显著提高，驴产业逐步回暖①。

（4）驴产业精深加工情况。近年来随着驴产业的升温，驴产品生产加工能力也在不断增强。以驴皮为原材料的阿胶产品的生产加工企业日渐增多，其中东阿阿胶股份有限公司、山东福胶集团有限公司等多个驴皮生产加工企业在全国甚至国际享有盛誉。与此同时，驴乳、驴肉等生产加工企业也如雨后春笋般发展迅速，数量逐年增加。调研中发现，一些规模较大的养殖场或者工商资本进驻的企业逐步尝试在驴产品精深加工领域开拓市场，延长产业链条，重视科技投入，积极投资驴产品加工设备，竭力打造企业或地方品牌，以提升毛驴产业精深加工价值。目前具备一定规模的驴肉加工企业有南京雨润集团、张家口桑阳牧业有限公司、保定九禾源食品加工有限公司、山东驰中集团、山西世龙食品有限公司和高唐潘家肉制品有限公司等。

（5）市场需求和消费情况。随着我国经济社会发展、人民生活水平提高以及健康保健意识的增强，国民饮食结构发生了很大的变化，消费者不再单纯满足于猪、牛、羊、鸡等大宗肉类产品，畜产品消费需求开始趋于多元化、营养化。驴肉是典型"三高三低"食品：高蛋白、高必需氨基酸、高不饱和脂肪酸、低脂肪、低胆固醇、低热量。驴肉的这一天然绿色特性和营养保健功效使其渐成餐桌新宠，在全国各地逐渐兴起一股驴肉消费热潮②。驴皮是我国国药瑰宝阿胶的主要原料，具有美容和补气血的作用③，阿胶不仅畅销国内，还远销东南亚各国和欧美市场。驴乳是我国特色乳的重要组成部分，其成分最接近人乳，可辅助治疗多种疾病④，近年来也逐渐受到中高端消费人群的偏爱。其他驴副产品如驴肝、驴鞭、驴肺等也具有较高的营养价值和药用

---

① 张莉，杜立新．对我国驴产业发展的思考与建议[J]．草食家畜，2015(05)：1-5.

② Polidori P，Vincenzetti S，Cavallucci C，et al. Quality of Donkey Meat and Carcass Characteristics[J]. Meat Science，2008，80(04)：1222-1224.

③ 朱建梅．浅谈阿胶的现代应用[J]．内蒙古中医药，2013，32(05)：50-51.

④ Ma L，Su D Q，Ji F C，et al. Study on Health Protection Efficacy of Fresh Donkey's Milk[J]. Food Science，2008(05)：423-426.

价值。除此之外，孕驴尿和孕驴血清也具有巨大的开发和研究价值①。随着人们对驴产品上述功用的重新认识与自我保健意识的增强，未来消费市场对驴产品的需求能力将愈加强劲。

(6) 驴产业带农脱贫致富情况。近期生猪和家禽行业受环保、进口压力的影响，其整体发展态势低迷，养殖效益在不断下滑。因此，在经济欠发达地区，通过实施特色农业项目发展特色产业是帮助当地农户脱贫致富的重要方式②。驴产业是畜牧业中独具优势和发展潜力的特色产业，养驴被国务院扶贫办作为产业扶贫的主推模式之一在全国大力推广。例如，蒙东地区养驴历史悠久、饲草资源丰富、环境承载力强，逐步兴起了驴产业开发热潮。以巴林左旗为例，2017 年毛驴养殖户达 3 万余户，规模养殖场 12 个，毛驴改良站点 10 处，实现毛驴存栏 18 万头，年度商品驴出栏能力达 8 万头。预计到 2020 年，全旗将建设完成毛驴养殖村 50 个，毛驴存栏量达到 30 万头，驴产业已然成为全旗特色产业和农民脱贫致富的优势产业之一。东阿阿胶股份有限公司积极发挥驴产业扶贫优势，大力推广养驴扶贫模式，累计投资 2 亿元，带动全国养驴户增收 180 亿元，惠及全国 1 000 余个乡（镇）、2 万多贫困户、6 万多贫困人口③。这些只是驴产业带农脱贫的一个缩影，据悉，目前在政策引导及龙头企业的带动下，农民养驴积极性显著提高，养驴业成为一项新兴特色产业，并在畜牧特色产业扶贫中发挥着重要示范作用。

2. 驴产业发展问题

(1) 存栏数量急剧下降，产业发展面临危机。受前期毛驴役用价值退化、经济价值开发不足以及近期驴皮短期利益诱惑等影响，我国毛驴从 20 世纪 90 年代初的 1 100 多万头减少到现在的 200 多万头，20 多年间毛驴存栏量减少了近 900 万头。毛驴存栏量的急剧减少为产业整体健康发展敲响了警钟，如

---

① Li H, Luo T Y, Yan S M, et al. Study on the Proliferation of Bone Marrow Hematopoietic Cells Promoted by Peptide from Donkey Serum Albumin[J]. Journal of Chinese Institute of Food Science and Technology, 2010, 10(02): 12-19.

② 赵晓峰. 农民专业合作社制度演变中的“会员制”困境及其超越[J]. 农业经济问题, 2015, 36(2):27-33+110.

③ 张院萍. 驴产业成为中国畜牧业发展新动力:第三届(2017)中国驴业发展大会暨第七届驴产业发展高峰论坛举办[J]. 中国畜牧业, 2017(17):10-12.

若不积极采取相关保护措施，毛驴今后很可能面临濒危境况。驴产业受制于产业基础薄弱、扶持保护政策缺失、市场运作机制不完善等现实，在驴皮高利润驱使下，市场上盲目屠宰母驴现象严重，致使母驴数量锐减，间接引起驴驹供应严重短缺，一度出现全国性“驴荒”。保障和发展基础母驴是有效抑制毛驴存栏量急剧下降、提振驴产业的基础和关键。

（2）养殖收益见效缓慢，产业发展信心不足。毛驴产业相比生猪、肉牛、肉羊等其他畜牧产业而言，属于新兴特色产业，由于养殖前期投资成本高、收益见效慢等特性，新兴产业又成为弱势产业。在调研中发现，养殖户的前期生产投入主要集中在驴驹、饲料购入及场地建造维护方面。以非自繁自育养殖户来说，外购1头母驴需要8 000～13 000元，1头200千克左右的驴驹要花费5 000～7 000元。相对“昂贵”的初始投资成本直接影响到养殖户的养殖意愿和养殖规模，再加上毛驴养殖周期长、出肉率不高等特性，导致养殖户面临投资大、风险高的问题。同时，养殖保险制度的缺乏增加了毛驴养殖户经营过程中的不确定性，使养殖户面临“养得起，死不起”的难题，极大地降低了养殖户的养殖信心。

（3）科研支撑力度不足，产业发展低效缓慢。发展驴产业，一靠政策，二靠投入，三靠科技。相比其他畜禽品种，驴养殖产业既缺乏促进产业持续发展的补贴政策，也缺乏良种繁育和疫病防治的技术支持，在毛驴繁殖、授精、饲养、屠宰、加工、销售等环节的科技投入基本上“空白”，产业链条严重脱节和失衡。农业院校和科研单位中专门进行驴养殖繁育方面研究的专家极少，驴业技术力量极度匮乏。传统养殖手段、毛驴固有低繁殖率使得毛驴优良品种退化严重，加之人工授精等技术在驴产业领域的应用率极低、毛驴饲养无统一规范标准等，使得毛驴产业的长远发展受到严重限制。现阶段毛驴总体数量和优良品种的锐减已经逐渐引起国家的重视，国家发展和改革委员会、财政部、工业和信息化部、农业农村部和国家自然基金委员会等部门都先后在与驴产业养殖相关的项目上给予政策倾斜和资金扶持，不断加大科技投入力度，共同推动驴产业的持续健康发展。

（4）产业链条不甚完善，产业发展持续性差。我国驴产业发展过去主要以阿胶加工销售为主要拉力，近几年来驴肉等驴产品的市场消费需求愈加旺盛，但产品质量鱼龙混杂，假驴肉泛滥市场。这种现象一方面受驴存栏量少、供不应求的影响，另一方面直接映射出我国目前驴产业链条尤其是屠宰加工、检验检疫、运输销售等环节的不完善、不健全。经实地调研发现，很多屠宰场由于规模较小，缺乏配套检疫手续，屠宰程序极不规范；部分生产加工企业标准化体系不健全，产品质量安全难以保证，因此生产出的驴产品很难满足下游餐饮企业等的市场要求。产业链不完善不仅对供求关系产生了错位制约，对整个产业链各环节利润分配的平衡也造成了消极的影响，不利于产业整体的可持续发展。

（5）优势品种退化严重，产业发展优势渐失。受传统农业养驴“役用”和2 000多年阿胶文化的影响，我国毛驴存栏量和品种资源曾一度居于世界首位。但随着毛驴役用功能的萎缩和商用功能开发的不足，我国毛驴存栏量连年下滑，毛驴优良种质资源逐渐退化，怀胎率低，不同性状优质毛驴锐减。例如，山东无棣县是德州驴的主要产区，2017年无棣县德州驴存栏量仅为0.38万头，而该县历史上德州驴存栏量曾一度高达1.7万头①。驴良种资源的退化极大程度上制约了我国驴产业的可持续发展。

（6）驴产业地域分布不均，产业发展有待规范。我国驴养殖主产区主要分布在西北地区，并且集中在偏远山区、丘陵地带和少数民族聚居地，但驴肉、驴乳等驴产品消费则主要集中在北京、天津、河北、山东、河南、广东、上海等地区。驴养殖区大多数交通不便，而驴产品消费区的驴养殖极少，甚至有些地方根本不养驴，养殖和消费上呈现“西驴东运、北驴南运”的特点，这种生产与消费的不对称性造成毛驴及其相关产品在运输、销售和交易时极为不畅，成本抬高。

三、我国驴产业各环节发展情况

1. 生产加工方面

目前常见的毛驴养殖模式主要是公司规模化养殖和家庭养殖。公司规模化养殖是指由从事其他行业的公司转行涉足毛驴养殖，大面积租赁土地，大规模地从事毛驴生产与开发。由于养殖规模较大，日常饲养、圈舍打扫、繁

① 张玉环，李玉，郭光．德州驴的现状及发展对策[J]．山东畜牧兽医，2006(04)：10-11.

育看护等都需要雇用劳动力来完成，需要付出一定的管理成本和监督成本。家庭养殖模式是目前我国毛驴养殖的主要模式，可以进一步划分为“政府+农户”模式、“合作社+农户”模式和养殖专业户模式。

(1)“政府+农户”模式。随着养殖效益的提升，毛驴产业已成为畜牧业中具有潜力和优势的特色产业，毛驴养殖作为精准扶贫的主要项目在全国进行大力推广，形成了在政府资金补助下的贫困户养殖模式。调研中，内蒙古通辽市库伦旗扣河子镇扣河子村是开展毛驴精准扶贫项目的主要村庄之一，主要做法是政府为贫困户提供贴息产业贷款 3 万元，同时按贫困户人口数每人分配 1 万元的扶贫款，贫困户主要根据获得的贷款和补贴资金的多少决定毛驴养殖数量，一般饲养 3 头以上，主要利用自产玉米、玉米秸秆进行饲养，充分利用自身劳动力。这种模式下，政府通过资金补助方式解决了农户的资金困难，但毛驴本身是具有生命力、高价值的活体动物，在购买中需要精心挑选，在养殖过程中需要一定的饲养技术，对于没有养殖经验的贫困户来说，养殖技术缺乏极有可能增加疫病费用支出。

(2)“合作社+农户”模式。这种模式下养殖户通常具有多年的养殖经验，毛驴主要是自繁自育自养，饲养规模一般为 5～10 头，有独立建造的驴舍，疫病防治由合作社统一进行。在饲料的供应上，粗饲料主要以自产的玉米秸秆、花生秸秆等为主，精饲料以自产玉米为主，采购饲料为辅。在配种方面，合作社通常与企业进行合作，依托阿胶企业的技术优势和无偿提供的冻精颗粒，把本地土种驴与优质“乌驴”种公驴进行杂交改良。杂交后的毛驴具有个体大、皮层厚、品质好的特性，较好地迎合了市场需求。在销售方面，合作社以高于市场价格 4 元/千克收购农户养殖的毛驴。

(3)养殖专业户模式。养殖专业户在毛驴市场交易中通常也扮演着农业经纪人的角色，其根据市场行情和自身经济实力来决定饲养的规模，一般在 20～100 头，以家庭劳动力为主，并雇用 1～2 人进行日常管理，有独立建造的驴舍，毛驴来源于自繁自育或购买，饲料供应主要以外购为主，自产为辅。这部分养殖户经常参加当地活驴交易集市，市场信息灵敏，疫病防治主要依靠自身养殖经验。

2. 流通运输方面

当前我国驴产业流通组织包括：国有商业组织、农民合作组织、农产品批发市场组织、农产品产销一体化组织。组织功能主要在于组织销售、信息传导、提供服务和载体，促进农民增收。我国在驴产业流通运输方面存在以下特点。

（1）各地区发展不均衡，流通市场有待规范。我国活驴交易市场少，屠宰加工企业规模小，私屠乱宰是普遍现象，驴肉市场无序化。流通渠道多，流通规模小，流通路线不统一，参与流通的人员复杂，驴产品购销过程中掺杂使假、短斤少两、以次充好等行为时有发生，导致驴产品市场竞争力低。

（2）驴运输应激综合征（TSSD）立体防控策略尚未普及。畜产品的自然属性及特点决定了其在流通环节可能被细菌、真菌、病毒等致病性微生物污染，或被有害化工制剂处理保鲜，存在一定的产品质量安全风险。我国针对驴运输应激综合征的驴病指标数据库建设仍在完善，“选好驴、健好体、用好车、过好渡、保好健”的“五好”立体防控策略尚未完全普及应用①。

（3）产品市场组织结构不合理，流通渠道不畅。一是市场组织结构不合理，产地批发市场很少，具有商品集散功能和配套服务设施的物流中心更少，使得畜产品在流通中损失较大。二是原有的畜产品经营企业由于没有建立现代企业制度以及服务单调，缺乏竞争能力，很难适应现代市场竞争的要求，而其他一些从事畜产品流通的个体经营者缺乏组织，规模较少，力量分散，不具备较强的市场竞争力和抗风险能力。三是中介组织数量不足，大多属于初级状态，功能也比较单一。同时，中介组织的行为不规范，由于缺乏利益纽带，不同程度地存在“抛开农民，只追求自身利益”的现象。

3. 销售方面

过去养殖户出售驴肉有五种模式：一是家门销售模式；二是活畜交易市场销售模式；三是屠宰销售模式；四是专业合作社销售模式；五是与企业签订产销合同销售模式。近年来，山东、新疆、内蒙古、辽宁、甘肃等地掀起了驴养殖、加工、销售的热潮，正在形成产业链条式销售。例如，东阿阿胶股份有限公司通过“东阿阿胶＋当地政府＋当地龙头企业＋合作社＋农户”的合作方式，辅助平川黑毛驴产业建立标准化示范养殖场，带动当地低保户和

① 刘瑶，张国昆，李涛．创新交通运输管理模式支持鲜活畜禽产品流通[J]．现代畜牧兽医，2007(08)：29.

贫困户养驴。甘肃龙麒生物科技股份有限公司（简称“龙麒生物”）创立了“平台＋合作社＋农户”的“龙麒模式”，有效解决了农户进入难（买不起）、养不好（不懂技术）、有风险（怕病、灾）、卖不掉（不知市场）、赚钱少（没有产业链）等问题，确定了产权归公司（公司买驴）、公司来养（农户托养）、公司服务（公司配种、防治病、科学养殖）、公司建平台（公司负责产业链延伸、市场拓展）、无风险保增收（全保险、兜底价）、当年有收入（收驴乳、增值阶段付酬）等一系列问题，确保农户在养殖过程增收、脱贫、致富。

（1）销售主体日益庞大。随着农业机械化水平的提高，驴从役用饲养向商品化、规模化饲养转变，驴产业销售主体结构也在发生变化：从最初散养户零售，通过民间经纪人、肉驴市场来交易，到为实现信息共享、饲料统购、肉驴出栏统销，降低养殖成本，提高销售利润，成立肉驴养殖合作社，开发“公司＋农户”运作盈利模式，创新发展“政府＋银行＋龙头企业＋合作社＋农户”经营模式，以订单农业为基础，完善利益联结机制，合理分配各方收益。政府出台养驴扶持政策，协助龙头企业构建符合区域实际的毛驴养殖模式，以提供毛驴交易服务、现场指导、课程培训等方式构建覆盖全国的线上、线下技术输出体系，向龙头企业和合作社输送关键技术，驱动企业提升养殖效益，增强农民主动性。

（2）销售对象产业化。驴浑身是宝，以驴皮为主要原料的阿胶深入人心。我国通过推广以阿胶为主业的全产业链发展模式，打造出阿胶生物医药产业、阿胶康养产业、阿胶文化创意产业、阿胶配套产业（驴良种繁育、驴交易所）四大产业集群，构建起覆盖饲料、养殖、交易、深加工、餐饮、旅游的全产业链集群。驴肉和驴乳的需求也逐年扩大，相关企业不断加强品种改良和推广，但也受到驴肉、驴皮“掺假”和国外进口低价的影响。为满足不同客户的需求和市场行情的需要，大多地区加快肉驴资源整合，以优质资源为底牌，积极引入和培育肉驴产品加工龙头企业，通过科技创新，发展科技含量和附加值高的品牌产品，重点搞好驴肉产品、驴皮产品的深加工和销售，开发驴乳、驴骨、驴血、驴脂及孕驴尿等经济价值和药用价值，制作具有中医药特色的降糖、美容养颜高端产品，提高驴产品的市场竞争力和产业的综合生产效益。

（3）销售理念探索创新。我国践行绿色健康养殖模式，提出“把毛驴当药材养”“善待毛驴”“毛驴活体循环开发”等理念，开展驴动物福利研究，组建全球唯一的黑毛驴冻精生产中心，启动世界首个毛驴基因测序研究课题，探索出规模化、基地化、产业化的养殖模式；注重通过融合发展的思路发展毛驴产业，以构建毛驴全产业链条为主线，推动毛驴各类产品价值的实现，形成覆盖生产基地到消费终端的全产业链条；突出特色，挖掘造就驴业文化，积极推进“驴产业＋生态”“驴产业＋文旅”等融合发展模式；充分发挥肉驴特有的生物学特性，培育一批以生态养殖、居民认领、生产流程感知等为主要特点的畜牧旅游点，促进养驴业与旅游业的有机结合。例如，甘肃省白银市平川区依托“平川黑驴”国家地理标志品牌，着力打造“甘味”驴产品，擦亮打响“陇字号”黑毛驴品牌，通过举办平川驴肉美食节、黑驴文化节、黑驴展销会等系列产品推介和品牌营销活动，全领域打造黑毛驴特色旅游小镇，全方位做强做大驴产业市场①。

（4）销售渠道多元多样。驴肉的销售主要在当地市场，供应本地酒店、农家山庄等；驴皮主要供应阿胶集团；活驴销售多由驴贩子到场（户）收购，或养驴场（户）上门集中收购。当前我国驴产品市场销售主要应加强三个方面。一是以市场需要为导向，以大型现代龙头企业为依托，以“企业＋合作社＋基地＋农户”的模式带动周边农户发展商品驴，拓展商品驴销售市场，延长产业链条。二是进一步推动完善监测体系，构建大数据库，推动网上交易平台运行，坚持线上销售与线下体验紧密结合，建立生产资料、畜产品购销平台，开展送货上门、取货上门服务，从根本上解决“最后一公里”问题。运用“互联网＋”技术，把肉驴育种、生产、加工、质量安全追溯、驴肉销售等信息整合在一起，根据实际需要逐步完善，形成一个全产业链的“互联网＋”模式。三是创建知名品牌。将商品驴作为当地重要的特色经济品牌，通过保种、标准化生产、示范基地创建、农产品地方标准制修订、农产品地理标志登记认证等，打造知名品牌，扩大市场影响力。

---

① 德力格尔仓．浅谈库伦旗驴产业发展趋势[J]．新疆畜牧业，2014(03):20-22.

四、国外畜牧产业发展模式与经验做法

1. 国外驴产业发展形势

2017年全球毛驴存栏量排名前十的国家（地区）的毛驴存栏量如图1-7所示。国际驴产业呈整体下滑趋势。到目前为止，世界毛驴存栏量最大的是亚洲，尤其集中于地处农牧结合带的发展中国家。中东有非常大的驴数量，以巴基斯坦为例，2017年有约520万头毛驴①，并且保持着每年将近3%的增长率。然而，驴在巴基斯坦的生活中仅仅承担役用角色，商业用途并未合理开发与利用。欧洲驴的存栏量占世界存栏量的比例极低，约2%，并且跟世界整体趋势一致，呈现逐年下滑趋势，其中还有一些品种处在消亡的边缘。由于养殖数量少，欧洲也鲜有从事驴产业科研和驴产业链开发的工作团队，驴更多是作为一种供休闲游玩的乘坐或娱乐工具。北美的情况与欧洲类似，驴在北美主要承担骑乘和娱乐的角色，并且在美国驴肉被禁止食用，由于毛驴存栏量逐年锐减，美国相继出台了相应法律法规加强对驴、骡，特别是野生驴群的保护。

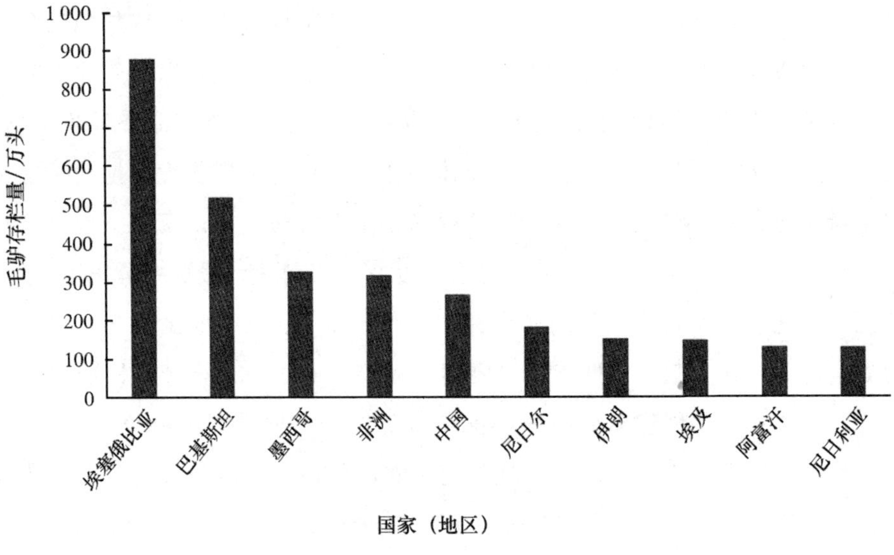

图1-7　2017年全球毛驴存栏量排名前十的国家（地区）

① 文中所用的解释数据为联合国粮农组织2017年的数据。

2. 生产方面

（1）规模化标准化养殖。伴随全球畜产品市场需求的持续增长，大规模生产单位与小规模生产单位相比具有明显的比较优势，体现出现代畜牧业集约使用投入品、技术和资金的大规模经营和专业化生产的特点和趋势。根据联合国粮农组织的数据，2011年左右，埃塞俄比亚和中国驴的存栏量达到大体相当的体量。2015年，埃塞俄比亚驴的数量上升至843.92万头，稳坐“世界养驴王国”的头把交椅，而中国驴的存栏量仅为342.37万头。大力推进规模化、工厂化饲养，是国外现代化畜牧业建设最主要也是最直接的做法。国外畜牧业比较发达的国家都十分注重推进畜禽养殖的规模化和工厂化，以此来加速传统畜牧业向现代畜牧业的转变。以美国为例，近年来，因大量新技术的采用和先进设施投入的增加，美国养殖场的数量相对减少，但规模却越来越大，并且越来越呈现出工业化、专业化和集约化的特点。美国规模在5 000头以上的养殖场所饲养的生猪占全国生猪总产量的55%，3家最大的肉鸡公司已能生产美国42%的肉鸡。标准化养殖能有效避免或控制产地环境污染、养殖源头污染和动物疫病。美国的危害分析和关键控制点（HACCP）体系及欧盟的良好农业规范（GAP）对我国推广和发展标准化养殖提供了有益借鉴①。

（2）完善的畜牧业社会化服务体系。美国、欧盟、日本等国家和地区的畜牧业社会化服务体系由国家、集体（合作社）和私人组织共同承担，各国的服务组织形式不同，但真正的主角是合作社和私营涉农工商企业，服务内容包含了从良种引进、品种选育到疾病防治、检疫监测、灾害预测防范、产品保险供应等各个方面，有力地支撑着畜产品规模化生产，促进了畜牧业的一体化经营模式的发展。当前我国驴产业的产业化水平还比较低、商品化程度不高，私营涉农企业发展薄弱，驴的商品化社会生产服务体系中养殖、加工、经营、销售等环节不配套，家庭经营制度下的小规模生产与大市场流通的矛盾不能得到有效解决，制约了整个驴产业的协调发展。通过构建产前、产中、产后一体化发展格局，鼓励合作社和私营涉农工商企业参与畜牧业商品化社会生产服务网络分工体系，加强畜产品运销和加工等畜牧业社会化服务体系中最薄弱环节的建

---

① 现代畜牧业课题组．国外建设现代畜牧业的基本做法及我国现代畜牧业的模式设计[J]．中国畜牧杂志，2006(20)：24-28.

设，是突破我国驴产业当前发展瓶颈的有效手段之一。

(3) 市场主体联合育种范式。品种改良和良种普及化程度的提高，大大提升了特色畜禽的总体生产能力。值得借鉴的是国外整合资源开展联合育种范式和产学研合作利益联结机制。发达国家在政府和协会的统筹协调下，实施全国范围的联合育种，充分挖掘利用优秀种质资源，实施统一遗传评估，建立统一育种信息共享发布机制，从而促进遗传改良速度的加快。同时，利用跨国育种公司在全球范围内整合资源，寻求伙伴开展联合育种。发达国家育种体系不仅包括相关高校和科研机构，公司和生产者等市场主体在育种过程中也高度参与，美国就以大育种公司为主导，与高校和科研机构进行合作，建立以市场为导向的产学研利益联结机制①。

(4) 注重疫病防控和食品质量安全保障。畜产品产地环境的恶化、养殖过程中滥用药物、生产过程中大量使用添加剂以及动植物疫病的传播等，都为畜产品安全问题埋下了隐患。与发展中国家相比，发达国家对食品安全、动物疫病防控问题的重视程度高，管理机制完善，检测技术手段先进，有力地保障了本国的食品安全和疫病的防控。例如，建立食品信息的可追踪系统包括从原材料的产地信息，到产品的加工过程，再到终端用户的各个环节，逐步形成了以统一标准为中心的畜产品质量安全配套管理体系。建立健全兽医防疫和监测预报体系，鼓励卫生专业人员和其他学科之间的跨部门和机构合作，加强国际和区域合作与协调，确保动物检疫质量，提高产品质量并确保消费者的健康。通过产前、产中、产后各环节标准体系的建立和实施，达到高产、优质、高效的目的。

3. 加工方面

(1) 注重龙头企业建设，调整产品结构。调整和优化驴产业结构，引导驴产业多元化健康发展，细分驴产品市场，保持与其他畜牧产品竞争的优势。注重实地考察，对一些规模较大、具有巨大发展潜力的企业进行重点培育，在政策和资金上给予大力支持，注重对落后技术的改造，并引进先进的现代化机械设备，注重企业的科技创新，创立独具特色的企业品牌，促进企业多元化、高

① 李冉．国外畜禽良种繁育发展及经验借鉴[J]．世界农业，2014(03)：30-33＋37.

档次发展。同时，注重产品结构的调整：肉品加工业除了保证菜市场的生鲜肉供应外，还要加大冰鲜肉品和低盐、低糖、低脂、高蛋白肉品的供应量；乳品要适量减少乳粉的产量，加大消毒乳、酸奶的产量。

（2）注重原料基地的建设，确保提供优质原料。首先，畜产品加工企业结合工厂所在地的实际情况，注重对本地有利资源的优化利用，努力建设独具特色的、标准化的畜产品原材料供应基地。其次，注重发挥龙头企业的带头引导作用，建成规模化的畜产品生产、加工、供应基地。注重发展生态畜牧业，建设适应市场需求的无公害畜产品生产基地。

4. 流通运输方面

运输是推动下游产品运输、销售、市场推广等发展与壮大的关键环节，从而让更多的消费者了解各种驴产品，让市场接受和认可驴产品，提高驴产业在畜牧业的地位。政府应当强化畜产品流通体系建设，着力打造集收购、加工、储藏、保鲜、运输、销售、配送、监管、服务为一体的现代畜产品流通体系，重点加强畜产品仓储、保鲜、运输、配送、协调 5 个关键环节的能力建设，整合地区内外流通资源。

（1）应用畜产品追溯系统。美国的各大超市要求大供应商使用 RFID 技术监测畜产品生产的重要控制点，从整体上监管畜产品养殖加工的全过程，提高肉类质量的监督，加强肉类食品的安全管理。荷兰著名的范德理集团在畜产品供应链中采用了追溯体系，对所有牛肉产品都分配了唯一的可识别码，为消费者建立了查询系统，消费者可以通过特定的网站登录，输入唯一识别码号查询牛肉产品信息，查看牛的出生地点、出生时间与屠宰时间等信息。同时，养殖企业也必须进行登记，对每个养殖场分配唯一的编码，对每头家畜分配唯一的序列号，以便能够快速地追溯到畜产品的养殖地点。英国政府也使用耳标记录家畜的身份信息，使用相应的追踪系统记录家畜养殖过程中的养殖信息①。

（2）完善的农畜产品物流公共设施建设。目前美国农产品物流的发展比较成熟，其显著特点是：渠道短，环节少，速度快，成本低，效率高。降低

① 师志燕．内蒙古畜产品物流发展及对策研究[D]．内蒙古农业大学，2008.

农畜产品损耗、提高农畜产品流通交易效率的关键环节在于便利快捷的运输和合理的流通网点的分布。在促进农畜产品流通的过程中，应注重发挥公共物流设施服务功能的作用，不断完善物流基础设施的改造，优化网点布局，充分发挥各种运输方式的整体效益和系统服务。运输环节，通过政策引导道路运输行业减少能耗和废气排放，提高效能。对货运网点、配送中心的设置合理布局规划，使用清洁燃料，避免对农畜产品造成污染①。

5. 销售方面

（1）政府支持引导消费。日本国内有很多富有诗情画意的观光农园，内设动物广场、牧场馆、花圃、跑马场、射击场等各具特色的设施，同时配有完善周到的服务，吸引了众多的游客，为观光农园赢得了不菲的经济收入。为了有效推动绿色观光旅游体制、景点和设施建设，日本政府制定了一套完整的农业土地法律体系，在硬件配套设施、税收、补贴等方面给予许多优惠政策。

（2）坚持市场导向，实现农业与旅游业的协同发展。以市场为导向，确定主导产业，实行区域布局，形成市场牵龙头、龙头带基地、基地连农户，集种养加、内外贸、产供销、农科教于一体的管理和运行机制，实现了传统农业向现代农业的转变。如澳大利亚依托本地龙头产业葡萄酒，通过拓展农业旅游、休闲、度假和体验等新型职能，开发乡村旅游产品组合，带动农副产品加工、餐饮服务等相关产业发展，实现农业与旅游业的协同发展。

（3）积极发挥行业协会作用。1954 年，法国的联邦国营旅舍联合会主办“法国农家旅舍网”，此后各类农业旅游社团组织和法国农业与渔业协会等中介机构陆续成立，有力地促进了法国农业的经验交流、信息传递和业务培训。行业协会制定行业标准来提高产品质量，从而引导特色畜牧产业经营者、管理者不断提升发展和管理水平，在会员与政府之间发挥桥梁和纽带作用，最终来规范休闲农业的发展。法国农会、罗马尼亚乡村生态和文化旅游协会以及爱尔兰的农舍度假协会等行业协会均有力推动了当地的经济发展。其中法国农场基本上都是专业化经营，主要以客栈农场、点心农场、农产品农场、骑马农场、教学农场、探索农场、狩猎农场、暂住农场以及露营农场等形式存在。

---

① 刘妤．“一带一路”背景下西藏农畜产品流通体系构建研究[J]．中国发展，2018，18(01)：45-50.

（4）重视畜牧科技推广，促进畜牧科技成果转化。国外发达国家各国政府注重加强农业技术推广队伍建设和科技推广经费支持，辅助农业推广机构建立全国性的计算机信息推广网络平台，通过建立以政府为主导，农场、企业和个人等多元化的农业技术推广体系，确保更广范围的人们接受培训并加以实践，极大地推进了世界畜牧业的发展。如美国通过教育、科研、推广“三位一体”的农业推广体系，使得其农业科技成果推广率达80％，农业科技对农业总产值的贡献率达到75％以上。

五、我国驴产业发展对策建议

1. 深化改革，完善特色产业顶层设计

特色产业不同于传统产业，发展有其自身的特色性和异质性，各地区在发展特色优势产业进程中，要着重以农业供给侧结构性改革为主线，制定科学合理的顶层特色产业发展规划。特色产业要发展，不仅要依据当地资源禀赋，也要充分考虑当地经济社会发展实际①，要兼顾主体和市场两大纽带，形成由政府部门牵头，以市场为导向，以龙头企业为主体，各级主体紧密合作的发展形式，加快区域特色产业的资源优势转化为经济优势，满足市场多样化需求。

随着农耕文明向工业文明的转型升级，农业机械化迅速普及，驴产业逐渐退出农业役用的舞台，发展呈现新趋势新特点，其功能与作用由役用逐步向肉用、药用、乳用、保健及生物制品开发等多用途的“活体经济”转变②，发展特色驴产业成为促进乡村经济的有利载体。在此背景下，甘肃、内蒙古、山东、新疆等多地政府从农业供给侧结构性改革入手，积极与龙头企业和研究院合作，成立了驴产业研究院、国家驴产业技术创新战略联盟、中国畜牧业协会驴业分会和专家委员会等，为驴产业的良种繁育、规模发展、提质增

① 杨建，杨毅．对培育特色产业助推乡村振兴的建议[J]．四川农业科技，2018(12)：55-56.

② 张伟，王长法，嵇传良．山东：新兴特色养驴业助力新旧动能转换[J]．中国农村科技，2018(03)：74-77.

效制定科学合理的发展规划①。

2. 创新升级，提升特色产业品牌形象

产业要想走得远走得宽，必须重视加强特色产品的品牌建设和科技创新，塑造乡村特色产业品牌形象，发挥农业产业科技创新引领作用，提升特色产品的市场竞争力，推进农业特色产业全面发展。因此，各级政府、龙头企业以及农民等主体应当强化品牌信心、树立品牌意识，借助传播媒介的宣传作用，引导地方企业加强产品实力，依托品牌效应推动农业特色产品的品牌化发展；同时，推进农业特色产业科技创新，高度深化合作，坚定不移地走产学研相结合的道路，与农业科研院校展开人才培养合作，建立一支专门开展特色产品研发工作的科研队伍，主动对接市场需求，瞄准绿色、高效、优质、营养、安全目标②，着眼产业可持续发展，满足多元化、多样化、优质化的市场消费需求③。将地方特色产品的资源优势真正转化为可以提高农民收益的经济优势，推动特色产业的不断发展，实现乡村经济的振兴繁荣。

自古民间就流传着“天上龙肉，地上驴肉”的俗语，可见百姓对于驴肉的评价是很高的④。然而在如今品牌林立的竞争环境中，如何让特色驴产品满足快速发展的市场经济需求以及符合消费者的消费观念，对于整个产业的持续健康发展意义重大。

东阿阿胶股份有限公司以发展品类为己任，积极推行“隐去品牌推品类”策略，做大品类，做强品牌，通过“品质”来推动“品牌”，促进阿胶行业可持续性发展。山东驴帮餐饮管理有限公司自成立以来，始终秉承“产业品牌化、品牌产业化”这一理念，通过不断整合和延伸驴产业的上下游产业链，打造了以“驴帮”“驴到家”“驴百味”“驴匠”为代表的餐饮连锁、熟食外

① 袁日进．一个值得关注和开拓的产业项目：对驴产业的市场调研与思考[J]．江苏农村经济，2016(09)：31-33.

② 杨建，杨毅．对培育特色产业助推乡村振兴的建议[J]．四川农业科技，2018(12)：55-56.

③ 唐珂．中央一号文件系列解读之九　积极创建特色农产品优势区　助力脱贫攻坚和农业高质量发展[J]．农村工作通讯，2019(05)：44-45.

④ 李超．探究如何提升“驴肉食品”品牌包装的市场竞争力[J]．绿色包装，2018(01)：43-45.

卖、驴肉制品等终端品牌。

3. 因地制宜，激发特色产业整体活力

区域特色产业的选择必须因地制宜，每个地区都有其独特的地理和人文特色，要充分依托各地的资源比较优势和区域特点，调整产业结构与发展方式，激发特色产业新活力。

（1）开发乡村特色文化项目，创新特色产业文化模式。总结各地乡村文化建设的成功经验，打破传统模式，基于当地的产业特色和乡风民俗，从人们多样化的需求出发，开发新型文化旅游产品，将产业链适当延伸，从而走出一条有特色、有故事的文化发展之路。

驴产业历史悠久，其文化内涵丰富多彩，深入挖掘特色产业的文化价值，符合新时代下人们日益增长的美好生活需求。驴文化作为一种区域特色悠久的文化，其建设要以时代为主题，以藏品、活体、实物、展板、文字、动画等形式展示，积极开展摄影、绘画、展览等活动，让文化成为一种生产力。

（2）精准对接产业扶贫任务，依托特色产业脱贫致富。当前我国的脱贫攻坚战已经进入了攻坚拔寨的关键期，只有聚焦深贫地区，精准识贫、因户施策，才能实现贫困地区的真扶贫、扶真贫。贫困地区受自然和社会条件的限制，其地理和文化属性往往存在独特性和小众性，深入贫困地区，因地制宜发展适宜当地的特色产业，对于带动贫困地区经济发展，实现农民脱贫致富而言不失为一种积极选择。

驴产业作为畜牧业中具有较大发展潜力的特色产业，目前已被国务院扶贫办作为产业扶贫的主推模式之一在全国大范围推广。自 2015 年中共中央发布打赢脱贫攻坚战的决定以来，原农业部与 9 省 16 市县共出台了 20 多个红头文件，提出以发展特色驴产业带动精准扶贫。目前，已经探索出“村集体经济”“小规模大群体”“带孕母驴”“种养结合”“参股、入股分红”等多种扶贫模式。东阿阿胶股份有限公司在山东省聊城市建设了 100 个规模化、标准化扶贫养驴场，带动 3 000 余户贫困户脱贫致富。目前华北地区的河北省、山西省、内蒙古自治区，华中地区的河南省，东北地区的吉林省、黑龙江省，西北地区的陕西省、甘肃省、青海省、宁夏回族自治区、新疆维吾尔自治区共有 301 个贫困县适合推广特色驴产业扶贫来带动当地乡村经济的发展。

(3) 创新乡村产业发展形式，培育特色产业合作组织。发展特色产业应当注重建立农业特色产业合作组织，并将其布局到产业链的每一个环节，提升产业总体服务和效率水平。各地政府应基于地方特色产业优势，选择适宜的产业合作模式，强化合作组织的实用性和功能性。同时，利用互联网技术，完善线上服务平台，将“电商＋”等模式融入特色产业发展规划中，充分发挥数据信息在信息传递、资源共享、风险管理方面的作用，拓展特色产品销售渠道，提升特色产品综合竞争力①。

驴的养殖周期较长，前期资金投入较多。针对驴产业的现实情况，各地大力培育养殖合作社、养殖企业等新型经营主体，在“政府＋驴养殖户”模式的基础上，尝试探索“专业合作社＋养殖户”“养殖企业＋银行＋保险＋养殖户”“村党支部＋高校＋公司＋合作社＋养殖户”“电商＋金融＋驴养殖户”等多种新型组织模式，推动特色产业快速发展②。东阿阿胶股份有限公司在内蒙古赤峰市实施了“政府＋金融＋龙头企业＋养殖户”的金融租赁养殖模式；德州禹城市惠民农业科技有限公司、咸阳鑫响乞丐酱驴餐饮有限公司、宁夏德泽农业产业投资开发有限公司培育了“公司＋合作社＋农户”的合作模式；中国驴交所将建成“数据＋电商＋金融”三大核心业务平台，整合上游、中游、下游资源，改变原有供应、生产、加工、沟通方式，实现毛驴交易、毛驴管理、技术交流等业务的数字化管理。这些创新形式将有助于各主体功能的发挥，为特色产业发展注入新力量。

4. 功能拓展，实现特色产业融合发展

垂直一体化发展是农业未来发展的新方向，也是提升全产业链效益的新途径③。农村特色产业若要做到一二三产融合发展，各主体之间要加强联动作用，既要种好自己的“责任田”，又要管理好产业融合发展的“田园综合体”。产业的融合发展离不开对农业资源的优化配置和综合开发，地方在推进特色产业发展时要注重跳出传统农业单一的产业思维限制，主动实施跨越式、融

① 张程．以特色产业推进农村扶贫[J]．人民论坛，2018(33):86-87.

② 李杰，王玉斌．我国驴业发展现状、问题及对策[J]．中国畜牧杂志，2019,55(05):159-162.

③ 韩一军．加快推进农村一二三产融合发展[N]．农民日报,2015-10-30(003).

合式发展战略，培育新型经营主体、扶持特色休闲农业，使农业产业从过去单一的食品功能，逐步拓展为休闲、观光等多元化功能产业，保障特色产业“立得稳，走得远”，使“特色”真正变成优势。只有这样，特色产业才能实现可持续发展，乡村振兴才能大有希望①。

驴性情温顺，相比于大宗草食畜而言，驴在很多方面具有其“特色”，迷你驴、宠物驴、驴叫、驴打滚等特性使得驴的观赏价值极高。因此，通过扩展特色产业功能，融合各产业优势，使特色产业发展成为一村一品和休闲观光农业的新宠，不仅可以满足人们对生活多样化的需求，又为促进农业经济发展、振兴乡村产业提供新思路。

第七节　环保政策与驴产业绿色发展②

疫情肆虐之下，笔者团队基于农牧交错带牛羊牧繁农育关键技术集成示范项目开展的“线上疫情防控背景下肉牛养殖粪污资源化利用”的调研发现，粪污处理普遍受阻或不及时，部分影响肉牛健康成长，造成环境污染。这使笔者想起了团队在2017—2018年间对于高压环保政策与驴产业发展关系的调研。当时的政策背景是《乡村振兴战略规划（2018—2022年）》刚刚发布，文件指出，要优化畜牧业结构，大力发展草食畜牧业，同时要推进清洁生产。国家一边提倡发展毛驴等草食畜牧业并鼓励提高养殖规模化水平，一边实施高压环保政策。

我们发现毛驴养殖有几个突出特点：

一是农户散养占比很高且具有独特优势，规模养殖并不一定具有显著市场竞争力。从调研情况看，毛驴以农户分散养殖占绝大多数，即使在主养区

① 杨建，杨毅．对培育特色产业助推乡村振兴的建议[J]．四川农业科技，2018(12)：55-56.

② 本节内容原文发表于三农号App 2020年3月13日，原题为“疫情之思：环保政策与驴产业发展”，作者为王玉斌、陈慧萍、李乾（中国农业大学经济管理学院）。略有修改。

的整个县域甚至整个市域内，年出栏达到100头以上的规模养驴企业也是屈指可数。从我们当时的调查对象数量看，毛驴分散养殖场（户）占调研总数的95%以上。结合放养的分散养殖成本较规模养殖要低很多，抛开基建、设备等存在巨大差异的大项支出不说，仅草料一项，分散养殖成本约为规模养殖的1/5～1/3，甚至低到1/8，且分散养殖从业者多为老年人（也有壮劳力利用部分闲散时间），人工与管理费用也就低得多；规模以上企业在深度产品开发和良种繁育等高新技术业务领域具有优势，但在其他环节并不具备明显竞争力或效益，甚至在消费旺盛、供不应求的情况下仍然赔钱。

二是毛驴养殖是精准扶贫工作的有力抓手，环保政策影响部分地区脱贫目标的有效实现。鉴于毛驴分散养殖的独特优势，新疆、甘肃、内蒙古、辽宁、河南、山东等10多个省份在严控生猪、肉鸡、蛋鸡等养殖基础上将毛驴作为产业扶贫的重要抓手予以推进，有的已经取得明显成效。从当时调研情况看，毛驴养殖收入占到养殖区普通农户家庭总收入的40%～80%，贫困户占比则更高。如果鉴于环保政策而对毛驴不加区分地禁养限养，那么基于家庭分散养殖明显优势和精准扶贫脱贫得力抓手而推进的贫困地区毛驴养殖产业，将受到极大冲击，势必影响到2020年脱贫目标的有效实现。

三是毛驴分散养殖更适合“两型”发展要求。调研发现，养殖区作物秸秆得到了充分利用，既避免了焚烧污染，又降低了饲草料费用。此外发现，几乎所有分散养殖户都从事种养结合，通过自家还田、销售或赠送周边种植户等形式实现养殖粪污的高效利用，粪污处理环节一般不存在困难和矛盾。相反，大规模养殖场（户）往往基于经营效益和风险考虑，不愿额外投资租地从事种植和栽培，粪污处理难度远大于散养户；部分规模养殖企业利用粪污加工有机肥，却面临成品有机肥销售难题。调研还发现，农户普遍把毛驴散养在自家房前屋后甚至院里，充分利用其生活空间和闲暇时间，资源利用最为经济高效，是“环境友好型”与“资源节约型”的典范。如果将90%以上的毛驴养殖从农民生活区剥离，那么只有两种结果：一是农户因为不经济和不方便而选择放弃养殖；二是需要国家和集体拿出大量土地建设新的养殖场。当时我们以2016年毛驴存栏259.26万头为例，要将约200万头毛驴赶入规模养殖场，按较低的每头驴4米^{2}驴舍、10米^{2}运动场、1米^{2}草料棚、5米^{2}配套的标准估算，约需土地6万亩（1亩≈666.67米^2），这些土地从哪里来是个大问题。

基于以上特点分析，我们提出如下对策建议：

一是将环保要求与养殖业实际结合，不搞“一刀切”。毛驴与生猪等的食性和粪污生化特点明显不同，排泄物对环境的影响明显轻微许多，粪便处理和资源化利用更为便捷。我们调研发现，各地政府近年结合产业扶贫支持毛驴养殖场（户）进行了沉淀池、堆粪场等改造投入。建议结合毛驴的养殖现状和产业特点，与生猪等产业采取差异化政策，在保持现有养殖模式基础上创新环保监管措施，在乡村振兴过程中实现产业兴旺与生态宜居“两结合、两促进”。

二是将产业扶贫与环境治理结合，调整资金投向。当前作为产业扶贫支持毛驴发展的措施主要包括购买牲畜补贴、扩群增量补贴、圈舍建造补贴、沉淀池与堆粪场补贴以及与之伴随的给予贫困户带动主体的金融扶持等。建议整合产业扶贫扶持资金，集中投向秸秆回收利用、草料机购置、环保设施改造、周边环境整治等方面。

三是将规模与分散养殖有机融合，实现利益联结。前面提到，规模养殖企业有其优劣势，分散养殖户亦有利与弊。实施乡村振兴战略过程中，鼓励引导规模养殖企业与养殖户通过“公司＋养殖户”“公司＋合作社＋养殖户”等形成股份制、合作制、股份合作制、生产托管等利益紧密联结关系，让规模养殖企业引领行业发展，让小农户参与现代农业并分享发展成果。

第八节 2019 年驴业发展大事记①

一、山东省驴产业竞争力提升行动推进会在聊城召开

2019 年 1 月 7 日—8 日，由山东省驴产业创新团队、聊城大学和聊城市畜牧兽医局联合主办的“山东省驴产业竞争力提升行动推进会暨山东省驴产业创新团队 2019 年度工作研讨会”在聊城顺利召开。会议由驴产业竞争力提

① 本节内容原文发表于中国畜牧业协会驴业分会公众号 2019 年 12 月 31 日，作者为吴明励。略有修改。

升科技行动专家组组长王长法研究员主持，省畜牧兽医局质监处朱发成处长到会指导。

会议总结了驴产业专家组提升行动前期的相关工作，结合国家驴遗传改良计划探究驴产业提升行动实施建议。各地区农技推广部门及龙头企业交流技术需求，讨论山东省驴产业创新团队建设过程中存在的问题和下一步改进措施。各岗位专家汇报 2019 年工作计划，各综合试验站站长汇报本地区驴产业的发展情况和技术需求。

此次会议对于强化畜牧业科技供给，引领支撑和服务现代畜牧业体系、生产体系和经营体系建设，提升山东省畜牧业质量效益竞争力和可持续发展水平具有重要的推动作用，特别是提升特色驴产业的核心竞争力和科技水平，可谓正当其时、意义重大。

二、中国畜牧业协会首次发布涉驴团体标准

2019 年 1 月 21 日，中国畜牧业协会发布《规模化育肥驴场建设规程》《驴冷冻精液输精技术规程》《驴发情调控技术规程》《驴运输技术规程》四项团体标准。2019 年山东省发布了《驴屠宰检疫规程》《规模化驴场防疫技术规程》《德州驴生鲜乳质量标准》《规模化驴场建设规范》四项地方标准。2019 年还发布了《阿胶类中药绿色制造　驴皮处理技术要求》和《阿胶追溯体系设计与实施指南》两项针对驴皮及驴皮制品阿胶的标准。驴的团体标准以及地方标准的增多，也反映出我国驴产业正在向规范化、科学化、标准化方向发展，相信驴产业的明天会越来越好。

三、全国人大代表秦玉峰：建议养驴业融入环京津和“三区三州”产业扶贫

2019 年政府工作报告中给出了乡村振兴、精准扶贫的明确目标和方向，报告中提到，加大“三区三州”等深度贫困地区脱贫攻坚力度。此次会议上，秦玉峰根据国家实施乡村振兴战略和扶贫脱贫攻坚的决策部署，结合 2019 年中央农村工作会议、全国扶贫开发工作会议和全国农业农村厅局长会议精神，提出了把养驴业融入环京津和“三区三州”产业扶贫；将养驴业发展纳入

“畜禽养殖标准化示范创建”范围；建设国家和省级毛驴核心良种繁殖场；把养驴业列入“粮改饲”试点；实施“粮食＋秸秆”机械化一体化收贮试验示范的五个建议。

四、山东省建设高标准驴良种繁育中心

2019 年 3 月 15 日，由山东省发改委确定的建设高标准驴良种繁育中心项目座谈会在山东省潍坊市召开。山东省畜牧兽医局王丰强副处长出席会议并讲话。山东畜牧兽医职业学院郑立森书记、李学太院长、李志奎副院长等参加座谈。来自山东现代农业产业体系驴产业创新团队、青岛农业大学、聊城大学、山东牧院、东阿阿胶黑毛驴研究所的专家、教授以及相关企业负责人围绕引种、繁育、营养、健康管理、粪污处理、物联网运用等智能化、信息化高标准规划建设方面把脉问诊，建言献策。

2017 年 12 月 8 日，山东省畜牧兽医局、发改委、科技厅、财政厅、金融办五部门出台了《关于加快驴产业发展的实施意见》后，山东牧院积极响应，迅速行动。驴良种繁育中心建设项目获财政补助资金 600 万元，项目占地 68 701 米^2、建筑面积 8 205 米^2，配备遗传育种与繁殖、疾病检测、动物营养等实验和辅助生产设备 198 台套，投资 1 840 万元。项目将通过校企合作、联合攻关、自主创新等方式，实现养殖、繁育区域自动上料、饮水、芯片标识、智能体况检测、环境控制和全方位无缝隙监控。项目的建设与落成，必将为我国驴产业高技能人才培养、特色畜牧业新动能发展起示范引领作用。

五、东阿阿胶牵手阿里健康深化渠道合作，打造天猫超级品牌日

2019 年 3 月 19 日，东阿阿胶股份有限公司与中国互联网医药健康领跑者阿里健康，在杭州阿里总部签署联合年度合作协议。当天，东阿阿胶股份有限公司总裁秦玉峰带队，包括产品、市场、营销、财务等高中层 40 多人的大团队集体拜访阿里总部西溪园区。双方根据签约内容，年内将联手打造东阿阿胶天猫超级品牌日。同时，双方在 2020 财年继续推进新零售探索，打通线上、线下，与阿里健康发起的中国医药 O2O 先锋联盟全渠道销售合作，并在全域营销、消费者洞察等方面进一步深化合作。传承近 3 000 年的老字号品牌

将借助阿里系新零售平台全面发力，焕新吸引年轻用户，激活滋补养生需求。

六、首届（2019）中国德州驴驴产业高峰论坛圆满闭幕

2019年4月11日—12日，首届（2019）中国德州驴驴产业高峰论坛在山东省德州禹城市召开。会议由中国畜牧业协会驴业分会、山东省现代农业产业技术体系驴产业创新团队、山东省农业科学院生物技术研究中心、山东省农业科学院畜牧兽医研究所、聊城大学主办，禹城市惠民农业科技有限公司、东阿阿胶股份有限公司、中国农业大学经济管理学院畜牧经济研究中心、全国驴产业技术创新战略联盟承办，山东省农业产业化促进会、山东省肉类协会、山东省烹饪协会协办，中国食品学报、大众日报、齐鲁晚报等媒体支持。本次会议主题为“品种·品牌·绿色·发展”。借此机会，山东省现代农业产业技术体系驴产业创新团队全体成员于2019年4月11日晚举行2019年工作进展推进会。

七、白银市平川区黑毛驴产业发展规划论证研讨会在京召开

2019年4月20日，在中国农业大学会议室组织召开《白银市平川区黑毛驴产业发展规划》（以下简称《规划》）专家论证研讨会，由中国畜牧业协会秘书长何新天研究员，全国科技振兴城市经济研究会副理事长、尚农智库秘书长袁学国研究员，原农业农村部农村事业发展中心处长李建军，中国农科院农经所畜牧经济研究室主任王明利研究员，中国畜牧业协会副秘书长兼驴业分会秘书长刘强德，中国农业大学马研究中心主任赵春江教授，国家创新与发展战略研究会创新驱动研究院副院长周长青，中国畜牧业协会驴业分会秘书长王春洪，东阿阿胶股份有限公司原料保障部副总经理康锋华等组成的专家组，听取了规划编制单位中科工信城乡规划设计研究院对《规划》方案的汇报。

八、小毛驴随畜博会来到江城武汉

2019年5月19日，第十七届（2019）中国畜牧业博览会暨2019中国国际畜牧业博览会（以下简称“畜博会”）在湖北武汉启幕，围绕绿色创新、脱

贫攻坚、开放共享三大主题，聚焦行业智能化发展。小黑驴紧随畜博会的步伐而来，这是驴行业第四次参加，但仍然是会上最耀眼的亮点之一。本届“畜博会”吸引中外 1 178 家企业参展，设有集团展区、国际综合展区、猪业展区、环保处理展区、机械设备展区等，展陈面积达到 13 万米^2，集中展示和推广了中国畜牧行业的最新技术和产品，为猪、牛、羊、兔、鹿、驴、骆驼等扶贫产业搭建交流平台。

九、中国畜牧业协会驴业分会一届五次理事会在平川召开

2019 年 9 月 8 日，根据民政部、农业农村部有关规定和中国畜牧业协会章程，中国畜牧业协会驴业分会在甘肃省白银市平川区召开一届五次理事会。中国畜牧业协会驴业分会第一届理事会秘书长刘强德做题为《中国畜牧业协会驴业分会 2018—2019 年工作总结》和《中国畜牧业协会驴业分会下阶段工作计划》的报告。刘强德秘书长从 10 个方面对驴业分会 2018 年 9 月至 2019 年 9 月的工作进行了详细总结和回顾。

十、第五届（2019）中国驴业发展大会暨第三届国际毛驴产业发展论坛在甘肃平川召开

2019 年 9 月 9 日，第五届（2019）中国驴业发展大会暨第三届国际毛驴产业发展论坛在甘肃省白银市平川区召开。大会由中国畜牧业协会、甘肃省农业农村厅、白银市人民政府主办，白银市平川区人民政府、白银市农业农村局、东阿阿胶股份有限公司承办。大会的主题为“新理念、新产业、促脱贫、奔小康”，来自中国和阿根廷、德国、美国近 600 名嘉宾和专家学者、企业家参会。中国驴业发展大会，是毛驴产业和国内外学术界的一次盛会。当前我国驴产业发展正处于起步阶段，我们需要借鉴世界各国的有益经验，特别是产业发展模式和科研成果。同时，我国驴产业综合开发利用的探索也为世界驴产业发展提供了可借鉴的“中国方案”。

十一、2019第三届世界农场动物福利大会——提高驴马福利，助力可持续发展

2019年9月19日，备受全球关注和期待的“2019第三届世界农场动物福利大会”在青岛开幕。大会由联合国粮食及农业组织、中国农业国际合作促进会联合主办，动物福利国际合作委员会、万耀远大国际会展有限公司联合承办。大会为期两天，主题为“终端驱动　品质升级　共享健康”。在动物福利驴马专场，中国畜牧业协会驴业分会副会长周祥山、英国环境食品及农村事务部政策顾问 Helen Roberts 博士、英国驴慈善协会 Roger Cutting 博士等近10位嘉宾分享了他们的经验。

十二、毛驴走秀毛驴文化节，驴王驴后扮靓驴博会

2019年9月23日，由中国畜牧业协会、全国驴产业技术创新战略联盟和辽宁省沈阳市法库县人民政府主办，法库县叶茂台镇人民政府和辽宁圣迹山畜牧有限公司承办，东阿阿胶股份有限公司支持的“第五届中国东北驴交易博览会暨（2019）东北毛驴文化节”在叶茂台镇隆重举行。中国畜牧业协会会长李希荣，中国畜牧业协会副秘书长刘强德，国家驴产业技术创新战略联盟秘书长孙玉江，中国畜牧业协会驴业分会副秘书长王春洪，辽宁东阿黑毛驴牧业科技有限公司总经理杨涛，辽宁圣迹山畜牧有限公司董事长刘敏，法库县人民政府县长陈大为、法库县相关委办局及叶茂台镇的相关领导出席开幕式。

十三、驴产业“未来已来”，驴高效繁育关键技术大讲堂在济南国际会展中心顺利召开

2019年10月25日—26日，作为第34届山东省畜牧博览会的重头戏，主题为“未来已来”的现代驴产业发展之高效繁育关键技术大讲堂在济南西部会展中心顺利召开。活动由山东省现代农业产业技术体系驴产业创新团队东阿综合试验站承办。东阿综合试验站站长、聊城大学聊城毛驴高效繁育与生态饲养研究院副院长刘文强在发言中提道：近年来，我国的现代驴产业发

展进入一个提档升级、突出内涵发展的新时期。

十四、山东省启动驴良种高效繁育及配套饲养技术集成与示范项目

2019 年 11 月 6 日，由山东省政府省长办公室确定的“驴良种高效繁育及配套饲养技术集成与示范项目”启动会在山东聊城市东阿县举行。示范项目根据 2019 年 4 月 8 日山东省政府召开的“扶持驴产业发展专题会议”精神，统筹安排共计 2 500 万元，项目覆盖 6 个地级市，旨在抓住当前驴产业发展的有利时机，围绕良种繁育、规模养殖等重点工作，进一步加大驴产业的扶持力度，推动驴产业做大做强，实现驴产业振兴。

省畜牧兽医局副局长戴文超，畜牧处二级调研员王文，规财处二级调研员孙涛，聊城市畜牧局党组书记、局长李玉华出席会议并致辞。省畜牧总站站长曲绪仙、总畜牧师王本廷，济南、烟台、德州、聊城、滨州与菏泽市畜牧兽医局农业农村局（畜牧兽医局）分管领导、畜牧技术推广单位负责人，项目专家组组长、省现代农业产业技术体系驴产业创新团队首席专家、聊城大学研究员王长法，项目专家组副组长、青岛农业大学教授孙玉江，山东农业大学教授张崇玉，省农科院生物技术研究中心副研究员张燕等 50 余人参加会议。

十五、我国首次从哈萨克斯坦进口活驴

2019 年 11 月 28 日，从乌鲁木齐海关获悉，该海关所属的吉木乃海关 27 日为来自哈萨克斯坦的 98 头活驴顺利办理了进口货物手续。这是我国首次从哈萨克斯坦进口活驴，是继吉尔吉斯斯坦后开辟的另一个进口渠道，活驴进口将成为新疆北部口岸对外贸易的一个新亮点。此批活驴入境前，我国海关总署指派 2 名兽医官赴哈萨克斯坦开展预检任务，预检合格后，活驴经过 5 天的运输抵达吉木乃口岸，由吉木乃海关负责验证、查验和隔离期间检疫监督。活驴在吉木乃县喀尔交活畜临时隔离场接受了约 100 小时的隔离检疫，经“体检”合格后进行屠宰并运往河南等地销售，主要用于食用及阿胶加工。

十六、驴乳消费开始升温

随着驴产业链条的延伸，驴乳成为驴活体经济的新亮点。驴乳是乳品中最接近人类母乳的类型，对糖尿病、肝病以及结核病有辅助治疗作用，且具有调节肠道等功效。目前我国驴乳制品主要有鲜驴乳、驴乳酸奶制品以及冻干驴乳粉等。鲜驴乳营养成分高但不易长途运输与保存，冻干驴乳粉采用先进技术，能够最大限度保留驴乳中的活性成分。目前我国驴乳知名生产企业主要有新疆玉昆仑天然食品工程有限公司、东阿阿胶股份有限公司、新疆昆仑绿源农业科技发展（集团）有限责任公司、甘肃龙麒生物科技股份有限公司、青河梦圆生物科技有限公司、新疆阿克陶县老驴头农业科技有限公司、库车裕万家畜禽养殖农民专业合作社、宁夏德泽农业产业投资开发有限公司、甘肃黑驴王子畜牧科技有限公司等。驴乳产品逐渐升温，成为驴活体经济的新亮点。

十七、青河县驴产业发展战略研讨会暨《青河县驴产业发展规划》论证会在新疆青河县召开

2019 年 11 月 30 日—12 月 3 日，青河县驴产业发展战略研讨会暨《青河县驴产业发展规划》论证会在新疆青河县召开。会议由全国驴产业技术创新战略联盟、中国畜牧业协会驴业分会主办，青河县人民政府、塔里木大学动物科学学院、青河县梦园生态科技有限公司承办。中国畜牧业协会驴业分会王春洪副秘书长，全国畜牧总站周元清博士，新疆畜牧科学院畜牧研究所托乎提·阿及德研究员，中国农业大学王玉斌研究员，沈阳农业大学解鹏教授，青岛农业大学孙玉江教授，石河子大学贾斌教授，塔里木大学魏晓柳书记、刘利林副教授、周小玲副教授，北京泽牧久远生物科技研究院黄正勇高级畜牧师等专家、教授，太极集团钟勇董事长，新疆玉昆仑天然食品工程有限责任公司张明董事长，东阿阿胶股份有限公司冯玉龙技术经理，北京同仁堂科技发展（行唐）驴业有限公司王强副总经理，甘肃龙麒生物科技股份有限公司陆树林董事长，新疆昆仑绿源农业科技发展（集团）有限责任公司驴业分公司田方总经理和本次会议的承办方青河梦圆生物科技有限公司于治成总经理以及各经销商共计 60 余人出席会议。

十八、公母驴交易价格首次出现翻转

从 1990 年的 1 119.80 万头到 2018 年的 253.28 万头，全国驴存栏量下降 77.38%，年均下降 2.76%。最近 5 年则下降 40.5%，年均下降 8.1%，下降速度明显加快。国家统计数据库显示，青海、吉林、河南、新疆、湖北、湖南、陕西、甘肃、河北、云南近 5 年驴存栏量降幅均超 60%以上，位列全国驴存栏量 5 年降幅前十位。据我国最大的马属动物交易市场——叶茂台牲畜交易市场 2015 年到 2019 年 12 月份第一个交易日的统计，相对 2017 年同期，2019 年母驴驹价格下跌 40.91%，代表养殖业兴衰的标杆性指标——公母驴交易价格 5 年来首次出现翻转，母驴价格比公驴还低 6.2%，且活驴、驴肉价格并未因猪肉蹿升而“水涨船高”，由驴皮降价而引发的“恐慌性屠宰母驴潮”还在继续，导致母驴数量减少，价格下降，此时正是“入手”母驴的好时机。

据权威人士预测，我国母驴存栏量已经不足 70 万头。长此以往，将动摇我国驴产业这一特色产业、民生产业和新兴产业的根基，发展驴乳、生物制品等非屠宰性“活体经济”势在必行。

十九、农业部门持续推进全国马、驴遗传改良计划进程，产业在转型升级中发展

为落实国家畜牧业种源战略，加快马、驴遗传改良进程，提高马、驴性能、用途和经济效益，全国马、驴遗传改良计划研讨会于 2019 年 12 月 29 日在北京召开。会议主要讨论马和驴的遗传改良现状、内容、思路和措施，制订和完善国家马、驴遗传改良计划（2020—2035 年），为我国马和驴产业的快速发展提供依据。

出席本次研讨会的领导和专家有：农业农村部种业管理司品种创新处副处长陶伟国，全国畜牧总站牧业发展处处长杨红杰，全国畜牧总站牧业发展处博士周元清，著名养马学家、原全国畜牧兽医总站副站长慎伟杰，中国畜牧兽医学会马学分会理事长、中国农业大学教授韩国才，内蒙古农业大学副校长、教授芒来等 30 余人。

第九节　2019年驴产业发展报告与展望①

2019年驴产业面临许多挑战和机遇。在经过多年连续上涨之后，自2017年驴皮价格开始下跌，逐渐影响到活驴市场价格。2018年经历“水煮驴皮”和“假驴肉”风波以后，阿胶市场出现变化，随之各阿胶企业降价或打折促销，驴皮价格也下跌2/3。进入2019年后，活驴和驴产品价格均在低位徘徊，只有驴肉价格保持高位，并受到猪肉价格影响出现较大上涨。在产业链各环节，饲养母驴出现亏损，杀母驴现象严重，饲养育肥驴略有盈利，餐饮和驴肉熟食加工效益较好。驴乳开发成为一个新的关注点，但是多数企业还没有形成盈利能力。国内规模化养殖环节薄弱的问题依旧突出，技术问题没有彻底解决，饲养与管理人员专业水平良莠不齐的状况未有明显改善。面对挑战，如何促使养驴盈利模式由驴皮拉动转向皮肉结合、驴乳及副产物综合开发的新经济增长体，实现驴产业“高效繁育”“增值增效”的可持续发展目标仍面临众多挑战。

一、基本情况

我国是传统养驴大国，但驴在我国只是一个小畜种。2018年年底我国驴存栏量为253.28万头，占世界驴存栏量4 412.56万头的5.74%。随着役用地位的降低，驴存栏量大幅下降，从2009年到2018年，驴存栏量下降53.12%。随着社会经济的发展和科技的进步，驴产业发展呈现新的趋势，其功能与作用由役用依次向肉用、药用、乳用、保健及生物制品开发等多用途的“活体经济”转变。驴产业已逐渐发展成新兴特色产业。

---

① 本节内容原文发表于中国畜牧业协会驴业分会公众号2020年5月16日，原题为“2019年我国驴产业发展报告与2020年展望”，作者为中国畜牧业协会驴业分会。略有修改。

1. 存栏量

2018 年我国驴存栏总量为 253.28 万头，较 2017 年减少 14.52 万头，同比降低 5.42%，比 2009 年下降 53.13%（图 1-8）。2016—2018 年驴存栏量连续 3 年维持在 260 万头左右，驴在从役用向肉、皮、乳等商用转变中逐渐向其价值平衡点移动。

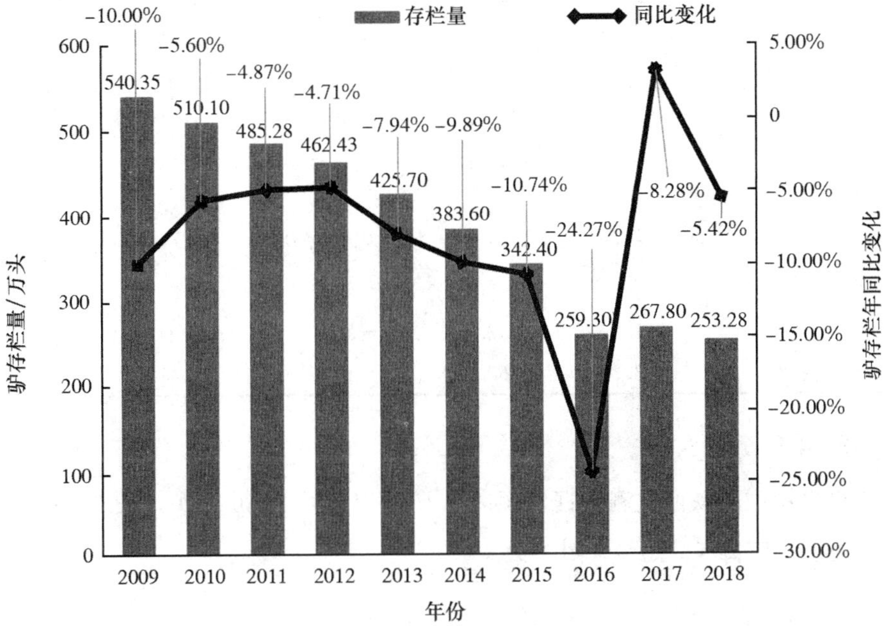

图 1-8　全国驴存栏量变化

2018 年各省份驴存栏数量排名相对稳定，其中内蒙古、辽宁、甘肃、新疆、山东等省份的驴存栏数量均有不同程度的下降，河北、黑龙江、云南等省份的驴存栏数量有所增加，并且增加部分以规模化养殖为主（表 1-6）。在役用价值逐步被机械化取代的大背景下，西部地区驴存栏数量下降速度加快，主要原因是近几年在生产中追求产肉产皮量，而当地驴不适合这些需求；此外，驴乳的开发刚刚开始，还没有发挥出其潜在价值。驴存栏量在四个传统养殖区域占比仍然超过全国总存栏量的 70%，但其他地区占比略有增长。

表 1-6　2018 年年末全国各地区驴存栏排名前十一的省份

省份	排名	2018 年/万头	2017 年/万头	增加数量/万头	增长率/%	区域划分
内蒙古	1	72.8	75.5	−2.7	−3.58	华北
辽宁	2	46.4	49.9	−3.5	−7.01	东北
甘肃	3	34.5	36.5	−2.0	−5.48	西北
河北	4	18.0	17.3	0.7	4.05	华北
新疆	5	14.8	20.8	−6.0	−28.85	西北
云南	6	13.2	12.0	1.2	10.00	西南
山西	7	11.0	11.0	0	0	华北
山东	8	8.5	11.0	−2.5	−22.73	华东
四川	9	8.5	9.3	−0.8	−8.60	西南
黑龙江	10	5.2	3.3	1.9	57.58	东北
西藏	11	4.8	6.1	−1.3	−21.31	西南
前十一小计		237.7	252.7	−15.0	−5.04	
全国总量		253.3	267.8	−14.5	−5.41	

2. 屠宰量

根据中国驴联网监测数据，2019 年驴屠宰量约为 30 万头，较 2018 年减少 4 万头，下降 11.76%（图 1-9）。

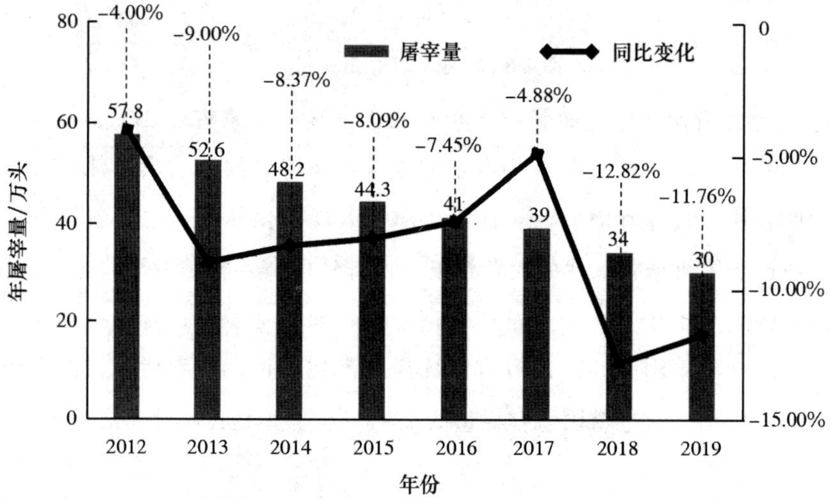

图 1-9　2012—2019 年国内毛驴屠宰量变化情况

3. 规模养殖场分布状况

目前我国驴饲养主要以散养为主，大型规模化养殖起步晚，还有很多技术问题没得到解决。2018 年大型规模化养殖量为 32.75 万头，约占全部饲养量的 13%，传统分散养殖量为 220.52 万头，约占 87%。山东省规模化养殖发展较快，其规模化养驴场存栏量占全省驴存栏总量的 80%左右；全国规模养殖场中饲养规模 300 头（含）以上 600 头以下的山东省占 61.03%；饲养规模 600 头（含）以上 1 000 头以下的山东省占 66.29%；饲养规模 1 000 头（含）以上 2 000 头以下的山东省占 76.73%（表 1-7）。

表 1-7　全国及山东规模化养殖情况统计

饲养规模/头	全国场(户)数/个	山东场(户)数/个	山东场(户)数在全国场(户)数中的占比
300～<600	426	260	61.03%
600～<1 000	178	118	66.29%
1 000～<2 000	43	33	76.73%
2 000～<5 000	20		
5 000～<10 000	6		
≥10 000	2		

在实际调研中发现，山东省驴养殖主要以“自繁自养”模式为主，兼顾毛驴繁育和育肥两个环节，从事专业繁育和育肥的养殖场（户）较少，育肥驴和繁育驴的数量比接近于 1∶1。2018 年驴养殖场普遍亏损，2019 年育肥驴场盈利情况稍好，但由于母驴养殖技术复杂，部分母驴养殖规模大的企业出现亏损现象，因而部分养殖场压减母驴养殖规模。

4. 驴产品价格变动

从 2006 年到 2017 年，育肥驴、母驴、驴皮、驴肉、阿胶的价格都呈增长态势，驴产品价格在 2017 年达到了峰值，驴皮和阿胶价格增长幅度最大，驴皮价格上涨近 20 倍，阿胶价格上涨近 15 倍。2017 年 5 月，驴产品价格开始进入下跌周期，2019 年上半年在低位徘徊趋于稳定，2019 年下半年，肥驴、母驴、驴皮、驴肉价格较 2019 年上半年有所回升。

（1）育肥驴价格。驴的屠宰量逐年降低，驴肉市场供应能力逐年下降；但随着人们生活水平的提高，对驴肉的消费需求不断提高。这使得活驴的批发价格平稳增长，2017 年达到阶段性峰值，2018 年和 2019 年有所降低（图 1-10）。

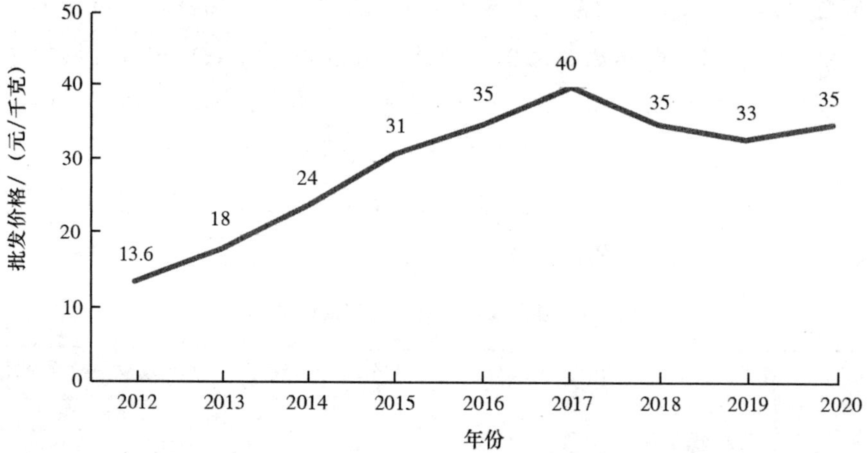

图 1-10　2012—2020 年活驴批发价格

河北是驴肉主要消费区，也是主要育肥驴饲养区，因而河北育肥驴价格变化趋势在全国有重要参考价值。2019 年河北市场育成驴交易价格从 1 月到 5 月呈下降趋势，5 月价格回暖并趋于稳定，10 月开始价格大幅度上升（图 1-11）。

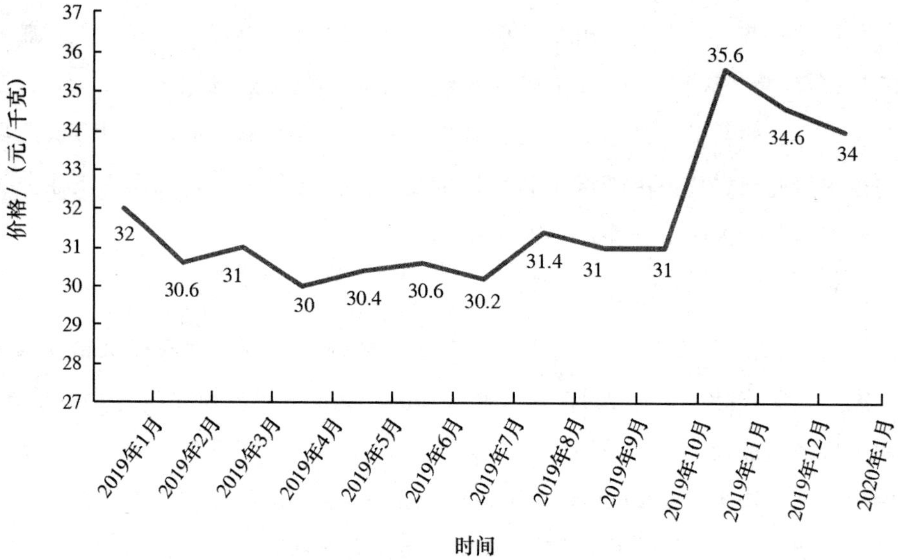

图 1-11　河北市场育成驴交易价格

（2）驴肉价格。由于毛驴存栏量逐年下降和人们对健康食品需求的增加，近十年驴肉消费市场批发价格平稳增长（图 1-12）。参考东阿阿胶股份有限公司子公司山东东阿天龙食品有限公司驴肉批发价格，近两年驴肉价格平稳。2019 年前三个季度，驴肉价格没有较大的变动，2019 年第四季度，随着猪、牛、羊等肉品市场价格的一路飙升，驴肉价格也上涨。以规格为 25 千克的驴腱子肉为例，2018 年 1 月至 2019 年 9 月，价格为 74 元/千克，2019 年 10 月，价格涨到 80 元/千克。驴肉两次价格大幅度上涨，起因一是 2018 年河间“假驴肉”事件以后政府整治驴肉市场，二是 2019 年“非洲猪瘟”造成猪肉涨价后引起其他畜种肉跟涨。

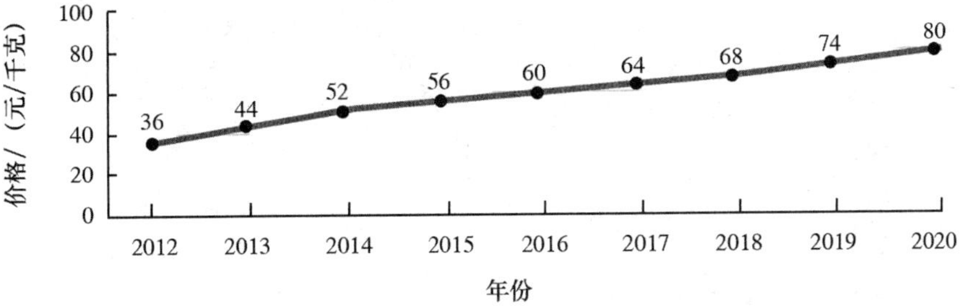

图 1-12　2012—2020 年市场驴肉批发价格

驴肉是一个小众产品，多数消费者对驴肉的消费热情不高，其原因：一是驴肉产品种类少、储存时间短，造成冷鲜肉市场小，产品形式主要为驴肉火烧、酱驴肉等；二是驴肉价格比鸡、鸭、猪等传统肉类价格高，如 2019 年 3 月，猪肉 34 元/千克，而驴肉则达到 70 元/千克；三是烹饪方法不够普及，影响家庭消费，部分消费者很难接受驴肉的口感，牛、羊肉和驴肉价格几乎相同，但消费者更愿意购买牛、羊肉。

（3）驴皮价格。随着阿胶的养生保健作用逐渐被市场认可，自 2007 年开始，阿胶价格不断攀升，2018 年达到阶段性高点，其中龙头企业东阿阿胶股份有限公司先后十几次调价，至 2018 年官方报价达到 5 996 元/千克，此后出现回落。目前市场上阿胶实际成交均价在 3 500 元/千克。据 2015 年阿胶行业调查，仅山东省阿胶药品和阿胶食品的企业分别达到 81 家和 197 家，产品品种达数百个。因为被高利润吸引，全国各地不断有新阿胶厂家加入。阿胶消费以中老年人和女性人群居多，因阿胶消费人群不同，阿胶分为低价位产品和高价位产品两个档次。男性消费者购买阿胶产品主要送给老人、妻子和客户，而最近几年也出现了男性消费者食用的消费市场。

在山东阿胶协会推动下，2019 年阿胶产品相关团体标准发布，部分不达标的企业和产品被曝光，其中有部分企业被处罚甚至取消生产资格。

驴皮价格随阿胶价格涨跌，最高时约为 160 元/千克，2017 年 5 月价格开始逐渐回落，现在约为 45 元/千克（图 1-13）。由于原料驴皮和产品阿胶形成巨大差价，且驴皮价格低于驴肉价格，有部分餐饮企业售卖带皮驴肉，甚至还有一些养殖企业熬制驴皮胶。

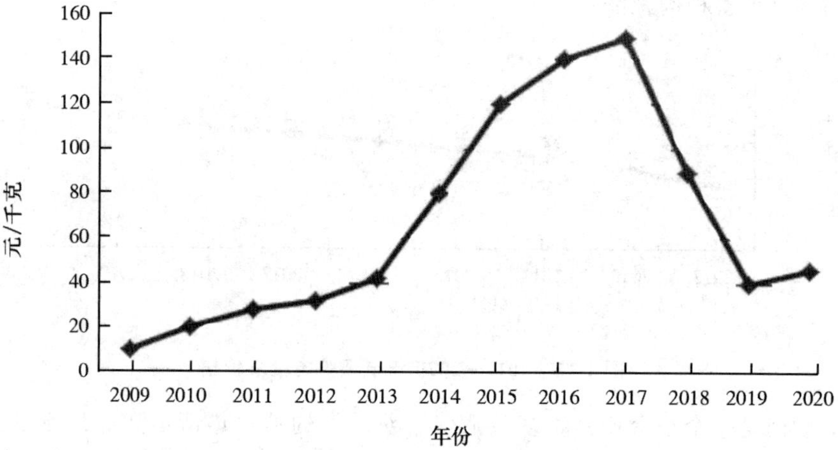

图 1-13　2009—2020 年 1 月驴皮价格变化

二、2019 年我国驴产业形势分析

1. 外来产品实现正常化，驴产品出现相对过剩

国外养驴有以下三种方式：一是在澳大利亚等国，人们将野生状态的驴圈起来，改为半人工饲养；二是在非洲、拉丁美洲和中亚等地区，驴还是役用状态；三是在欧美等发达国家，驴作为观赏动物或宠物。由于世界上只有少数国家的人吃驴肉，所以国外的驴和相关产品价格很低。前几年驴皮价格高涨，驴肉价格逐渐升高，引起驴皮、驴肉大量非正常进口。经多方努力，2018 年驴相关产品进口逐步合法化。目前我国主要从埃及、尼日利亚、贝宁、加纳、毛里塔尼亚、肯尼亚、坦桑尼亚、巴西、秘鲁、乌拉圭、墨西哥、吉

尔吉斯斯坦、塔吉克斯坦13个国家进口驴皮，部分对华出口国的驴皮生产能力见表1-8。进口驴皮成本低，因此造成了我国驴皮价格的大幅度下跌。出口和走私驴皮造成其产地毛驴被过度屠宰，使驴存栏量迅速下降。这种私屠滥宰和偷盗毛驴的乱象引起当地农民不满，同时也引起当地政府和国际动物保护组织的高度关注。因此，巴基斯坦、塞内加尔、马里、布基纳法索、尼日尔、乌干达、埃塞俄比亚、博茨瓦纳等国政府已开始禁止或限制驴皮出口。

表1-8 部分对华出口国的驴皮生产能力

国家	注册企业数	生产能力/（张/年）
巴西	1	79 000
贝宁	1	300 000
吉尔吉斯斯坦	1	300 000
加纳	1	300 000
肯尼亚	2	600 000
毛里塔尼亚	1	300 000
秘鲁	1	150 000
尼日利亚	5	1 900 000
坦桑尼亚	1	120 000
小计	14	4 049 000

活驴目前我国仅限于从中亚地区的吉尔吉斯斯坦等国进口，进口口岸和隔离场位于南疆。自2016年8月首批活驴进口以来，我国活驴进口量维持在每年2万头左右，对整个国内驴市场交易影响不大。从吉尔吉斯斯坦进口活驴，经2天的运输到达南疆伊尔克什坦口岸，再在乌恰县活畜隔离场接受为期14天的隔离检疫，经检疫合格并屠宰后运往山东、北京等地，用于食用及阿胶加工。

2. 母驴价格低，繁育场出现亏损，精耕细作是关键

前几年，驴驹价格高，繁育母驴效益高于育肥驴，养繁育母驴的较多。2019年，受驴驹价格降低、母驴受孕率低等因素影响，饲养繁育母驴效益降低。由于驴肉价格走高带来育肥驴利润小幅增加，下游驴肉餐饮企业也有不错效益，为开拓驴肉市场带来了契机。2019年，中国畜牧业协会驴业分会对部分地区活驴养殖群体进行了走访调查和效益分析，调查结果见表1-9。

表 1-9　2019 年部分地区驴繁育养殖效益调查结果

调查项目	山东省聊城市高唐县母驴繁育	辽宁省阜新市阜蒙县母驴繁育
一、购入情况		
养殖驴品种	乌头驴、德州三粉驴	辽西驴
青年母驴入栏时间	2018 年 3 月 20 日	2018 年 3 月 10 日
入栏数量/头	300	300
青年母驴入栏平均体重/(千克/头)	260	240
青年母驴平均购买价格/(元/千克)	32	28
青年母驴平均购买金额/(元/头)	8 320	6 720
二、当年饲养成本情况		
精料/[元/(头·年)]	1 314	1 314
草料/[元/(头·年)]	1 278	1 241
人工及其他综合成本分摊费用/[元/(头·年)]	2 161	266
饲养成本合计/[元/(头·年)]	4 753	3 021
三、驴驹收益情况		
驴驹出售平均月龄/月	6	6
驴驹出售收入/元	4 480	4 480
驴驹出售平均体重/(千克/头)	140	140
驴驹销售价格/(元/千克)	32	32
驴驹出生到出售日增重/(千克/天)	0.5	0.5
四、驴驹饲养成本		
驴驹饲养成本	600	600
年度繁育驴驹/%	60	51
五、繁育母驴头均净利润/(元/年)	−873	−736.2
饲喂草料主要品种	谷草、花生秧	谷草
饲喂精料主要品种	专用母驴料	豆粕、麸皮、玉米
经营状况	亏损	亏损

由于规模大的养殖场多数为近两年所建，还处于打基础阶段，本轮主要对中等规模养殖场数据进行分析（表 1-10），这部分养殖场具备一个显著的共性特点，即在饲养与经营管理方面做到精细化管理、量入而出，这样的养殖者能获得较好的效益。

表 1-10　2019 年部分中等规模育肥驴场养殖效益调查结果

育肥驴场	辽宁阜新市新邱区××	辽宁阜新市阜蒙县××	山东聊城市高唐县××
养殖驴品种	辽西驴	辽西驴	德州驴、乌头驴
青年（架子）驴入栏时间	2019 年 3 月 6 日	2019 年 3 月 15 日	2019 年 3 月 23 日
入栏数量/头	200	100	300
青年（架子）驴入栏平均体重/（千克/头）	140	140	150
青年（架子）驴平均购买价格/（元/千克）	34	30	32
青年（架子）驴头均购买价格/（元/头）	4 760	4 200	4 800
育肥肉驴出栏时间	2019 年 12 月 30 日	2019 年 12 月 20 日	2019 年 12 月 28 日
出栏数量/头	200	100	300
育肥肉驴出栏平均体重/（千克/头）	275	258	260
育肥肉驴出栏销售价格/（元/千克）	33	30	32
育肥肉驴饲养周期/天	300	295	275
育肥肉驴平均日增重/千克	0.45	0.4	0.4
育肥肉驴出栏销售收入/（元/头）	9 075	7 740	8 320
平均饲养总成本/（元/头）	3 000	2 655	2 900
平均饲养净利润/（元/头）	1 315	885	620
平均饲养日利润/（元/头）	4.38	3	2.26
单位饲养总成本/（元/千克）	28.21	26.57	29.62
平均年度投资回报率/%	21.03	16.02	10
育肥类别	公驴	母驴	公驴
饲喂草料主要品种	谷草	谷草、玉米秸秆	谷草、花生秧
饲喂精料主要品种	玉米、豆粕、麸皮、浓缩预混料	玉米、豆粕、麸皮、浓缩预混料	全价精料
经营状况	良好	良好	一般

（1）规模化养殖的许多技术问题还有待解决。驴传统养殖模式是散养，集约化养殖是近几年才开始，许多技术问题还有待解决。毛驴饲养周期长、增长速度慢等生理特点，使规模化养殖企业成本较高，在行业中形成了“规

模越大盈利越难”的现象。

(2) 精细化的管理是提高养殖效益的关键因素。精细化的管理水平和务实的从业态度，是解决规模化企业盈利难问题的关键。企业应从强化自身经营管理方面入手，进行查漏补缺，重点考量自身的技术体系是否成熟、决策部署落地执行是否到位、运营监管机制是否严谨，使自身存在的问题得到有效解决。

调研团队到辽宁省沈阳市浑南区盛得龙养殖场进行调研。该养殖场2013年和2014年分别购进母驴37头和32头，2018年产47头母驴驹留用，2019年母驴存栏113头，全年产公母驴驹共66头全部售出。饲养场由一对夫妻负责，工作非常精细，基本能做到掌握每头驴的情况，特别是在配种和生产期间，能随时掌握发情母驴的状况，把握最佳时机及时配种。母驴的首次配种多选在产后12天，经过3次配种，受孕率超过80%。

该养殖场的饲草多使用当地产的玉米秸，收获季节短期雇人到周围农户田里去拉，饲喂前用刀铡成段并揉丝。精料选用沈阳新纪元牧业有限公司的专用驴预混饲料。由于营养搭配合理，驴的体况良好，母驴的发情期比较整齐，平均怀孕期略少于360天，初次配种月龄适当提前（早于2.5岁），产驹间隔也减少。驴驹使用部分代乳料，因饲料营养均衡，生长良好，为驴乳开发提供可靠保证。驴群生长健康，除了驱虫、产后消毒和正常防疫外，几乎没有额外兽药开支。在2019年大背景下，驴场通过精细化管理实现盈利12 000元。

(3) “自繁自养”是一个新的趋势，“养殖＋餐饮”能够获得稳定效益。驴的生长速度慢，养殖周期长，价格涨跌对效益影响大，而采取“自繁自养”模式，一方面能实现收益时间上的快慢结合，另一方面可以在市场波动时互相弥补而盈利。山东省现代农业产业技术体系驴产业创新团队对东阿县13家养殖场进行调查发现，有8家采取“自繁自养”的养殖模式，3家专门育肥、2家专门繁育。采取“自繁自养”模式的养殖场的育肥比例均在50%以上。

“自繁自养”养殖模式的缺点是降低了专业育肥或繁育的效率。东阿县普通农户养殖场的驴养殖规模平均为490头，“自繁自养”养殖场的规模平均为410头，而专业育肥和繁育养殖场养殖规模相对于“自繁自养”养殖场的规模明显增大，专业育肥养殖场的规模平均为703头，专业繁育养殖场的规模平均为 720 头。在固定资产方面，存在专业繁育场＞专业育肥场＞自繁自养场的特征。在生产环节分置后，专业繁育场的繁育率均值为 59.5%，较自繁自养场提高了 17.5%（表 1-11）。

表 1-11　东阿县养殖场养殖模式及养殖状况调研结果

养殖场户	养殖模式	毛驴数量/头	固定资产/万元	员工数/人	育肥比例/%	育肥驴数量/头	繁育率/%
养殖场 1	自繁自养	417	650	5	50	200	68
养殖场 2	自繁自养	340	75	2	80	272	35
养殖场 3	自繁自养	800	240	4	70	560	51
养殖场 4	自繁自养	260	450	3	80	208	35
养殖场 5	自繁自养	160	120	5	70	112	33
养殖场 6	自繁自养	520	630	6	50	260	33
养殖场 7	自繁自养	480	70	3	70	336	38
养殖场 8	自繁自养	300	90	5	66	198	40
	均值	410	291	4	67	268	42
养殖场 9	育肥	630	600	6			
养殖场 10	育肥	600	120	3			
养殖场 11	育肥	880	1 000	15			
	均值	703	573	8			
养殖场 12	繁育	532	340	2			56
养殖场 13	繁育	908	1 400	14			63
	均值	720	870	8			59.5

（4）粗饲料本地化是降低饲养成本的关键，"秸秆禁烧令"促使草料价格降低。驴耐粗饲，抗病力强。以当地主产农作物秸秆为基础进行对比实验，选出最适合驴生长的秸秆加工成饲草料，配合精料和预混料，在保证驴正常生长需要前提下降低饲料成本，是提高驴养殖场效益的关键。秸秆作为驴的主要日粮，年均消耗量达到 2.5 吨/头，对促进农业供给侧结构性改革和秸秆综合利用能够发挥积极作用。

2018 年，国家发布新修订的《中华人民共和国大气污染防治法》，全国环保管控力度再次升级，"秸秆禁烧令"的执行与督查越发严格。同时，国家与各地政府也相继出台了一系列促进秸秆综合利用的扶持政策，全国农作物秸秆资源浪费现象得以有效缓解。此外，国家继续全面推进粮改饲政策实施，在主推青贮玉米的基础上，因地制宜推广苜蓿、燕麦、甜高粱等优质饲草料品种，全国饲草结构优化调整方略稳步推进。

3. 目前母驴价格处于超跌状态，是养殖繁育母驴的机会

辽西区域基础驴价格在 2017 年达到 41 元/千克，从 2018 年 4 月开始下跌，至 2019 年 6 月跌到 27 元/千克，回到 2012 年的价格水平，2019 年 10 月以后随着驴肉价格的上涨（表 1-12），也回升到 32 元/千克。目前母驴仍处于价格超跌状态，是入栏繁育母驴的好时机。

受非洲猪瘟影响，猪肉出现短缺现象，年内价格翻番，从而带动禽肉和牛、羊肉等肉类价格上涨，猪禽养殖户收益达到历史少有水平，牛、羊养殖户效益也比去年大幅度提升。相比之下，驴肉涨幅小于其他肉类，养殖驴的收益也不如养殖牛、羊，因此出现了一批退养场（户），特别是部分繁育场退出转产，造成短时间母驴市场价格走低。老口母驴价格比青年母驴低 6 元/千克，又促使母驴在 4 岁之前被出售屠宰，不但降低了母驴价格，也降低了老驴的价值，而“天上龙肉，地上驴肉”的美誉是使用多年淘汰老驴挣来的。

表 1-12　牛、羊、猪、驴肉价格走势　　元/千克

肉类	2019												2020	
	1	2	3	4	5	6	7	8	9	10	11	12	1	2
牛肉	69.3	70.0	68.7	68.4	68.6	69.1	70.0	72.8	77.4	80.0	82.3	82.2	83.4	85.5
羊肉	69.4	70.8	69.1	68.2	68.3	68.5	69.2	71.2	74.6	77.2	79.6	79.9	81.2	82.6
猪肉	23.2	22.6	23.6	24.6	24.7	25.6	28.0	33.9	42.0	50.5	54.9	51.1	53.8	58.8
驴肉	70.0	70.0	70.0	70.0	70.0	70.0	70.0	70.0	70.0	70.0	74.0	78.0	79.0	79.0

4. 合理规划驴乳生产重点区域

驴乳生产加工十几年前首先在新疆落地，因受到部分商业人士和特殊群体的青睐，驴乳价格一直在高位波动。目前驴乳市场上，鲜驴乳、酸驴乳、冻干驴乳粉、驴乳片等品类日益丰富，但是因其生产成本高、产量低、价格高、总量小，只是作为一种特色乳在局部市场或面向特殊群体销售。随着东阿阿胶股份有限公司上马驴乳生产线，甘肃、陕西、宁夏、内蒙古等省份也

新上了一些驴乳生产线。就目前毛驴养殖采乳模式、毛驴存栏与分布等情况看，驴乳生产加工产能总量不足与局部过剩并存。在国际上，意大利和巴西等国看好驴乳市场潜力，先后制定了相关发展战略。

驴乳生产与牛乳等比具有明显特殊性：一是驴产乳期短，平均一胎仅有4～6个月可以挤乳；二是驴日产乳量低，群体产出水平普遍低于1千克/（头·天）；三是规模化驴场极少，故乳源集中难度较大；四是挤乳设备研发滞后，缺乏专用成熟设备；五是乳价高，市场尚处于培育期，鲜乳价格在60～120元/千克，冻干驴乳粉约4 000元/千克，故消费者多为特殊人群。

经调研发现，有集中饲养挤乳加工企业从自身经营效益角度出发，从市场上零星收购大月份孕驴、新产子母驴等进行集中养殖和采乳，挤乳期内完全按照奶驴饲养模式饲喂，一般不考虑其繁育性能和体况维护，挤乳期过后，适繁母驴的繁育性能大为下降，母驴往往被直接运到市场上当作育肥驴低价出售。乳企继续补充大月份孕驴和新产子母驴，大部分产后母驴挤乳之后育肥屠宰，造成母驴存栏量快速下降的现状。对于存栏量本身不高的驴产业来说，“奶驴一次性使用”着实令人生忧。

在驴生产性能上，前几年主要以追求产皮产肉为主，多数小型驴因产肉、产皮少而被淘汰，所剩无几，基本上处于保种状态。全国各地所饲养的驴品种多为德州驴、关中驴与本地驴的杂交驴。新疆的疆岳驴经过几十年选育，具有相对较好的产乳性能，但数量不多。驴繁殖周期长，培育奶驴新品种较为困难，因此在现有品种基础上进行选育比较现实。如果现在因驴皮便宜再转而追求高产乳驴品种，可能造成驴存栏量又一轮快速下降。所以，要合理规划驴产业布局，宜乳则乳、宜肉则肉，关键是让每个产业链环节都获得合理利润。

三、2020年我国驴产业展望

1. 新冠肺炎疫情带给企业的生存发展挑战升级

进入2020年，受新冠肺炎疫情影响，国内养驴企业发展面临运输受阻、资金短缺等诸多严峻挑战。多地活驴流通不畅，产销环节严重脱节，养殖企业卖驴困难，造成饲养成本上涨，屠宰企业长途购驴困难加剧，线下餐饮服务业短时间内很难恢复营业额。

（1）防疫期间驴屠宰量减少，驴产业得到一个短暂休养的机会。一般而言，春节一个高峰期的驴屠宰量约占全年屠宰总量的50%。节前虽然未受到影响，但节后整个屠宰小旺季全部错失，全国毛驴屠宰量预计减少15%～20%，按照全年屠宰40万头计算，预计可减少屠宰6万～8万头肉驴。

随着驴驹需求量的增加和价格的上涨，会有一部分养殖者饲养繁育母驴，采购架子母驴育肥兼顾繁育的养殖场也会增多，可繁可育“两条腿”走路将会成为养殖场模式的新特色。

（2）《中华人民共和国野生动物保护法》的修订将对驴产业产生积极影响。新冠肺炎疫情之初，广东省市场监管领域防控新型冠状病毒感染的肺炎疫情工作领导小组办公室下发的禁止经营销售动物明细中，将驴肉列入管控范围，对活驴和驴肉市场销售产生了较大影响。经协会沟通，现此问题已得到解决。

正在修订中的《中华人民共和国野生动物保护法》将会对未列入遗传资源目录的动物禁养禁食，驴肉因为“天上龙肉，地上驴肉”的认知度，可能会成为吸引中国食客的舌尖上的美食，消费群体有望进一步扩大，尤其是在南方经济发达地区。

国外有一部分驴是半野生状态的，如果列入禁食范围，可能会对国内供求关系产生影响。

（3）全民大健康促使国民对自身健康更加重视，促进驴产业发展。根据全国老龄委办公室预测，2020年，我国60岁以上老年人口将占人口总数的17.2%，突破2.43亿。随着医改的深入推进，人民群众对中医药的健康需求日益强劲，2030年我国大健康产业规模预计接近16万亿元。新冠肺炎疫情使国人加深了对中医药的认识和提高自身免疫力的意识，阿胶、驴肉、驴乳作为健康食品、保健品会越来越受到消费者青睐。

2. 非洲猪瘟对肉食品价格的影响

此番肉品价格上涨源于非洲猪瘟造成猪肉紧张，其他畜种肉类跟涨。各地政府都已采取措施增加猪饲养量，加大猪肉供给。据预测，2020年下半年生猪生产形势能够稳定下来。国家还积极支持发展禽类和草食畜牧业，用以替代猪肉的缺口，同时，还通过增加进口肉类以保证基本供应。驴肉作为小众产品，消费群体相对固定，受到的影响相对要小。

3. 通过多种模式实现驴产业巩固脱贫

自 2015 年年底中央发布关于打赢脱贫攻坚战的决定以来，原农业部与 9 省 16 市县共出台 26 个以驴产业实施精准扶贫的红头文件，探索了“三产融合”“村集体经济”“小规模大群体”“带孕母驴”“种养结合”“租驴挤乳”等多种扶贫模式，并在山东、辽宁、内蒙古、甘肃、宁夏等地实施，惠及数万贫困人口。

2020 年为我国全面建成小康社会决胜之年，按中央部署，这一年我国所有贫困县摘帽，所有贫困人口脱贫。我国养驴主要集中在北方和西南农牧交错地区，这些地区在实现脱贫摘帽后，由驴产业形成的稳定收入可以巩固脱贫成果，防止脱贫户返贫，因此当地政府和企业还会继续支持驴产业发展。

四、思考与建议

1. 调减、控制驴皮进口，严打走私，加强行业自律

我国每年用于生产阿胶的驴皮需要量为 300 万～400 万张，目前国内宰驴所能提供的数量只占总需求量很小一部分。2018 年开始可以通关进口驴皮，世界上其他国家给我国提供驴皮的实际情况，不但影响了原料的道地性进而影响阿胶销量，还出现驴皮相对过剩进而影响驴皮和活驴价格的现象。这种降价现象拉低了养殖场（户）的效益，以每张驴皮少卖 1 000 元计算，农牧民年收入减少十几亿。我国在全世界买驴的现象已经引起了世界范围的关注，甚至遭到某些国家的严重指责。另外，进口驴马产品对马属动物防疫造成影响。因此，建议政府有关部门减少或暂时停止驴皮进口，严打走私，为国内驴养殖企业恢复利润赢得时间。按驴皮颜色分类鉴别，一般地道的黑驴皮都产自我国，所以只对其他颜色驴皮进行追踪追溯即可。

2. 加强政府监管和行业自律，打击驴肉掺假行为

我国驴产业地域发展不均，驴的主产区在“三北地区”，并且集中在边远山区、丘陵地带和少数民族聚居地，但驴肉消费却主要在北京、天津、河北、

山东、河南等东部、中部地区以及南方的大中城市。国内年生产优质鲜驴肉量远远低于其市场消费量，是由于进口冻驴肉，特别是骡马肉等大量流入市场。另外，活驴交易不规范，驴源掌控在驴经纪人手里，交易手段落后、交易环节过多，给标准化屠宰加工带来困难。因此，培育和树立驴制品的规范消费和消费习惯，需要专业人士、政府、媒体等社会资源共同推动。2018 年河间市政府打击假驴肉行动起到了很好的示范作用。因此，建议各地政府要齐抓共管并常抓不懈；驴肉餐饮企业要加强自律，自觉抵制使用假驴肉；相关单位要制定驴肉生产和真假驴肉检测方面相关团体标准，消费者和行政管理部门可以随时送检或抽检；将品牌好、守信用的驴肉加工和餐饮会员企业精准推荐给消费者。

3. 建立紧密、高效的上下游分工合作关系

从事规模化养驴和拥有全产业链者还是少数，传统散养方式在我国占 87%，把养驴从小农自产自用转向商品流通是一个长期过程。农民养殖户目前还是要靠政府、合作社、龙头企业的支持和带动实现购销，因此要完善“政府＋龙头企业＋合作社＋养殖户”的合作方式，明确合作各方的权利和义务，约束各方的行为，规定毛驴收购协议的收购时间、数量、价格等要素；明确违约责任和惩罚条款，保护合作各方利益，促进毛驴收购协议的有序执行，保证毛驴养殖行业的持续健康发展。同时，与银行协调设计适合毛驴养殖周期的贷款方案。

4. 建立驴高效繁育技术和新品种培育体系势在必行

我国毛驴育种工作起步较晚，现有品种退化严重，主要表现为生长速度慢、产肉率低和繁殖性能低，已无法满足驴产业发展的需求。由于受到毛驴品种的限制，养殖场（户）的毛驴育肥和繁育的效率低下，不利于驴产业的健康、持续发展。因此，要制定和完善具有优良生产性能的毛驴选育标准和育种方案，对优质种驴进行登记和生产性能测定；加大优良毛驴品种的培育，增强毛驴的环境适应性和抗逆性，突出培育一批产皮、产肉、产乳，生长发育快，繁育率高的优良品种。发展一批国家级、省级的繁育场，使专业的种驴繁育场参与到养殖专业化分工中，加快优良驴驹向养殖场（户）的扩散，促进毛驴的遗传改良成果转化为现实生产力。

第十节　驴业发展究竟该何去何从[①]

疫情肆虐下的2月28日，笔者在行业微信群中突然看到“河北省沧州市×××县×××生态畜禽养殖有限公司（系国家级德州驴保种场）现有：3～7岁、300～450千克已调教好的种公驴30头，怀孕母驴120头，100千克左右公、母驴驹50多头，2岁架子母驴70头，育肥公驴20头，对外出售，其中三粉驴占62%，乌头驴占38%，有意者可选购，地点×××，电话、微信同号×××，非诚勿扰”。同日下午，微信圈里又出现100头孕驴转让的消息。

复工复产之初，一天之内就在小小微信圈（群）内发现两起接近整场抛售的事件！这类事件自2017年年底以来已经发生不少，经笔者牵线成交的就有过两次。说来笔者可以算是牵线“帮忙”之人，但现在想来，作为驴业经济的研究者，丝毫没有帮人之后的愉悦之感，有的只是关于驴产业能否健康持续发展的担忧和惋惜！

前面所提到的沧州市这个国家毛驴保种场是前年笔者与王春洪副秘书长一起去过的，作为多年的国家级德州驴保种场，总体经营情况当时还是相当不错的。笔者不知道经营者现在选择抛售的确切原因，本来想在群里直接劝他慎重，但还是忍住了。在此，笔者只想说，但凡还有坚持下去的余地，就坚持一下吧！当然，如果是疫情影响因素较大的话可以另当别论，笔者更希望是疫情的原因，因为疫情的原因往往是暂时的。无论什么原因，不妨先选择正常售卖一部分驴以便回笼资金渡过眼下难关也好。毕竟疫情当下，牛、羊等其他产业复工复产也都面临不同程度的困境，虽然近一年来牛犊、羊羔

① 本节内容原文分别发表于三农号App 2020年2月29日、三农号App 2020年3月1日，原题分别为“疫情之思：疫情抛售与驴产业发展”“疫情之思：母驴与驴产业发展”，作者为王玉斌（中国农业大学经济管理学院）、曾申明（中国农业大学动物科学与技术学院）、王长法（聊城大学农学院）、孙玉江（青岛农业大学动物科技学院）、董建宝（山东畜牧兽医职业学院）。略有修改。

既居于高价又难以买到，但眼下的育成牛、羊也面临销运不畅。并且，因形势不利情急之下选择撤出，即便成功，自身利益可能也会蒙受较大损失，等疫情过后如果选择重新进入，就需要付出远大于当下不退出导致损失的更多成本。对于驴产业来说，一旦抛售引起连锁反应，势必大大加剧产业走低的趋势与进程，对于整个驴产业健康持续发展可能就是“雪上加霜”。当然，我们希望这种退出是暂时的、个别的现象，而绝非产业趋势。

但管中窥“驴”，我们难以否认，驴业发展面临前所未有的挑战。通过过去几年的实地调研与经验总结，笔者认为当前驴产业发展主要面临以下几个突出问题：

一是危机凸显，“驴周期”迅速跌入谷底。调研发现，全国活驴售价自2018年6月开始明显步入下行通道。2016年、2017年高价期间购进青年母驴的养殖场户，2018年下半年以来，因资金压力、市场不振和价格低迷，较多陷入赔钱境地。

二是资源稀缺，母驴已处于十分危急的关头。从发展情况看，驴种质资源尤其是母驴资源已经十分短缺，严重掣肘了驴产业的长远可持续发展。驴是草食大型家畜，妊娠期长达360天左右，单胎生，种群恢复起来异常艰难。

三是驴皮短缺，盗宰走私影响深远。近年来，国民日益关注康养，阿胶受到热捧，制胶企业在抢夺国内驴皮资源的同时尝试拓展外部资源，部分不法商贩内外勾结，盗宰活驴、低价走私驴皮，不仅造成了大量税收损失，也严重冲击了国内驴业市场。

四是种质退化，科技投入严重不足。当前我国驴种质资源退化，适繁母驴怀胎率低，优质驴种群锐减，而驴良繁体系尚未形成，驴人工授精等技术普及率低，驴胚胎移植无从谈起，驴饲养尚无统一规范标准，驴业技术力量极度匮乏。

不过，不经历风雨又谈何见到雨后彩虹？虽说非洲猪瘟的影响还没过去，但猪存栏量锐减对牛、羊、驴等畜种来说应该是发展的机会。另外，从17年前SARS后经济发展情况来看，危机往往蕴藏着新的发展机会，努力化危为机不失为一种好的选择。当前情况下，其他产业也是同样道理。并且，很长一段时间以来，行业协会、企业家、专家等都在不同层面通过各种渠道进行呼吁，希望政府尽快重视和支持驴产业发展。笔者与业界同人探讨过后，认为应从以下几点做好驴业资源的保护：

一是立法严控母驴屠宰。驴是我国唯一在国际上具有独特竞争力和明显产品优势的大型畜种，亟须颁布法令控制屠宰适繁母驴，将适繁母驴纳入国家补贴范畴，保护好、利用好我国特有驴种资源，力争在短期内有效遏制适繁母驴数量的快速下降。

二是健全完善驴产业技术体系。农业农村部2018年曾研究拟将驴等特色产业纳入现代产业技术体系。当前，亟须增加科技投入，探索涵盖驴业或整个马属动物的良繁、营养、屠宰、防疫、加工、培训、咨询等的“政、产、学、研、用”现代产业技术体系。

三是整合投入相关资源。当前，我国驴业处于役用转商用初始发展阶段，在不大幅度增加国家财政负担前提下，通过内部挖潜，整合国家重点研发计划、良种繁育推广、营养体系建设、疫情疫病防控等项目资金，鼓励引导社会力量投入驴产业开发。

四是严厉打击盗宰走私。严格落实全国打击走私综合治理部际联席会议制度，加强规范驴皮、驴肉等的进口管理，协调相关部门建立联动机制，综合刑事、行政执法手段，增强主动打击、精确打击和联合打击力度，严厉查处走私驴皮等违法犯罪活动。

我们相信，政府到了该“出手”的时候了。

第二章

转型创新：明晰驴业发展之要

引言：创新为驴业发展提供不竭动力。传统低端竞争、假冒伪劣充斥市场所产生的信任危机给驴业发展带来严重危害，亟须以科技创新助力转型升级，以科学规范管理提高效益、防控疫病，以高端驴乳等系列新产品开发弥补产业发展短板，以品牌打造提升产业链价值，以文化传承促进一二三产业融合和驴业振兴。

第一节 信任危机与品牌力量①

现在农牧企业面临很多挑战，如环保、疾病、人工高成本、市场溢价减弱、土地高效率要求、消费信任危机、市场预判、大数据、精准服务等。挑战的同时也有很多机遇，如消费升级、新冠肺炎疫情以后人们对健康的关注、愿意为溢价买单、渠道多样化、技术赋能越来越现代化等。挑战与机遇共存，如何抓住机遇迎接挑战？《论语》中说，工欲善其事，必先利其器。器，即思维与战略。企业家之间的最大区别是认知的区别，认知的改变，将重构和再造商业结构，这是最基本的商业逻辑。品牌在品种中是起引领作用的，往往“一直被模仿，从未被超越”。因此，做好品牌战略谋划非常重要，不能以战术上的“勤快”掩盖战略上的“懒惰”。

一、农牧品牌的核心是抢占消费者“心智”

农牧产品（粮、油、果、蔬、茶，肉、蛋、乳、鱼、蜂），要做好消费群体定位及产品细分，核心是抢占消费者“心智”，主要包括以下七个维度：

1. 聚焦拳头产品

在产品的选择上，要聚焦拳头产品。俗话说“儿多不养家”，农牧企业有一个普遍的现象：企业越小，想法越多；销售越少，产品越多；大企业产品少，小企业产品多。企业的产品战略，需要的是聚焦、聚焦、再聚焦，确立战略大单品或明星产品，最终形成代表品牌、收获利润的战略型产品。战略决策就是取舍的决策，相对于“取”而言，“舍”需要更大的决心和勇气。

2. 为品牌找文化、找“魂”

在产品的根基上，为品牌找文化、找“魂”。农产品品牌包括区域公共品

① 本节内容原文发表于中国畜牧业协会公众号 2020 年 5 月 1 日，作者为刘强德（中国畜牧业协会）。略有修改。

牌、品类品牌和企业产品品牌。在做农产品品牌的时候，一定要发现、挖掘和利用公共资源，包括产地资源、品类资源以及蕴藏在产地和品类中的文化。品牌产品，不是仅仅停留在物质层面的东西，一定具有更多的精神层面的内涵。围绕产品及品牌的核心价值进行文化上的创意，使物质的产品与精神的产品互相促进，价值放大，令人记住。如山西小米——沁州黄（区域公共品牌），因受到康熙皇帝青睐，被奉为皇家贡米。抗战时期，沁州作为重要的革命根据地，“小米加步枪，解放全中国”。因此，沁州黄小米就以“黄金产区、皇家贡米”为品牌定位，塑造了大气、厚重、有历史、有文化的品牌形象。

3. 再造新品类，寻求差异化

在产品的独特性上，再造新品类，寻求差异化。一是借势再塑。如在羊肉的营销方面，曾经“草原”“蓝天”是卖点，而“乾宝”羊肉借势（盐碱湿地，水韵湖羊），塑造了“乾宝湖羊”的品牌。二是另起门灶，为自己的品牌建立独特的品类定位。如华龙面再造新品类“弹面”——今麦郎弹面，一举打破康师傅、统一巨头雄霸城市市场的局面。三是创造领先或独特的标准，引领行业。标准体系一般有两种，一是法律层面的标准体系（国标、行标、团标、地标），二是消费者评判标准，如统一鲜橙多设立的低浓度果汁的果汁含量标准（10%）、加多宝罐装凉茶标准、乐百氏矿泉水二十七层净化标准。农牧企业需认真谋划！

4. 品牌营销模式

品牌营销有两种模式。一是仪式营销，生产过程、销售过程以及消费过程都可以进行仪式营销。生产过程仪式营销的案例如涪陵榨菜，涪陵榨菜将涪陵人诚信的传统加工技艺提炼传播为“三清三洗”“三腌三榨”，仪式感赋予了产品不同凡响的气质。销售过程仪式营销的案例如白酒品类新宠江小白，江小白一反行业传统复古的常态，精准对位城市白领，谈小资、讲情怀，现已成为新酒客们热捧的白酒品牌。消费过程仪式营销的案例如农夫果园和奥利奥饼干，农夫果园告诉人们“喝前摇一摇”，奥利奥饼干让消费者“扭一扭、舔一舔、泡一泡”，增加了消费过程的快感，产生一种独特的“仪式感”，极大地增强了品牌魅力。人们的消费行为不仅仅是单纯的经济关系，也是一种文化行为，仪式在商品营销过程中正发挥着越来越大的功效，如查干湖的冰雪渔猎文化旅游节、海门伏羊节的仪式文化策划。二是社群营销，成为一种趋势。曾经平台为商品引流量，现在品牌自带流量，要多平台布局，网红直播、社群营销、微信小程序、企业自有平台、第三方平台同时发力，一定要打造自己的流量私域，把“粉丝”握在自己手里。例如，东阿阿胶股份有限公司的社群营销模式，公司社群利用多年积累的流量池，转发分享产品，形成顾客拉新裂变，单月销售额曾实现 3 000 万元。农牧产品非常容易形成社群黏性，以共同爱好和价值观为纽带建立品牌社区，以产品和技术来连接和重构经济模式。产品的营销还要进行消费对象的细分和需求心理分析，如火腿肠与鸭脖子的消费者的需求心理会有所不同。

5. 农牧品牌产品的“四化”

在产品的形式上，农牧品牌产品有“四化”：口味普适化（如阿胶中的桃花姬和真颜小分子），形态快消化（如好想你枣片、英国立顿茶结晶、雀巢速溶咖啡、美好时光海苔），传播时尚化（如包装上除了必要的品牌 logo 和说明，剩下的地方完全留给消费者：可以印上自己的微信二维码或者祝福的话语，贴在可爱的图案上，为你心爱的人定制一份专属的健康），价值健康化（如神丹保洁蛋、鲁花花生油 5S 物理压榨、橄榄油）。

6. 农牧产品品牌的价值再造

在产品的业态上，农牧产品品牌的价值再造有“三部曲”。原农业部农产品加工业专家委员会的专家委员韩老师认为：初级农产品进行价值再造“三部曲”，第一个叫物理属性价值再造，第二个叫化学属性价值再造，第三个叫生物属性价值再造，最终伴随着品牌内涵上的改变。如玉米，加工成玉米粉、玉米面（物理属性）是不值钱的；把它做成酒精（化学属性）值点钱；把它做成功能糖（生物属性）就更值钱了。大豆做成豆腐、豆浆（物理属性）是不值钱的；把它做成味极鲜酱油（化学属性）就值钱了；把它做成纳豆提取物（生物属性）就更值钱了。

7. 农牧产品品牌传播技巧

品牌广告语要说明两件事，即“我是谁”“为什么买我”，而且要顺口、押韵、易记。“我是谁”涉及品类定位，带有价值属性，如鲁花，山东的花生；蒙牛，内蒙古的牛乳。“为什么买我”涉及品牌定位，如滋补国宝，东阿阿胶。顺口、押韵，如滴滴鲁花、香飘万家，花、家，末音都是“a”。品牌符号传播和消费者记忆方面，如何让你的农牧产品品牌一眼看上去就和别人的不一样呢？要做一个创意，一定要做一个“不正常”的东西，正常的东西别人记不住。如一掰开花生，掉下花生米来，那叫正常；一掰开花生，就往下滴油，这叫新奇。

二、解决消费者的信任危机是农牧品牌的“王者之道”

有些企业产品很优秀，传播很努力，那如何让消费者信任？大家首先想到的就是追溯体系，那如何让追溯体系解决消费者的信任危机？基于大数据，以区块链（blockchain）技术为支撑的智能追溯体系能很好地解决这个问题。

区块链具有去中心化、多点分布式记账、不可篡改等特点。智能溯源体系包括区块链思维＋防伪保真技术，能改变过去商品从出厂到消费者的中间环节信息不透明、无法追溯来源的状况，实现多方共同记录溯源信息，消费者可查询验真；能避免过去商品供应链过程信息存在的被篡改、被伪造的风险。过去发生商品质量或安全问题时难以回溯和追责，而区块链在保证商业隐私的同时，支持全流程交易历史记录的审计、回溯。

智能溯源具有很好的应用价值。从消费端看：区块链溯源，一物一码，实现保真防伪；实现技术保障、质量第三方监管（如中检）；实现个性化定制，衍生新的商业模式。从企业管理上看：区块链管理帮助提升供应链效率，通过在供应链各环节的流通，实现各环节数据的自动获取及统一管理，高效打通供应链各环节信息屏障；通过一物一码进行渠道商管理；通过一物一码呈现进行客户画像管理及获取大数据，根据客户画像及大数据进行个性化定制，精准升级产品，提升品牌产品新的价值和内涵。

农牧品牌要力图形成自己的智能农牧的生态体系，这种生态体系由硬件设备、产业互联网系统构成的智能种养殖管理系统、屠宰加工系统、物流运输监管系统、园区管理系统和基于区块链技术的智能溯源系统构成，最终构建出一个种养殖环境舒适、个体生长健康、管理精细高效、产品安全放心、各环节可追溯、消费者信任的生态体系。中国畜牧业协会一直致力于推动这项工作。

三、新冠肺炎疫情下的农牧品牌新机遇

2020年的新冠肺炎疫情带来了很多的转变，人们更加注重提高自身免疫力，更加注重家人的陪伴和居家美食，更加习惯线上的购物行为（VR＋直播＋互动＋传播），更加关注食材的绿色安全，更加信赖有追溯系统的产品，对品牌产品情有独钟。农牧产品的机遇在哪里？比如牛肉、羊肉、驴肉、兔肉、乳制品（驴乳、骆驼乳、羊乳、牛乳等）以及传统中医药材（鹿茸、阿胶等），在这种环境下，这些农牧产品该怎么调整？

首先，针对更加注重家人陪伴和居家消费，要有适合不同家庭（老年家庭、夫妻二人家庭、带小孩家庭等）消费的产品，要开发创新产品，不仅注重营养、美味，还要关注快捷、方便和厨艺。

其次，品牌产品要有新的打造方法，提升消费体验感的组合。例如，1904年夏天，美国食品博览会上的故事，还有东阿阿胶股份有限公司的“粉上”酸奶。

最后，农牧产品要注重文化娱乐与消费认知高度融合，要倡导美食文化与快乐消费，如用OK手势体现牛排三分熟（快乐消费）。

此外，未来农牧业的商业模型为C2F（customer to factory）模型：个性化定制，柔性化生产，扁平化渠道和精准化营销。“消费者”变成“消费经营者”，反过来影响研发和生产，研发、生产、经营、消费的关系会模糊，B2C关系链变成价值链。

在品牌培育和消费过程中存在一种尴尬现象，即“萧何现象”——“成也萧何，败也萧何”。要想破解这种“关联思维”，逆袭品牌危机，需要将智能科技、物联思维、大数据、区块链等都要考虑进来。

农牧品牌是当下很多企业都要谋划的一种战略部署。要做好优秀的农牧品牌，在当下有各种技术赋能，有各种商业模式产生更多的渠道，新的“技术＋商业”模式能够带来品牌的提升。祝愿更多的企业能够让自己的品牌“飞”起来！

第二节　打造特色优势肉驴产业[①]

敖汉旗地处燕山山脉与松辽平原的过渡带，也是农业文明与草原文明的交汇带，属半干旱温带大陆性季风气候。独特的地理位置和自然环境孕育了这里近万年的农耕文明，敖汉旱作农业系统被联合国粮农组织评为“全球重要农业文化遗产”，敖汉旗也成为以文化、绿色、生态为特色的农牧业大旗。全旗粮食年常产 10 亿千克以上，大小牲畜存栏 270 万头，是东北和京、津、唐地区农畜产品的重要供给基地。

一、依托六个优势，奠定肉驴产业发展基础

1. 丰富的饲草资源优势

敖汉旗属于农牧结合区，草地和耕地面积较大，牧草和农作物秸秆年产量在 50 万吨以上。其中，“敖汉苜蓿”在 1984 年获国家牧草品种委员会命名，现全旗种植 40 万亩，年产 8 万吨以上。同时，全旗谷子种植 88 万亩，谷草又最适宜喂养肉驴，因此，种谷养驴已成为敖汉旗悠久的传承，群众养殖肉驴的积极性很高。

2. 悠久的养殖历史优势

肉驴既可以用于农业生产，又可以用于市场销售，敖汉人民早就有养殖肉驴的生活习俗。在 1949 年，全旗肉驴存栏就达到了 2.7 万头。自 1953 年开始，敖汉旗实施了肉驴改良杂交工作，20 世纪七八十年代，相继引进了关中驴、德州驴、晋南驴、泌阳驴、渤海驴等驴种，并在肉驴产业中推广人工

---

① 本节内容原文发表于第五届(2019)中国驴业发展大会暨第三届国际毛驴产业发展论坛，原题为“‘小规模、大群体、抓大户、建小区’打造肉驴特色产业，助推经济社会发展”，作者为于宝君(敖汉旗人民政府)。略有修改。

授精技术，2004 年肉驴存栏突破 10 万头。自 2012 年以来，敖汉旗实施了肉驴冻精配种试验并在旗内推广，使肉驴产业走上快速发展之路。

3. 良好的区位交通优势

敖汉旗位于内蒙古自治区、辽宁省与河北省交界处，地处环渤海经济圈，毗邻东北老工业基地，距京、津、唐等大中城市均在 500 公里以内，距锦州港仅有 130 公里，是内蒙古自治区距离出海口最近的地区。京通、锦赤、巴新三条铁路与赤通、赤朝两条高速公路穿境而过，国道 111 线、国道 305 线、省道 210 线纵贯全境。便利的交通条件为肉驴贸易奠定了基础，全旗现有肉驴交易市场 4 处，日交易量在 1 600 头以上。

4. 富集的土地资源优势

全旗土地总面积 8 300 千米^2，其中农用地 996 万亩，建设用地 54 万亩，其他土地 194 万亩，土地资源十分充足。特别是自 2013 年内蒙古自治区实施烟花爆竹生产企业全部退出政策以来，全旗有闲置烟花厂 27 个，总面积 3 530 亩，这些闲置厂区经过初步改造后，都可以建成肉驴养殖小区。

5. 完善的扶持政策优势

在发展肉驴产业过程中，敖汉旗先后实施了一系列的扶持政策。一是贷款贴息、资金直补。对向银行贷款的养殖户给予贷款贴息，对养殖户引进毛驴给予资金补贴（一头优质基础母驴两年补助 1 500 元、一头种公驴两年补助 10 000 元）。二是贷款担保、精准扶贫。利用扶贫“三到”专项资金，为有养驴积极性的贫困户购驴 3～5 头，通过肉驴养殖实现脱贫。同时，由东阿阿胶股份有限公司提供养驴专项资金 500 万元，与旗革命老区促进会专项资金 500 万元打捆使用，将其中的 500 万元放进中国邮政储蓄银行，按 1∶10 比例放大，形成 5 000 万元贷款资金，另外 500 万元用于贷款贴息和大户扶持。三是设立基金、毛驴租赁。通过旗政府鼓励农业银行出资的形式，设立绿色产业发展基金，用于养殖户发展肉驴产业。目前，旗政府和东阿阿胶股份有限公司正在研究以租代养形式，扶持贫困户养殖肉驴，确保实现精准扶贫、精准脱贫的目标。

6. 健全的服务组织优势

全旗建设肉驴专业村（小区）43 个，培育育肥大户 200 户，合作社等经济组织41个，经纪人96人。全旗引进优质基础母驴3 000头、种公驴310头，建设完善肉驴人工授精站102处。目前，全旗牧业年度肉驴存栏达到26.3万头，位居全国各旗县首位，2019年仅1—6月就增加4.8万头。全旗肉驴年出栏达12.5万头以上，肉驴产业年纯利润达2亿元以上。肉驴养殖已成为敖汉旗农牧业发展的一项亮点工程，成为全旗最具优势、最有潜力的特色产业。

二、立足四项举措，推动肉驴产业做大做强

1. 推行“小规模、大群体”模式，扩大养殖规模

由于毛驴性格温顺，老人和妇女都能饲养。长期以来，敖汉旗的农牧户形成了利用自家谷草资源，每户饲养繁育3～5头毛驴的生活习俗。这种养殖模式体现了“两结合、两降低、两提高”的特点，即：农牧民零散劳动时间与小规模养驴有机结合，农牧户自产牧草资源与发展驴产业有机结合；降低了饲草料和劳务投入的成本，降低了集中繁育投入大、产出低的风险；提高了毛驴繁殖率和成活率（分别达到70%和90%以上），提高了毛驴养殖的经济效益（养殖户年均增收3 000元以上）。目前，在全旗16.1万户农牧户中，有7.2万户养殖毛驴。

2. 采取“抓大户、建小区”方式，引领产业发展

分散繁育、集中育肥是降低养殖成本的有效途径，也是引导社会资本投入肉驴产业的关键所在。近年来，敖汉旗采取“企业出一点、项目给一点、政府拿一点、群众集一点、银行贷一点”的“五点筹资方法”，加大对养殖大户、养殖小区的扶持力度，促进肉驴产业集中连片发展。全旗现有养殖20～50头肉驴的农牧户120户，养殖50～100头肉驴的农牧户50户，养殖100头以上肉驴的农牧户30户；建成的肉驴养殖专业自然村（小区）43个，正在规划建设的肉驴养殖小区7个。这种养殖方式体现了“抓两端、带中间”的特点：依托养殖大户和专业小区，抓好产前的品种改良，抓好产后的育肥销售，带动了中间的农牧户多养驴、养好驴、高繁育、高产出，逐步形成稳定的肉驴产业基地。

3. 通过“推中介、建市场”途径，搭建交易平台

交易市场是肉驴产业中的关键环节，敖汉旗充分发挥肉驴经纪人的带动

作用，坚持“本地市场和外埠市场”共同打造原则，经过多年精心培育，已成为蒙东及东北地区最大的肉驴交易集散地，辐射范围包括广东、福建、浙江、江苏、山东、河北等地。全旗现有长胜、四道湾子、敖吉、三宝山 4 个具有一定规模、比较稳定的肉驴专业市场，日交易肉驴约 1 650 头，年交易肉驴 18.5 万头以上。现有的 4 个市场覆盖了全旗肉驴养殖重点区域，能够把专业市场、经纪人、养殖户有效结合起来，稳定了肉驴的销售渠道和价格，构筑了全旗发展肉驴产业的平台。

4. 利用“扶龙头、促链接”措施，完善产业链条

为有效降低肉驴产业风险，全旗建立了“龙头企业＋合作组织＋专业市场＋养殖户”的利益链接机制，实现了各方的互利共赢。现有长胜镇“顺民亿”、四道湾子镇“兴润”等 41 个规范的肉驴养殖专业合作社，拥有社员 3 000 多户，社员户平均年增收 2 万元，培育了一大批肉驴产业带头人，有力地推动了肉驴产业发展。2015 年，山东东阿阿胶股份有限公司入驻敖汉旗，已建成了拥有 3 000 头肉驴的标准化养殖示范场，并计划建设 100 吨规模的驴乳生产线、100 万吨规模的饲料加工厂、20 万头规模的肉驴交易市场，以及驴肉深加工、孕驴血开发等项目。全旗将借助与东阿阿胶股份有限公司合作的有利契机，提升肉驴养殖质量和效益，推动肉驴产业规模化、规范化、标准化发展，进一步紧固与农牧民的利益链接机制，促进农牧民增收和全旗经济社会发展。

三、坚持严把三关，推动肉驴产业升级

1. 严把专项推进关

敖汉旗是国家级贫困县，2011 年 3 月，被内蒙古自治区批准为革命老区。旗委、旗政府将发展肉驴产业作为促进农牧民增收的一项重要举措，成立了加快肉驴产业发展工作领导小组，把肉驴产业纳入乡镇部门年度考核目标。2012 年 2 月，敖汉旗成立了革命老区建设促进会，专抓以肉驴产业引领老区经济发展工作，制定了《扶持革命老区肉驴产业发展的实施方案》，每年定期召开肉驴产业会议实施专项推进。一是培育肉驴饲养重点村和专业大户。在驴产业相对集中的乡镇，成立肉驴产业发展领导小组，负责为农牧户协调贷

款支持，引导农牧民购买良种肉驴。二是推行革命老区“一村一品”扶持项目。在7个乡镇、8个革命老区村实施了肉驴养殖项目，扶持325个养殖户发展肉驴产业，平均每年为养殖户协调贷款700万元。三是引导实施“村企共建”助推项目。鼓励旗内有实力的企业出资支持肉驴产业发展，如引导5家企业筹资5.4万元，用于扶持肉驴养殖项目，在老区建设资金补助的基础上，为养殖户按每头母驴再补助150元，为育肥大户补助5 000元。

2. 严把品种改良关

旗委、旗政府实施了“科技对接”工程，专门委派科技特派员和技术责任人，对养殖大户、养殖小区、养殖示范村和普通养殖户进行全程技术服务，重点推进肉驴改良繁育工作，达到了提质增效的目的。2007年，旗改良站从河北、山西等地引进优良种公驴58头，当年建设完善肉驴改良站60处，加快了驴品种的良种化进程。2008年，建设完善肉驴人工授精站76处，完成肉驴人工授精4万头。2009年，从河北、山西等地引进优良种公驴40多头。2012至2013年，引进了肉驴冻精配种技术。2014年，引进了乌头驴，继续开展品种改良试验并获得初步成功。

3. 严把产品研发关

为提高肉驴产品的附加值，敖汉旗积极借鉴外地经验，将依托山东东阿胶集团和内蒙古天龙驴产业研究院，运用具有国际先进水平的驴细管冻精快速繁育技术，建设驴肉分级分割标准的专业屠宰线，建设阿胶原料药材GAP基地，提高改良、饲养、加工、销售等环节的科技含量，形成完整的肉驴生产、加工、销售链条。全旗把养驴目标从畜牧产品向高端商品转变、从肉用向药用转变，把肉驴养殖作为群众脱贫致富的一个重要项目，作为产业结构调整的一个主要载体，作为推动经济发展一个特色品牌。

四、突出三个效益，拓展肉驴产业发展空间

1. 在一产领域，通过改良、养殖肉驴，促进了群众增收

群众养殖一头基础母驴，可实现3年2驹或5年4驹，按当前市场价格计算，每头毛驴可纯收入约2 500元。农牧户养殖4头基础母驴，每年至少产3

头驴驹，年均收入 7 000 元以上。利用“三到”资金为贫困户购买毛驴，2～3年内贫困户就能够脱贫，能够实现精准扶贫的社会效益。

2. 在二产领域，通过屠宰、加工肉驴，实现了企业盈利

普通的肉驴屠宰厂收购一头肉驴屠宰后销售，纯收入约 1 000 元。山东东阿阿胶股份有限公司全产业链项目实施后，通过科技研发，对肉驴产品进行深加工，每头驴纯收入最高可达到 15 000 元，在企业盈利的同时，也增加了财政税收，实现了较好的经济效益。

3. 在三产领域，通过交易、销售肉驴，带动了经济发展

合作社或养殖大户收购驴驹进行育肥后销售，每头驴纯收入约 1 500 元。肉驴经纪人通过专业市场将毛驴向外地销售，每头驴纯收入约 1 000 元。同时，促进了运输、餐饮、服务业发展，也为经济社会发展注入了新的活力。

“十三五”期间，敖汉旗坚定不移地推进科技创新，引进优良品种，做好肉驴改良，提升肉驴品质，在全旗形成养殖技术先进、组织方式优化、产业体系完善、综合效益明显的肉驴产业发展格局。计划到 2020 年，敖汉旗全旗肉驴年存栏 40 万头以上、累计出栏 30 万头以上，培育出具有地方特色的肉驴品牌，成为我国北方重要的肉驴产业基地，成为我国北方的“东阿驿站”，让“敖汉肉驴”走出敖汉、走出草原，走向全国、走向世界！

第三节　文化对驴产业改革的作用[①]

一位作家写道：“毛驴搞运输是强项，只要有个领头的驴带路，后面的排成一条线，不离不弃地跟着，准没掉队的，跑单帮的，组织纪律性真好。”[②]如今，漫长的驴队正在走向哪里呢？

① 本节内容原文发表于第五届(2019)中国驴业发展大会暨第三届国际毛驴产业发展论坛，原题为“翻思养驴竟何益——‘驴文化’对驴业供给侧结构改革的作用”，作者为杨怀伟(内蒙古自治区兴安盟突泉县农牧和科学技术局)。略有修改。

② 宋峻梁. 寻驴记[M]. 武昌：长江文艺出版社，2017.

驴子需要人类的呵护、保护，否则会成一种濒危动物，直至在地球上彻底灭绝。驴子的濒危趋势在一定程度上与“驴文化”扭曲和缺失有关。“驴文化”是一种行业文化、产业文化，是生态文明文化，也是社会文化，还是动物文化，更是企业文化。“驴文化”是人类文化的组成部分，诞生几千年来，断断续续，生生死死，有大量的内容湮没在历史的尘埃中，但是还有丰富的文化保存至今。包括“驴文化”在内的各类具体文化是人的属性，如果我们有力量传承和创新却不作为、不保护、不传承、不创新，将给人类历史留下缺憾。

“驴文化”是什么？我们如何创造新的“驴文化”？在目前的形势下，“驴文化”对驴产业供给侧结构改革有何作用？如何借力“驴文化”兴旺驴产业？我们应该不断思考。

一、驴背寻诗春正好——丰富的“驴文化”和衰落的驴产业

我国最早解释词义的专著《尔雅》①中，就有“驴”字：“鼰，鼠身长须而贼，秦人谓之小驴。”东汉许慎的《说文解字》②更对驴的词义做了具体说明：“驴，长耳，从马。骡，驴子也。”“驴文化”的起源和驴文字③创立是同步的，围绕这个“驴”字，“驴文化”已经融入了无穷博大的中华文化，超越了驴本身和驴产业本身。不识庐山真面目，只缘身在此山中，“驴文化”也是如此。

考古发现，我国已有约 4 000 年的养驴历史，“驴文化”也是丰厚富足。尤其是农耕文明最为发达的时代，“驴文化”和中华文化相伴相生。但是，随着中国现代化进程的加速，驴产业不进反退，“驴文化”也逐渐败落。驴的最早形态是“宠物”，是宫廷皇家贵族豢养的珍爱的玩伴动物，后来流入民间成为农业生产和一般生活使用的动力，用于耕作和运输。达官贵人的墓葬中多有“驴文物”陪葬，如图 2-1 所示的蓝釉陶驴。文人墨客对于驴也有偏爱，如唐诗宋词中，李白、杜甫、白居易都有“驴诗”“驴词”。《全唐诗》中含

① 研究者有关《尔雅》的作者和成书年代的观点各异，有待进一步考证。

② 《说文解字》是首部按部首编排的汉语字典。

③ 谷衍奎. 汉字源流字典[M]. 北京：华夏出版社，2003：320.

“驴”的诗近70首，《全宋词》中含“驴”的词达33首，《全元散曲》中含“驴”的小令套曲达56首，而在清朝诗集《晚晴簃诗汇》中含“驴”的诗有163首。驴子是牲畜，是工具，也是一种意象，是艺术。

图 2-1 蓝釉陶驴①

“驴文化”不仅仅是全驴宴、“天上龙肉，地上驴肉”的饮食文化，还应该是“游于艺”的体育娱乐休闲，以及文化创意产业的丰富无限的文创产品。驴是从“阳春白雪”下降为“下里巴人”的。驴是皇家贵族的宠物，也因此被应用在古代娱乐体育上，驴鞠就是唐代最独特的体育娱乐活动。《旧唐书》曾记载驴鞠在殿中供皇帝观赏，可见当时驴鞠活动的规模之大②。日常生活中，孩子们也许没有见过驴，但是几乎没有不知道驴的，也会写这个驴字。柳宗元的《黔之驴》是要求学生背诵的。日常用语中，“笨驴”“好心成了驴肝肺”“驴年”“驴打滚”等都体现了“驴文化”的影响，但是人们可能并没有见到活生生的驴本身，“驴文化”和驴子是分离的。丰富的“驴文化”已经随着驴产业的发展凸显出来，同时，也脱实向虚了。

① 蓝釉陶驴，国家博物馆，唐(618—907年)，1956年陕西西安出土。http://www.chnmuseum.cn/zp/zpml/201812/t20181218_25506.shtml.

② 刘煦，等. 敬宗纪第2册[M]//旧唐书：卷17上. 北京：中华书局，1975：520-522.

2019 年是中华人民共和国成立 70 周年，“驴文化”也随着时代的变迁发生了历史性的变化（表 2-1），但是，总体上文化创意不够，不独立。几千年来“驴文化”是伴随性地跟着社会需要慢行，最近 20 年，丰富的“驴文化”和衰落的驴产业发生了交叉错位，分离分裂，脱实而虚。微弱的“驴文化”和驴产业分离，没有直接支撑产业发展。驴子动物文化、驴子企业文化、驴子行业文化、驴子产业文化，驴子社会文化，还没有“反哺”驴产业发展。一言以蔽之，即“驴文化”缺失缺位。“驴文化”和驴产业能否触底反弹、复兴创新，今后 20 年是一个关键时期。

表 2-1　1949 年至今“驴文化”发展①

产业阶段	时间	驴产业发展特征	“驴文化”核心
快速发展期	1949 至 1955	驴为运输、耕作动力。养驴起点低，花费少，起步快，小农经济投入积极性高，规模在 1 000 万头以上。1954 年的 1 270.10 万头是我国历史上有纪录的最高点	传统巅峰期：非军事、实用型、生活化。结合家庭，集体认同，方便日常生活、生产
快速收缩期	1956 至 1965	小农经济效应的减退与农业合作化、人民公社发展紧密相连，规模从 1 200 万头坠落到 600 万头	灾荒救济期：适应新的生产生活方式，日常生产、生活的耕、役、骑、车等功能变成肉食救生
恢复发展期	1966 至 1976	快马加鞭，懒驴不少，集体养驴绝对化，规模在 800 万头	错误期：“文革”时期“驴文化”几乎灭绝，贬义的、消极的“懒驴型驴文化”转型定性
持久发展期	1977 至 1990	欣欣向荣，默默无闻，蓬勃发展，规模从 700 万头增加到 1 000 万头。无竞争则补缺，有竞争则让位	恢复转型期：经济先导，混杂性小农经济“驴文化”复活，新文化嫩芽弱势萌发
持续下降期	1991 至 2016	持续“负增长”，规模从 1 000 万头下降至 200 多万头。2016 年的 259.26 万头，创造百年新低	新“驴文化”酝酿期：驴文化节诞生，“驴文化”独立，“驴子文学”量产，驴脱实而虚
触底反弹期	2017 至今	文化、旅游、文创、美食、医药等，多用途特色需求，供给侧改革深入，规模在 200 万头	复兴创新期：“驴文化”方兴未艾，社会上驴子文化创意不断增加，融入“驴友”文化

① 参考作者另一篇征文《新中国 70 年养驴业的发展动力》。

二、磨驴步步皆陈迹——“驴文化”创新缺失是养驴业萎缩的内在原因

“达则牙旗金甲，穷则蹇驴破帽，莫作两般看。”“驴文化”和消极贬义相联系的价值取向也使其难登大雅之堂。

1. 社会“驴文化”是传统养驴业的支柱

为什么养驴？驴是干什么用的？驴的价值何在？这些问题在自然状态下是不成为问题的，但是，在社会发展转型的时候，就成为文化问题。在自组织的形式下，如果不主动引领，社会大潮就会无情地冲击旧的存在，驴产业就是如此。需要力是产业动力的起点，而最初驴的存在是要满足人的什么需要呢？最初驴耕文化性质的“驴文化”是完全实用主义化的，无独立性，无自身的发展和创新，无文化创意。旧的实用性一经丧失，“驴文化”的负面性和虚无性立即凸显，人们不需要驴的实体了，驴产业也就必然衰落。

2.“驴文化”没有把驴产业的新生产力激发激活

历史上曾强大的“驴生产力”也“驴背正黄昏”（图 2-2）。多年来，业内

图 2-2 春山驴背图 局部（徐悲鸿）[①]

① 中国书画展赛网 http://www.cn5v.com/wp-content/uploads/2020/04/7-1586268496.jpeg.

人士为适应养驴方向和目的的转移，提出来发展肉驴产业，但役用驴转型为肉用驴并没有顺利实现，尤其是以养殖肉驴为主导的产业没有成型，同时，忽视役用驴自身的新发展，造成了全国役用驴断崖式衰落。我们可以在发展动力上得到解释，但是，“驴文化”的缺失也是一种顶层设计上的缺失，不能不引起重视。“驴文化”事关驴产业的兴衰、安全、发展。“驴文化”自信，是更基础、更广泛、更深厚的自信，是更基本、更深沉、更持久的力量。现实中，“驴文化”业内外普遍缺失，自信不足。磨驴步步皆陈迹，没有新的道路，驴产业走向衰落和灭亡也就只是时间问题，驴产业的危机来了。

3. 没有创造出共享多元的“驴文化”

“驴文化节”是“驴文化”的自觉。中国第一个“驴文化节”出现很晚，2009年8月，山西大同举办首届画眉驴文化节，此后并没有继续办下去，而其他的“驴文化节”不温不火（表2-2），也没有形成预期的社会影响力。这是为什么？文化氛围不足，文化创意产品几乎为零，是根本原因。驴产业及“驴文化”让人们感到驴不值钱，没有价值，也就是传统的“驴文化”的共产力不足。“驴文化”对应着传统小农经济，是内部性的，自产自销，自给自足，和现代化的“文化创意”没有对接，无法转化为商品，也就无法换来经济效益，即驴产业供给侧改革对接不吻合，这也是农耕文化和畜牧文化难以发展壮大的根本原因。

表2-2　2018年全国“驴文化节”情况（来自互联网不完全统计）

序号	时间	名称	地域
1	2月8日至3月10日	“陕北榆林过大年”之定边赛驴会	陕北定边
2	4月28日	第二届驴肉火烧文化旅游节	河北河间
3	8月25日	张家口市第二届旅游产业发展大会传统农耕“驴文化”	张家口阳原
4	9月18日	2018东北毛驴文化节	沈阳法库
5	10月22日	第八届天桥民俗文化节“赛活驴”	北京
6	11月17日	大通首届毛驴文化节	四川南充嘉陵区大通镇

4. “吃”主导的“驴文化”没有促使“驴消费”的转型

目前驴产业内部的“驴文化”似乎只剩下了单一的“食文化”，驴肉、驴

图 2-3　《驴皮记》封面①

乳（粉）、驴皮（图 2-3），所谓的全身都是宝，集中在一个字“吃”。这是单一文化，失去了多样性，从根本上削弱了“驴文化”。“天上龙肉，地上驴肉”并不被社会文化广泛认可，世界上根本没有“龙肉”，这反而会落入虚无主义的文化陷阱。此外，有关“吃”的“驴文化”和其他畜禽的饮食文化还没有出现替代效应，也没有经济竞争优势，“驴文化”的竞争优势也就无法建立起来。几千年来，“驴文化”就是这样自然发展的，随着社会政治经济潮起潮落。中华人民共和国成立 70 年来，社会巨变，“驴文化”没有完成人们对驴的现代化新需要的建设和转移，没有解决如今养驴有什么用的问题，没有主动和新时代人们的“美好生活需要”对接、对表、对标。进入新时代，社会主要矛盾已经转化为人民日益增长的美好生活需要和不平衡不充分的发展之间的矛盾。美好生活需要对于养驴业意味着什么？衣食住行，美好生活，养驴业如何满足人类需要？这本质上是如何继承和创新“驴文化”的问题。

三、蹇驴冲雪野桥过——创新“驴文化”，兴旺驴产业

创新“驴文化”，兴旺驴产业，一定要坚定文化自信。“四个自信”对于驴产业也是必需的。“要坚持古为今用、以古鉴今，坚持有鉴别的对待、有扬弃的继承，而不能搞厚古薄今、以古非今，努力实现传统文化的创造性转化、创新性发展，使之与现实文化相融相通，共同服务以文化人的时代任务②。”

---

① 巴尔扎克．驴皮记[M]．上海：新文艺出版社，1952.

② 习近平．努力实现传统文化创造性转化、创新性发展（2014 年 9 月 24 日）[M]//习近平谈治国理政：第二卷．北京：外文出版社，2017：313.

蹇驴冲雪，驴产业定会迎来新的发展。

1. 创新“驴文化”，融入“驴友”文化

兴旺驴产业，必须高度重视创新“驴文化”核心作用。文化是基础，也是顶层设计。从1954年的1 270.1万头，到2016年的259.26万头，驴的绝对数量降低了1 000万头以上，减少将近80%，如果降低速度依旧，养驴业几乎在我国将要灭绝。而“驴文化”缺位是造成养驴业萎缩的根本原因。高度重视创新“驴文化”，首先是业内重视，然后是企业重视，最后是全社会重视。对于驴子有爱如友，如艾青所言：“驴子啊，你是北国人民最亲切的朋友①。”融入“驴友”文化，把养驴和旅游业发展相融合，既继承了其役用价值，又有了新的增长潜力。《赶着驴车去喀什：香港阿凡提的新疆之旅》这本书很有特色（图2-4），香港的阿Q和Pierre不应该是孤例和绝版②。

图2-4 《赶着驴车去喀什：香港阿凡提的新疆之旅》封面③

2. 创新“驴文化”就要研究学习“驴子”

关于驴的文献并不少见，《中国驴子畜牧史考述》④把驴、毛驴称为“驴子”，别有新意，艾青的诗《驴子》也是满含深情。“子”在这里多多少少是含有“敬意”的。例如，“子”是对人的称呼：男子、妻子、才子；古代对人

① 艾青．驴子[M]//艾青全集：第一卷．邯郸：花山文艺出版社，1991：177.

② 《赶着驴车去喀什：香港阿凡提的新疆之旅》记录了作者钟振翘自己，一名真正的“驴友”，25岁的香港小伙，在2011年的8月23日开始赶着毛驴车从库尔勒市出发，过巴伦台，走巴音布鲁克，穿铁力买提达坂，经库车、拜城、阿克苏、阿图什，最后到喀什，全程约1 400千米，历时75天，用镜头和笔记录了美丽的新疆、热情的新疆人。书一上市就引起了出版界的关注和读者的热议，而他在国内某著名论坛发表的游记帖子也在短短半个月内，达到30万次的访问量。

③ 阿Q．赶着驴车去喀什：香港阿凡提的新疆之旅[M]．北京：电子工业出版社，2012.

④ 郭建新，惠富平．中国驴子畜牧史考述[J]．农业考古，2019(01)：158-163.

的尊称，称老师或称有道德、有学问的人：孔子、先秦诸子。小小的称呼就可以给“驴文化”注入新的内涵。

3. 创新“驴文化”就要弘扬驴子之美

驴子全身都是宝，当然也是一种美，是实用之美。全驴宴是美食之美；楚辞、汉赋、唐诗、宋词、元曲中的驴子，是文学文艺之美；“驴子文物”是历史之美、创造之美、时间之美。“驴文化”一定要“共同服务以文化人的时代任务”，为人民美好生活增光添彩。“驴文化”创新一定要全维度发展文化、旅游、文创、美食、医药等，满足人民的多用途特色需求，供给侧改革深入对接不断深化，形成持久的发展动力。

4. 创新“驴文化”就要与现实文化相融相通

“驴文化”的核心价值是助力“农耕文明”的传承和发展，驴产业的现代化必然要使得传统驴产业摆脱小农经济的限制，同时使得“驴文化”与现代化相互作用，将几千年“驴文化”的传承和新的“驴文化”进行创意整合（图 2-5），这个“驴文化转基因”必须尽早开始！“驴文化”一定要加入“三大攻坚战”，在扶贫攻坚、生态文明创建和乡村振兴中，形成自身的潮流。

图 2-5 连环画《变驴》封面①

① 叶建森．变驴[M]．长沙：湖南少年儿童出版社，1984.

蹇驴冲雪野桥过！业界人士一定要在关键的驴产业复兴创新期，坚定文化自信！坚定“驴文化”自信！文化自信越坚定，价值越高，未来发展加速度越大！“驴文化”自信越坚定，驴产业供给侧结构改革越顺畅，驴产业价值越高，未来驴产业加速度发展的力量就越大！

第四节　集约化养殖驴病的防控①

在机械化普及之前，驴作为役用和骑乘之用，具有性情温顺、吃苦耐劳、易于使役等特点，为农业生产提供了巨大的帮助，同时也给百姓生活带来了极大的便利。驴尤其以皮实、耐粗饲、不易生病的特点深得人们的喜爱，故有“铜驴铁骡纸糊的马”“驴只有老死的，没有病死的”等俗语流传至今。近年来，随着阿胶、驴乳和驴肉等市场需求的拉动，多省市将驴产业的发展作为精准扶贫战略之一，驴产业作为新兴产业发展迅猛，养殖模式由原来的粗放型快速向高密度的集约化迈进，大型养驴场已达到万头规模。然而，由于养殖模式的改变，集约化养殖在提升经济效益的同时，使得疾病呈现多发态势，这已然成为当前阻碍驴产业健康发展的主要问题之一。笔者根据实践经验，浅谈以下两点：

一是买驴运驴谨防运输应激综合征。近年来，各地扶持政策的相继出台，使得规模化驴场如雨后春笋般在众多地区涌现。由于驴的存栏呈现较强的地域性，新建和扩建的驴场大多需要进行异地采购，长途运输在所难免。运输过程中的冷热风寒、饥渴、惊恐、颠簸和体力耗费等因素使得驴的体质迅速下降，从而易出现严重的消化系统和呼吸系统疾病，即运输应激综合征。据报道，此类病的发病率一般为20%～30%，死亡率在4%以上。笔者所见到的最高的死亡率达到18%。此类病给许多经验不足的新建驴场造成了严重的

① 本节内容原文发表于中国农网2020年2月22日，原题为“集约化养殖模式下驴的疾病防控”，作者为董建宝（山东畜牧兽医职业学院）。略有修改。

经济损失，严重阻碍着养驴业的发展。因此，笔者建议如下：一是采取合理的预防措施，比如使用抗应激药物等；二是从就近的繁育场引种，避免长途运输，经繁育场选育后生产的驴驹在生产性能等方面也具有明显的优势。

二是做好生物安全防控，严防传染病的发生。虽然结症、肢蹄病、疝痛等非传染性疾病在规模化驴场中时有发生，但并不会造成较大的经济损失，真正需要引起重视的是传染病。集约化养殖模式下，养殖密度大，使得传染病极易传播。此外，由于驴的运动量大大少于使役和乘用状态，加上营养充足或过剩，驴对疫病的抵抗力明显下降。比如 2018 年驴流产沙门氏菌感染造成的流产，以及传染性子宫炎导致的久配不孕，给规模化繁育场造成了巨大的损失；再如始于 2018 年下半年的腺疫疫情，直至 2019 年 1 月仍在某些养殖场内流行。在市场行情不佳的大背景下，一些中小型养殖场因为不堪疫病的困扰而退出驴产业，着实令人心痛。因此，规模化养殖场一定要重视传染病的预防，切实做好生物安全防控。

总之，我们对集约化养殖模式下驴疾病的认知要与时俱进，切实做好生物安全和疫病防控措施，保障驴产业的健康发展。

第五节 驴产业发展与科技创新①

我国是世界上唯一具有驴养殖、屠宰、精深加工及销售一体化全产业链的国家。经当地政府多年扶持和企业创新发展，新疆维吾尔自治区驴乳产业始终走在全国前列，内蒙古自治区和辽宁省成为活驴供应基地，山东省成为德州驴良种供应基地。乡村振兴的关键是产业振兴。2018 年 7 月，农业农村部和国务院扶贫办要求在指导各省落实乡村振兴战略和扶贫攻坚时，统筹考虑驴产业发展。

① 本节内容原文发表于中国农网 2020 年 2 月 22 日，原题为“我国驴产业发展及科技创新”，作者为王长法（山东省现代农业产业技术体系驴产业创新团队）。略有修改。

驴具有养殖周期长、适应性能广、商品价值高等特点。近年来，驴产业发展具有存栏量下降过快、规模养殖占比加大、区域聚集度增高、良繁体系偏弱、加工能力提升等趋势。部分省份为促进驴产业发展出台了有效措施，如新疆维吾尔自治区将“南疆驴产业关键技术集成与示范”列为自治区重点研发专项；山东省投入 2 500 万元启动了“驴良种高效繁育及配套饲养技术集成与示范”项目，将驴品种培育纳入省农业良种工程支持范围，将母驴高效扩繁技术研究、集成与示范推广纳入省重点研发计划项目支持范围。目前来看，驴产业一线养殖日趋成熟，发展市场前景可期。

山东省现代农业产业技术体系驴产业创新团队参与了一些科技探索和服务性工作。一是推动国家驴遗传改良计划。东阿阿胶股份有限公司种公驴站通过农业农村部验收；山东省省级地方原种场增加到 7 家；山东省编制出台了《山东省驴遗传改良计划》，组建了遗传改良计划专家组；东阿黑毛驴入选国家首批特色农产品。二是推动实施科技提升工程。聊城大学毛驴研究院牵头申报并获批“山东省黑毛驴高效繁育与健康养殖工程技术研究中心”和“山东省驴产业协同创新中心”2 个省级研发平台。三是创立了活体检测驴胸腰椎数方法。通过 600 多头德州驴及其杂交改良驴种的屠宰试验，团队分析了德州驴及其改良群体的胸腰椎数，并经过多次测定摸索及屠宰验证，发现了 5 种组合类型，创立了活体检测驴胸腰椎数的准确方法。四是德州驴种质创新及利用。团队率先创建集德州驴活体、组织、配子和基因序列于一体的种质资源库，创建了世界规模最大的种公驴站，建立了驴精液超低温保存技术体系和驴人工授精技术体系。五是为产业提供有力支撑。团队在全省规模化繁育场逐步开展优势驴品种选育、登记、体型评定和生产性能测定工作，强化育种数据库建设；率先开展皮厚肉多黑驴新品种培育；完成《山东省规模驴场饲草料生产利用情况调研与分析》报告，编写《山东省全株青贮玉米质量安全》报告；组织起草《山东小毛驴》品种标准，制定发布驴人工授精、饲养管理、屠宰加工及疫病防控等 13 项省级地方标准和中国畜牧业协会团体标准。

第六节　提升驴乳产量及品质的策略①

驴曾经在我国分布很广，过去主要供作役用，随着农业机械化程度的提高和交通运输条件的不断改善，驴作为役畜的使用价值已日趋下降，养殖数量也大幅减少。目前驴主要分布在我国西北、东北、西南偏远地区。近10年来，驴存栏数量下降60%，而活驴价格则上涨了2～3倍。驴乳，因其化学成分和人乳较为接近，受到乳品界、食品界和保健营养界的普遍关注。新疆曾是全国养驴数量最多的省份之一，2012年存栏98万头，占全国的1/6，是我国驴皮和驴肉等原料的主要产地。新疆的驴集中分布于喀什、和田和阿克苏等地区，占新疆总量的85%以上，新疆驴乳产业已成为地区特色产业之一。深入研究、开发驴乳，对于促进驴资源的综合利用，发展特色乳制品产业，增加农牧民收入，带动农村经济发展和解决“三农”问题，具有重要意义。

2005年以来，已有多家企业在新疆投资建厂，生产、开发驴乳及驴乳制品，并取得了较好的业绩，打响了新疆驴乳产业的品牌。但由于内地保健品市场的兴起，南疆四地州（和田地区、阿克苏地区、喀什地区、克孜勒苏柯尔克孜自治州）大量的活驴资源运往内地，存栏量急速下降。尽管驴乳产业在新疆甚至全国发展异军突起，十几年来，产业发展仍然迟缓，其中存在一些问题，本节将其提出，并与科研、产业和管理部门共同研讨。

一、新疆驴乳业发展现状

目前新疆奶驴养殖及驴乳开发集中于喀什地区岳普湖县、哈密市巴里坤县及阿勒泰地区青河县，现将这3个地区的驴乳产业情况简述如下：

喀什地区岳普湖县属于农业县，具有丰富的农作物秸秆和农副产品资源，

---

① 本节内容原文发表于第五届(2019)中国驴业发展大会既第三届国际毛驴产业发展论坛，原题为“提升驴乳产量及品质的养殖策略”，作者为周小玲(塔里木大学动物科学学院)。略有修改。

是全疆养驴数量较多的县市之一，2001 年被原农业部命名为“中国毛驴之乡”。在当地及与其临近的伽师、叶城、莎车、疏勒、喀什等县市饲养的疆岳驴，具有体型高大、生长发育快、繁殖率高、抗病力强、产肉性能好、耐粗饲等优点。疆岳驴是新疆岳普湖县 20 世纪 70 年代引入陕西关中驴与本地新疆驴杂交选育形成的优良杂交品种。县域具有发展驴乳生产的优势，是驴乳制品加工的良好乳源基地。2005 年 8 月，达瓦昆生物科技有限公司率先在新疆喀什地区岳普湖县投资建设了以驴乳为主要产品的驴生产企业，并摸索出一套适应当地驴乳规模化生产经营的租驴挤乳模式，推动了岳普湖县、喀什邻近县区的奶驴养殖热。从 2007 年至今，新疆玉昆仑天然食品工程有限公司在岳普湖县投资建设加工企业，并建设专业化奶驴养殖基地，生产冻干驴乳粉等产品，持续带动产地奶驴养殖。岳普湖驴养殖规模不断扩大，对饲草料的需求不断增加，导致饲草价格高涨，提高了养殖成本，制约产业的壮大。

哈密市巴里坤县属陆性冷凉干旱气候区，气候特点是暖季凉爽，冷季严寒，光照充足，现有规范管理的 65 家养驴合作社和养驴大户。这些合作社和大户立足当地充足的饲草料和独特的地缘优势，因地制宜发展特色养殖业，引导当地农牧民大力发展奶驴养殖及乳制品加工等特色产业，形成“公司+农户”养殖模式。2017 年，全县养殖奶驴 15 000 余头，一头驴的乳产量约为 2 千克/天，实现收入超过 1.2 亿元。巴里坤县政府出台了号召农户养驴的相关政策，鼓励农民养驴，具体政策是：购买驴的费用，政府出资 60%，农户出资 20%，企业出资 20%，后期农户通过免费供应驴乳的方式进行偿还；对于养驴农户盖的 500 米^2 的圈舍，政府一次性补助 4 万元；为了提高农户的养驴积极性，扩大乳源基础，驴乳加工企业还采用预付款的方式，解决农户资金短缺问题，此举深受广大农户的欢迎。目前该区有驴乳加工企业 2 家，为新疆巴里坤县花麒奶业有限责任公司和巴里坤金驴生物科技有限责任公司。巴里坤县母驴存栏数由 2011 年的 2 300 头增加到目前的上万头。泌乳驴暖季（5—10 月，相当于夏秋）白天在草场放牧，夜晚补喂混合精料约 1 千克/头；冷季（11 月至翌年 4 月，相当于冬春）舍饲圈养，每天喂混合精料约 3 千克/头，饲草有麦秸、玉米秸、青干草等。巴里坤县养殖区具备饲草条件优势，天然草场资源大大降低了奶驴养殖户的饲料成本，每头奶驴净收入约 4 000 元，当地农户的养驴售乳积极性非常高。

阿勒泰地区青河县位于新疆东北部，2012年成立了毛驴养殖专业合作社，合作社建有乳制品加工厂和乳粉生产线，可加工驴乳粉，目前正处于培育发展阶段。

据估计，新疆目前年加工生驴乳约500吨，产值约0.45亿元。

二、奶驴养殖和管理模式现状

我国母驴一般在2～3周岁开始配种，终生产驹8～10胎。驴发情季节多为3—6月，尤以4、5月居多，妊娠天数一般为360天。泌乳期约为150天，整个泌乳期内产乳300～350千克。3～4胎或者6～10岁驴产乳量最高。我国奶驴养殖业总体处于分散式养殖与专业化集中养殖并存的局面，养殖和管理模式尚处于经验摸索阶段，现将其特点分述如下：

1. 养殖模式

目前奶驴养殖模式主要有两种。

一是采用两阶段饲养模式，即分为干草期和青草期。在干草期（冬春季节）以干草搭配精料的饲养模式，精粗比1∶1。干草为作物秸秆，以麦秸为主；精料以谷物籽实、豆粕饼渣、麦麸为主，辅以食盐、矿物质等添加剂。在青草期（夏秋季节），以天然草场为基础，白天放牧，夜晚添加1千克左右精料及少许干草。此种模式饲料成本低，养殖户盈利空间大，乳产量可达1.5～1.9千克/天，乳质较佳。

二是采用全舍饲养殖模式，该模式根据农户经济基础及当地饲草料资源情况，又分为3种饲粮结构：

(1)“秸秆＋精料”模式。精粗比1∶1。秸秆以麦秸为主，精料以玉米、油粕饼渣、麦麸为主，辅以食盐、矿物质等添加剂。乳产量1.0～1.5千克/天。

(2)“秸秆＋青鲜饲草＋精料”模式。精粗比2∶1。秸秆以麦秸为主，青鲜饲草为青苜蓿，一般为自家种植或租用，精料组成同上。乳产量1.5～2.0千克/天。

(3)“秸秆＋废弃蔬果＋少精料”模式。精粗比2∶3。此种模式为城市郊区养殖户采用，充分利用了市场废弃蔬果这一廉价资源。乳产量2.0千克/天以上。

总体而言，经文献分析和实地调研发现，日粮多样性和饲喂优质青鲜饲料可提高驴采食量，提供充足的维生素和矿物元素，有利于均衡营养，提高驴乳产量，并可显著提高乳脂率和全乳固体含量，稳定乳质。

2. 管理模式

目前奶驴挤乳以手工挤乳为主，在部分企业及专业养殖户中采用机器挤乳。在奶驴挤乳及驴驹配套管理方面，主要有 3 种模式：

(1)“2＋1”模式。日挤乳 2 次，每次只挤 1 遍。驴驹管理采用“14＋10”模式，即 14 小时隔离，10 小时吮乳。此模式适于家庭劳动力缺乏、饲料资源较缺乏、养殖成本投入较低的养殖户采用。

(2)“3＋1”模式。日挤乳 3 次，每次只挤 1 遍。驴驹管理采用“18＋8”模式，即 18 小时隔离，6 小时吮乳。此模式适于家庭劳动力不充裕，但饲料资源较充足的养殖户采用。

(3)“3＋2”模式。日挤乳 3 次，每次重复挤 2 遍。驴驹管理采用“14＋10”模式，即 14 小时隔离，10 小时吮乳。此挤乳模式可增加挤乳量，但劳动强度要求高，尤其适于在有富余劳动力的专业养殖户中推行。

综合来看，尽管在奶驴饲养与管理方面，养殖户已经形成一些有益经验，并总结出一套行之有效的养殖技术，奶驴养殖整体处于盈利状态，但养殖和管理技术仍较粗放，相应的科研和技术研究薄弱。

三、制约驴乳业发展的关键问题

针对南疆驴乳产业现状，综合来看，目前影响驴乳产业的最根本原因在于乳产量低，产品质量不稳定，饲养成本高，导致经济收益低，且产品难以形成有效竞争力。影响驴乳产量和乳成分的因素较多，如营养水平、饲料组成、遗传、泌乳生理等。在产业现阶段发展条件下，分析当前的主要制约因素主要有：

1. 品种问题

据有关统计，全世界有驴种 168 个，我国占 24 个，其中新疆和田地区的和田青驴于 2009 年通过国家畜禽遗传资源委员会鉴定。目前在国内甚至在世界范围内，都没有专门的乳用驴品种，产乳量普遍不高，平均低于 2.0 千克/

天，因此尽管遗传问题是制约乳产量的根本问题之一，但要从品种角度改善乳产量仍任重而道远。

近20年来，对新疆驴、疆岳驴的泌乳性能的报道不多，对其他驴种的报道更加少见。总体比较发现，疆岳驴的泌乳性能已经在近20年中有所提高，从2006年的0.85千克/天提高至目前的2.5千克/天，已形成一定的遗传改良基础，有选育为乳用型驴种的潜力。疆岳驴乳产量普遍提高的原因，可能是近几年喀什地区驴乳产业的发展，基层养殖户有意识选购高产奶驴，疆岳驴可考虑作为国内主要的基础选育群体。

2. 饲料问题

南疆地区目前以种植业为主导，尽管有大量农副秸秆可供利用，但随着畜牧业的发展，南疆饲草料资源不足的矛盾突显，甚至一度出现秸秆价格高于籽实的怪象。加之南疆受气候和水资源限制，缺乏高质量的天然草场，当地奶驴的喂养仅靠麦秆和杂草，因此难以提高乳产量，改善乳品质，甚至乳品质波动明显，给乳品加工业带来困扰。而增加青鲜饲料供给，可明显提高驴乳产量，改善乳品质，提高乳脂、灰分，这一结论已在相关文献中有较多报道。另外，饲草价格高，也降低了农牧民的养殖效益和养殖积极性，是驴乳产业发展缓慢的重要原因。

3. 管理问题

尽管目前存在奶驴饲养管理粗放、挤乳方式不当、乳源质量差异较大、卫生指标有待改善等管理问题，但影响养殖户积极性的直接原因是，养殖户的一部分乳由于保存或运输不当，存在酸败变质现象，收购企业拒收，养殖户难以承受短期内没有收益的后果，因而心灰意冷，从而退出行业。

四、解决措施

世界范围内的驴研究都处于初始阶段，没有现成的模式可以借鉴。世界范围内的驴产品开发都处于初级阶段，我国相对来说发展更快。新疆驴乳产业走在我国前列，驴乳产品市场前景宽广。但新疆驴乳产业发展和奶驴饲养模式要靠我们自己去摸索，可能需要部分借鉴奶牛业的发展模式。我们认为，现阶段最迫切需要采取的措施有以下几点：

一是重视育种问题。尽管奶驴育种尚未起步，但需要相关企业及政府部门能够重视并提上日程，掌握良种资源和驴产业繁育核心环节，才可能从源头上控制奶驴优质资源。当然这一工作需与科研机构及专业技术人员联合开展，国内东阿阿胶股份有限公司对德州驴正在开展的选育工作为我们提供了借鉴先例。关于驴选育技术及路线问题，2016 年侯文通老师在《草食家畜》上有一些系统建议。

二是建设饲草料基地。南疆优质饲草料供给不足，是制约驴产业的关键问题。因而，扶持并推广优质苜蓿等豆科牧草的种植，普及青贮玉米种植和推行青贮技术，是当前南疆奶驴业发展壮大的首要任务。

三是建设专门的挤乳站。挤乳站可减少奶驴乳房疾病，解决驴乳运输不当问题，消除养殖户售乳顾虑，改善乳品卫生质量。建设资金可由政府和乳企共同投入，管理可采用乳企托管或承包经营方式，可在养殖规模大的乡、镇或村率先试点。

第七节　肉驴饲养管理及疫病防控①

随着我国养殖业的不断发展，养殖肉驴已经逐渐成为农户发家致富的不错选择。比起养殖生猪、家禽，肉驴的养殖要容易得多，而且投资少，收益快，利润大。驴皮、驴血、驴乳、驴骨、驴鞭等驴全身各部位的药用价值特别高，“天上龙肉，地上驴肉”的美誉充分说明驴肉是营养价值非常丰富、深受广大消费者喜爱的肉食品。用驴皮生产的东阿阿胶已成为我国走向世界的中药瑰宝，供不应求。为了能够提高养殖户的养殖技术水平，增加经济效益，通过对肉驴饲养管理以及常见疫病防治的大量研究探索，笔者创造性地提出“一查二管三防四治”工作法，逐渐形成了一个新的行之有效的肉驴饲养管理

---

① 本节内容原文发表于第五届(2019)中国驴业发展大会暨第三届国际毛驴产业发展论坛，原题为“‘一查二管三防四治’工作法　浅谈肉驴饲养管理及疫病防控新模式”，作者为张六十(河北省行唐县畜牧工作总站)、金秀英(河北省行唐县动物疫病预防控制中心)、韩志英(河北省行唐县动物疫病预防控制中心)、王银钱(河北省畜牧站)。略有修改。

模式，谨供养殖户参考。

"一查二管三防四治"工作法，即围绕日常巡查、饲养管理、防疫检疫、疾病诊治四个方面做好肉驴养殖工作，以求效益最大化。

一、日常巡查

饲养员应一贯坚持日常巡查，查草料有无霉变，查沙土、鸡毛、鸭绒等是否正常，查驴的精神状态、饮饲情况、粪尿情况、皮毛状态，查有无"四害"、野狗、野猫等，做到心中有数。同时及时发现异常问题，迅速将巡查记录上报负责人，找出原因，防患于未然。这项工作看似简单，实则非常重要，是"一查二管三防四治"工作法的基础性工作，不容忽视。

二、饲养管理

普通养殖户多半采用舍饲，圈舍的通风、保暖和运动场的卫生状况关系到肉驴的生长发育和健康。因此，"一查二管三防四治"工作法的核心是做好圈舍和肉驴本身的日常管理工作。

1. 圈舍管理

圈舍应建在背风向阳的地方，内部应宽敞明亮、通风干燥，保持冬暖夏凉，槽高圈平。成年驴舍温度为10～20℃，驴驹舍为18～24℃，育肥舍为16～21℃。舍内湿度为50%～70%，采用自然光照。每头肉驴最低占有面积：种公驴2.5～3.5米^2，成年母驴2.2～3.5米^2，育成驴0.6～1.8米^2，怀孕或哺乳驴3.2～4.5米^{2}①。圈舍要勤打扫，勤垫圈，保证圈舍空气新鲜，无异味。运动场应平整、干净。应按驴的性别、年龄、个体大小、采食快慢以及性情不同，分槽定位。

2. 驴体刷拭

每天保证两次刷拭驴体，以去除驴身上的污物和寄生虫，同时可促进其皮肤的血液循环，减少机体疲劳，并能够增强饲养员与驴的感情。刷拭驴体

---

① 河北省地方标准《驴饲养管理技术规程》(DB13/T 798—2006)。

要遵循“从前往后，从上往下”的原则，做到不落下每一个角落。

3. 蹄部护理

每隔 1.5～2 个月应修驴蹄 1 次，并注意经常保持蹄部清洁和适当潮度。通过蹄部护理，可降低蹄病的发生概率。常见的蹄病有白线裂（人们常说的“内漏”）和蹄叉发炎溃烂（人们常说的“外漏”），治疗两者时都应先除去蹄底部腐烂杂物，削去腐烂部分。对白线裂，可填上烟丝，对蹄叉发炎溃烂，可涂以碘酊和填塞松节油、鱼石脂布条，然后用铁片盖住，放在蹄铁内钉住，很快就可治愈。

4. 运动管理

适当运动可促进新陈代谢，增强体质。因此应让驴坚持每天适当的运动，运动量以驴体微出汗为宜，运动方式以自由活动为好，也可适当驱赶运动。

5. 饲喂管理

喂料前后要清扫饲槽，要勤刷洗饮水槽，保证饲料、饮水新鲜、清洁。饲喂时要做到定时定量，悉心喂养，先粗后精，不喂发霉变质的饲料。冬季一般分早、午、晚、夜 4 次喂养；夏季可每天饲喂 5 次，尽量避开酷热时间段；春秋季可每天 3 次喂养。驴易饥易饱，因此每次饲喂的时间、数量都应固定，少喂勤添，这样能够使肉驴产生条件反射，有利于肉驴的快速生长。喂驴的草要保证短，干净无尘土，无杂物。给草料要做到少喂勤添，保证槽内不剩草也不空槽。饲喂时还要掌握先草后料的原则，先喂干草，后拌湿草（水不宜过多，草粘住料即可），再撒上精料（精料应由少到多，逐渐减草加料）。

6. 饮水管理

根据气候和饲料种类供应肉驴充足清洁的饮水，切忌饲喂草料中间和喂饱后大量供水。如果这个时候大量供水，会影响驴的消化。驴的供水通常遵循先喂后饮的原则，即饲喂后供给适当的饮水。冬季切勿让驴群饮用冰冻水，否则容易引起急性胃肠炎或拉稀。

三、防疫检疫

疾病预防在养殖业中起着重要的作用，只有做好肉驴疾病预防工作，保证肉驴生产安全，才能提高养殖场的经济效益。“一查二管三防四治”工作法中“预防为主、预防第一、防重于治”的理念贯穿养驴始终。

1. 消毒处理

驴场门口设有消毒池和消毒通道，进出车辆和所有进场人员必须经过消毒进场，饲养员等进入生产区前应更衣并进行紫外线消毒。对用具和驴舍环境每周消毒一次。粪便、污水应集中存放于驴场下风向，防雨淋。病死驴的处理应按《病死及病害动物无害化处理技术规范》要求进行无害化处理。

2. 免疫接种

肉驴饲养应做到全进全出制饲养，并且禁止在饲养区内饲养其他动物。兽医卫生防疫应按照《无公害食品肉鸭饲养兽医防疫准则》（NY 5263—2004）和相关法规的要求进行。免疫应结合当地实际情况，每年在春季对驴进行炭疽芽孢苗、破伤风类毒素、肉驴梭菌病四防菌苗、肉驴驹大肠杆菌病菌苗的预防注射，并定期进行抗体监测。

3. 驱虫检疫

从外地购进驴群进行育肥，需经产地检疫，健康者才可以调入，再经过隔离期 15～20 天饲养并驱虫后才可以合群。在每年开春和深秋对全场驴集中驱虫各一次。

四、疾病诊治

由于散养驴很少发生疾病，人们普遍认为驴皮实好养，其实在当代规模化养殖的环境下，肉驴的疾病还是较多发的。及时发现和治疗肉驴常见病是非常必要的，也是“一查二管三防四治”工作法的重中之重。

(1) 肠梗阻及便秘。肉驴多见大肠便秘。此病发病缓慢，初期驴排便干硬，之后停止排便，食欲废绝。病驴口腔干燥，舌面有苔，精神沉郁；病情严重时，腹痛呈间歇状起伏，有时横卧，四肢伸直翻滚；尿少或无尿，腹胀。本病多因饲养管理不当或气候突然变化所致。发生此病时，对驴首先应疏通肠道，排除阻塞物；其次止痛止酵，恢复肠蠕动；还要兼顾由此引起的胃肠膨胀、脱水、自体中毒和心力衰竭等问题。①大肠便秘可给驴灌服硫酸钠

100～300克，以清水配成2%溶液一次灌服；或用食盐100～300克配成2%溶液一次灌服。②深部灌肠可采用微温生理盐水5 000～10 000毫升，直肠灌入，可软化粪便、兴奋肠管，利于粪便的排出。

（2）胃肠炎。肉驴胃肠炎，一年四季均可发生，常因饲养管理不当、过食精料、饮水不洁或长期饲喂发霉、粗质草料造成。长期大量使用广谱抗生素也易引发胃肠炎。初期病驴出现急性胃肠卡他症状；而后精神沉郁、食欲废退、饮欲增加，结膜发绀、齿龈紫红、舌面有苔、污秽不洁，剧烈腹痛，粪便恶臭，并带有血液和黏液。有的病驴呈间歇性腹痛；体温升高，为39～40.5℃；眼窝凹陷，脱水。本病发生时应以消炎为主，原则上抑菌消炎，清理胃肠，保护胃肠黏膜，预防脱水和增强机体抵抗力。病初灌服无刺激性的泻药，如液体石蜡或食用油200～300毫升缓泻；抑菌消炎可用抗生素；保护肠黏膜可用次硝酸铋。同时，大量输入糖盐水、维生素C，以解决脱水和电解质失衡问题。

（3）寄生虫病。驴的寄生虫病主要以体外蜱螨病为主，在个体拥挤、潮湿、闷热的圈舍时有发生。如果一头驴发病，则很快殃及其他个体，甚至全群发病。主要发病季节为春、夏。蜱虫叮咬可致驴发生焦虫病、无名热、脑炎等疾病。疥螨可使驴皮肤损伤、掉毛，病驴由于发病部位刺痒而踢咬、刮蹭甚至烦躁不安。按照每千克体重用量0.01毫升的标准皮下注射安全低毒的爱普利注射液（如河北威远药业的产品），间隔15天再注射一次，除治蜱螨病的有效率几乎可达100%，同时可防治跳蚤、畜虱。

第八节　驴场建设与驴的饲养管理①

随着社会的不断发展和进步，人们的生活水平不断提高，膳食结构发生

① 本节内容原文发表于第五届（2019）中国驴业发展大会暨第三届国际毛驴产业发展论坛，原题为“浅谈驴的饲养管理方法”，作者为贾涛（德州禹城市惠民农业科技有限公司）。略有修改。

了较大变化。驴肉因为蛋白质含量高、脂肪含量低，并且具有补气血、益脏腑的功效，越来越受到消费者的关注。驴属于草食家畜，抗病抗逆性强、发病少、耐粗饲、易饲养。饲养肉驴不仅饲料来源广泛，而且与养猪、肉牛、肉羊相比较，养驴风险更小，产肉多。另外，驴皮是加工阿胶的主要原料。所以，养驴是投入小、见效快、发家致富的好项目。在营养、药用和保健等方面，驴肉都具有不可替代的优越性。据《本草纲目》记载：驴肉味甘、性凉，可解心烦，止风狂，能安心气，补血益气，治远年劳损。现代科学研究表明，驴肉蛋白质含量远高于猪肉、牛肉和羊肉，但脂肪含量却比牛肉、猪肉低，是典型的高蛋白低脂肪食物。驴肉易被消化吸收，尤其是生物价值特高的亚油酸、亚麻酸的含量都远远高于猪肉和牛肉；胆固醇含量低，鲜味氨基酸含量高；不饱和脂肪酸含量高，减轻了饱和脂肪酸对人体心血管系统的不利影响，深受广大人民群众的喜爱。

禹城市惠民农业科技有限公司成立于 2008 年，拥有山东省德州驴原种场。公司成立 10 多年来一直从事德州驴养殖繁育工作，主要业务范围包括德州驴保种、繁育，饲料加工、销售，农业观光旅游。公司利用本地资源发展特色产业，采用“公司＋合作社＋农户”的经营模式，使周边 10 多个乡镇 1 600 多农户增收受益。以下是德州禹城市惠民农业科技有限公司德州驴养殖管理方面的经验分享。

一、驴场建设

驴场建设应符合以下几点：

1. 驴场环境

（1）地势高燥，避风向阳，排水良好，土地清洁无污染。

（2）驴场周围 1 千米以内无化工厂、采矿场、皮革厂、屠宰加工厂等污染源。

（3）水源充足、无污染。

（4）交通便利，但距城镇、居民区 1 千米以上。

（5）驴场周围设围栏、绿化带。

2. 驴场布局

驴场内设办公生活区、生产区、无害化处理区等。生产区配有精料库、干草棚和分群栏等设施。办公生活区、配种室设在上风向，兽医室、隔离室、无害化处理区设在下风向。

3. 驴舍建设（图 2-6）

（1）种公驴舍、种母驴舍、育成驴舍、妊娠驴舍、产房要分开。

（2）驴舍向阳、通风、冬季防寒、夏季防暑。

（3）驴舍地面平整，便于清粪和冲洗消毒。

（4）驴舍内应设有活动场地、食槽、水槽、粪沟。

（5）驴舍场地要充足。成年驴的驴舍面积为 2.2～3.5 米^2/头，怀孕或哺乳母驴的驴舍面积为 3.2～4.5 米^2/头，成年驴的运动场面积不低于 10 米^2/头。

图 2-6　标准驴舍示例

二、驴的给饲、饮水方法及其他日常管理工作

1. 给饲方法

（1）应按照驴的性别、老幼、个体大小、采食快慢以及性情不同，分槽给饲，以防争食。

（2）定时定量，细心喂养。按季节不同，确定饲喂次数。

（3）少喂勤添，草短干净。喂驴的草要铡得短，喂前要筛土，挑出长草，拣出杂物。一顿草料要分多次投喂，即少喂勤添。这有刺激消化活动、促进消化液分泌和增强食欲的作用。若一次投草过多，草易被驴拱湿发软，带有异味，驴不喜食。即使驴采食下去，也易引起消化道疾病。

（4）先草后料，先干后湿。一般采用草拌料，并按照先粗后精、分批投给、逐渐减少草量和增加精饲料的原则，这样既可防止驴因饥饿而暴食，又可引诱其多吃草，达到充分利用粗饲料的目的。

（5）饲养管理程序和草料种类不能骤变，如需改变，要渐次进行，以防止驴因短期内不习惯而造成消化机能紊乱。

2. 饮水方法

驴的饮水应做到适时、慢饮。饮水应因时因地制宜，在天热或劳役后要防止立即暴饮。驴的饮水要清洁、新鲜，冬季水温要保持在8～12℃，不宜过凉。

3. 其他日常管理工作

驴一生的大半时间是在圈舍内度过的，所以圈舍管理及其他日常管理工作也同样重要。

（1）圈舍要做到勤打扫、勤垫圈、常清粪。

（2）定期修蹄。驴如果长期不修蹄或护蹄不良易形成变形蹄或病蹄，影响驴体健康。

（3）定期消毒。每月至少进行2次全驴场消毒。

（4）定期健康检查。每年应对驴至少进行2次健康检查和驱虫，及时发现疾病，及时治疗。

三、驴饲养管理经验总结

驴的生长发育、健康状况和繁殖、肉用性能的发挥，取决于饲养管理条件。驴的饲养管理工作的关键在于科学。不少农户有用“花草、花料”喂养家畜的实践经验，所以在养驴方面也存在草料单一、有啥喂啥、营养水平低，甚至不喂食盐、苏打等问题，影响驴的生长发育和生产性能的发挥。为了实现肉驴的高效饲养，必须做到科学的饲养与管理。驴的饲养标准是合理养驴的重要依据。按饲养标准饲养，可以使驴发挥其较高的生产性能，减少饲料消耗。根据饲养标准，可以计算每年饲料的需要量，组织饲料生产和储备。

但是，因为饲养标准是在一定的试验和生产条件下制定的，又是针对某一特定体重和生产量拟定的数据指标，不可能适用于所有地区的所有驴，所以饲养标准只有一定的参考价值。饲养者应因地制宜，灵活应用，与观察饲养效果相结合，根据效果适当调整日粮。

第九节　驴产品市场问题及其规范管理[①]

随着社会经济发展和人民生活水平的提高，人们对高品质食物的需求和期待越来越大。驴肉因其细嫩味美，营养价值高，兼顾天然绿色特性和营养保健功效，逐渐成为餐桌新宠。传统的驴产品有酱驴肉、驴肉火烧等，新兴的有驴肉火锅、驴骨汤面、驴乳粉等。其消费需求强烈，需求量逐年增长。在此背景下，驴产品市场也应不断完善，为驴产品进一步推广保驾护航。但目前来看，驴产品市场仍面临诸多问题急需解决。

一、驴产品市场问题

（1）供应环节。有不法供应商用马、骡肉冒充驴肉，销售来源不明的走私驴肉；有不法商贩违规使用化学原料来提升肉品色泽、改进口感，蒙骗消费者。

（2）屠宰环节。非标准化屠宰场违规屠宰，工艺不规范、管理粗糙，检验检疫缺失；部分地市无驴马定点屠宰场，私人作坊私屠滥宰现象严重。

（3）流通环节。储存、批发及销售终端溯源机制缺失或不健全；检验检疫索证、验证等市场准入门槛条件不严格、不规范；冷链运输、仓储保鲜建设投入不足。

（4）监管环节。目前，大部分养驴大省的监管机构没有明确的检验检测标准和方法，监管缺乏力度和应有的标准，流通过程缺乏监管手段，因此对

① 本节内容原文发表于第五届(2019)中国驴业发展大会暨第三届国际毛驴产业发展论坛,原题为“关于加强驴产品规范管理的提案”,作者为钟勇(内蒙古阿鲁科尔沁旗太极天驴有限公司)。略有修改。

市场上存在的驴产品无法进行全方位、全过程监管。

上述问题最终导致各类驴产品品质、价格参差不齐。鉴于此，建议对驴产品市场进行规范管理。

二、驴产品市场的规范管理

（1）鼓励、扶持年出栏百头、千头以上的标准化毛驴养殖基地建设，严格建立并落实养殖档案和防疫标识制度。

（2）推动行业内溯源管理规范的制定和建立，一驴一标，从毛驴养殖、屠宰、流通、销售、市场监管等全流程打造产品信息化管理，完善产品溯源机制，并建立完善的预警、诚信管理体系。

（3）由行业协会组织行业内权威的科研单位、有较大规模和影响力的标杆企业共同推动毛驴屠宰、冷鲜肉加工生产的标准化制定，从硬件和软件方面提高相关企业的准入门槛，避免行业内的不良内耗竞争。

（4）行业内提倡、引领企业规范认证，建议由协会组织拟定毛驴养殖、屠宰、加工、销售等相关产业规范、认证准入和淘汰标准，本着企业自律、协会监督、优胜劣汰的原则，定期优选认证一批有实力、有标杆作用的企业，帮助认证企业塑造品牌、推广品牌、保护品牌，通过品牌的影响力带动消费者消费。

（5）行业协会、企业、媒体等应加大对驴产品本身价值的科普知识推广和宣传演示，呼吁职能部门加大对驴产品的食品安全风险管控，定期向公众发布有关驴产品的安全和品牌推介信息，引导更多消费者消费意识的转变，提高消费者防范意识，进一步促进消费者对品牌产品的消费。

（6）有关部门应继续加大对驴相关产品的扶持力度，整合社会资源，建立区域性较大规模的生鲜驴产品配送中心，扩大终端销售统一配送的规模；通过以冷链为基础的流通终端网络，推动下游销售渠道的品牌化建设，倒逼屠宰行业的整合、自律及规范化。

（7）政府职能部门加强对毛驴养殖、屠宰、加工、销售行业的规范管理，发挥正规屠宰企业的区位优势，实施全方位、全过程监管，让监管回归本质，无形变有形。对不达标的屠宰场进行整改或关闭，对私屠滥宰和无证肉品市场依法进行打击、取缔，在加工、流通环节建立长效监管机制。

(8) 建议在行业协会的组织下，充分构建合作交流平台，探索“1+1”或“$X+X$”的合作模式，组建企业技术中心（即由一家或多家科研单位、企业相互合作筹建企业技术中心），解决企业发展技术瓶颈，推动科研成果就地转化，提升企业发展活力。

(9) 呼吁全行业共同努力，逐步有效解决市场上存在的诸多乱象，加强对驴产品的规范化管理，有效维护驴产品的良好口碑，为广大消费者提供高品质驴产品，促进驴产业健康、稳定、可持续发展。

第十节 抓“三结合”发展养驴业①

张家口旺地牧业有限公司位于河北省张家口市阳原县东井集镇拣花堡村北，该公司成立于 2013 年 9 月。公司成立伊始就在加强基础设施建设的同时，注重“三个结合”，即阳原驴的保种繁育与肉用驴育肥技术研究结合；发展驴产业与扶贫工作结合；实践经验与大专院校的技术结合。经过几年实践，公司已基本度过创业困难期，初具科学的良性发展规模。现将公司经验总结如下，供行业企业参考。

一、公司基础设施

张家口旺地牧业有限公司占地 80 亩。现有驴舍 9 栋，驴舍面积 1 万米^2，卫生防疫功能完善，且全面使用微机监控。粗饲料储存库 1 000 米^2，可储存 500 吨粗饲料。饲草晾晒场 6 000 米^2。精料加工与储存间 93.12 米^2，生活、办公设施 1 200 米^2，功能齐全，且网络全覆盖。

公司总资产 2 139 万元，其中固定资产 1 313 万元。现有员工 31 名，其中管理人员 7 名，技术人员 10 名（含兼职 8 名），生产人员 11 名，辅助人员 3

① 本节内容原文发表于第五届(2019)中国驴业发展大会暨第三届国际毛驴产业发展论坛，原题为“搞好‘三个结合’发展养驴产业”，作者为李建斌、王旭林、郝廷美(张家口旺地牧业有限公司)。略有修改。

名。在所有员工中，中专以上学历者 14 名，中高级职称者 8 名。

该公司为保护阳原驴地方品种，积极争取地方政府的支持和社会的认可，2016 年被张家口市农牧局确定为“阳原驴保种中心”，并给予资金上和技术上的大力支持。2016 年 10 月 21 日，经过两年多的不懈努力，“阳原驴”正式被国家工商行政管理总局商标局批准注册，并颁发了地理标志证明商标注册证。公司曾参与河北科技师范学院朱文进和吴建华教授主持的《阳原驴》（DB13/T 2623—2017）标准的制定，该标准已于 2017 年 11 月 30 日发布。根据《阳原驴》标准，公司组建了保种和选育群，目前阳原驴种群规模达到 2 000 余头，其中种母驴 1 800 余头，种公驴 200 余头。

二、阳原驴的保种繁育与肉用驴育肥技术研究相结合

2013 年 9 月公司成立，同年 12 月开始养驴。公司运营几年来，从饲养肉驴到繁育国内优良品种“阳原驴”，这期间既有教训，也积累了一些经验。

1. 肉驴养殖

建场伊始，公司先后从内蒙古自治区购进青年架子驴两批共 550 头，由于路途较远，加之缺乏饲喂经验等，造成 45 万元的亏损。通过两次喂养的实践，公司认真总结了教训和经验，并进行了研究和调整，用科学的方法进行管理，制定了一系列管理、科学饲喂、饮水、防疫灭病工作方案。在此基础上，公司又购进新疆驴 50 余头，按照新的饲喂、管理方法，3 个月后，每头驴约增重 45 千克，达到日增重约 0.5 千克。出售后，每头驴盈利 1 000 多元。取得了初步成果后，公司再次购买 10 月龄驴驹 230 头，经过 7 个月的饲养，每头驴约增重 84 千克，达到日增重约 0.4 千克。又经过 5 个月的育肥，单头驴体重达到约 304 千克。销售后，每头驴盈利 1 500 多元。

通过不断的实践、总结、完善，肉驴养殖成本不断下降，收益逐步增加，而且驴肉的质量也有所提高。经过大兴区屠宰场的屠宰和鉴定，公司所产肉驴的品质完全符合标准，而且出肉率、出皮率都高于其他品种。其中，日增重达到 0.5～1 千克，出肉率达到 42%左右，高于其他驴种 4%～5%；出皮率达到 7%左右（每头驴出皮 21 千克左右），高出其他品种约 2 个百分点。几年来共出栏肉驴 1 100 多头，除去前两批亏损，共实现销售收入 1 900 万元。养驴成本由原来每头驴每天 12 元降到 6 元。主要技术集成：圈养—驱虫—整

群—育肥环境控制—合理饲喂—不同时期的配合精料控制—强度催肥等。其关键是分群、配合精料和饲喂制度。

2. 繁育母驴养殖

自 2016 年开始，公司通过市场调查和养殖肉驴的实践有如下发现。一是目前国内驴源紧缺，其原因是，过去养驴是以役用为主，随着机械化程度的提高，驴的役用价值逐步减少，大部分养驴农户开始退出养驴行业，驴的存栏量大幅度下降，仅阳原县的养驴量就由历史最高存栏量 2.4 万头下降到几千头，这对驴的发展无疑是最大的瓶颈。二是“阳原驴”是国内的优良品种，近几年濒临灭绝，急需进行抢救性繁育。鉴于此，公司决定开始繁育和饲养“阳原驴”。通过努力争取，公司 2016 年被张家口市农牧局确定为“阳原驴保种中心”，在国家工商行政管理总局商标局成功注册了“阳原驴”地理标志证明商标。2017 年，河北省农业厅、河北省委省政府农村工作办公室以及河北省畜牧兽医局发文，将“阳原驴”列入河北省省级畜禽遗传资源保护名录，将张家口旺地牧业有限公司列入重点扶持企业。在这之前，中国农业出版社出版的《中国家畜地方品种资源图谱》就将“阳原驴”收录其中，并刊发“阳原驴”的图片和详细说明。所有这些政策和省、市、县农牧部门对发展阳原驴的支持，都为阳原驴这个国内优良品种的发展奠定了坚实的基础。自 2016 年进行阳原驴的试验性繁育至今，公司共繁育驴驹 100 余头，怀孕率逐年提高，而且实现了怀孕母驴无流产，所生驴驹无死亡，发育良好。2017 年公司共配种母驴 100 余头，目前产驹 70 余头，怀胎率可达到 70%以上。主要技术集成：加强种驴选育—加强饲养管理—准确做好发情鉴定和适时配种—加强孕驴饲喂和管理。

3. 取得的经验

通过几年的实践，公司无论在肉驴养殖还是在繁育母驴的养殖方面都取得了阶段性成果，积累了一定的管理经验和养驴技术，主要有以下几点：

（1）管理有序。公司实行总经理负责制，下设办公室、财务部、后勤部和养殖场。在总经理领导下，各部门各负其责，分工合作，有条不紊地进行日常管理和运作。公司的核心工作是养殖场管理，实行场长负责制，进行全面细致的管理。所有驴按照不同年龄段分槽喂养，避免相互踢、咬，影响生长发育。同时，按照驴的不同生长期和季节，配备不同的饲料，并管理饲喂、饮水顿数以及运动时间，使驴能够健康成长。

（2）饲料配方适时调整。根据生长期的不同、气候的变化，配备不同的全价饲料，特别是蛋白质、维生素、微量元素、盐砖等，尽力满足驴的需要。

（3）防疫灭病。防疫灭病主要从药物预防、圈舍消毒及驴的日常驱虫入手。第一是注意饮水卫生，饮水做到充足、干净、温度适宜。第二是注意饲料卫生，防止饲料和饲养用具被病原体污染，严禁饲喂发霉变质饲草、饲料，防止中毒。第三是注重环境卫生，除保证驴舍温度、湿度适宜外，做到粪便一日一清，干土两日一垫。同时，保持适宜的密度，使驴在干净、卫生、舒适的环境下健康生长。第四是免疫接种和药物预防。根据本场周边疫情，有针对性地打预防针和喂药，做到有的放矢。同时，对驴舍墙壁、地面、屋顶及设备用具和饲养员、参观人员进行消毒。所有这些管理、饲喂、防疫灭病等，形成一整套规章制度和操作规程，在实践中不断完善和提高，使得养驴业不断发展，使所养的驴能健康生长。几年来，驴的疫情发生率为零，得病率为1％～2％，死亡率为0.6％左右。

三、发展驴产业与扶贫工作相结合

几年来，公司在注重经济效益的基础上，始终把做大做强养驴业，充分利用驴产业项目带动当地经济发展和农业转型发展、实现农民增收致富、造福一方百姓作为发展理念。特别是在全县脱贫攻坚工作中，公司认真贯彻县委、县政府“精准扶贫、精准脱贫”战略举措，把自身发展和扶贫工作紧密结合起来，在实践中探索和发展“公司＋合作社＋农户”的脱贫模式。4年来，公司累计收购周边农民谷草、玉米秆3 000多吨，收购玉米100万千克，无偿提供给当地贫困户驴粪100万千克用以改良盐碱田800亩，从当地贫困户中聘用饲养员10名，临时工8名。所有这些为当地农户累计增加收入350万元左右，每年平均增加80多万元。

从2016年起，公司为加大扶贫带富力度，经与东井集镇协商，与该镇的6个建档立卡贫困村签订了扶贫合作协议，涵盖565个贫困户，747名贫困人口（占全镇贫困人口的18.6％以上），以入户资金340万元入股，进行合作养驴。按照“公司担风险，农户得实惠”的原则，公司采取保本分红和利润分成的优惠办法，即无论盈亏，公司每年给入股贫困户分红10％，年终根据实际投资额所实现的利润，公司与农户按 6∶4分成。到 2018 年年底，公司已分红 34 万元，贫困户人均 455 元。2019 年，公司又与所在镇进行广泛合作，将东井集镇所辖的 9 个贫困村和 17 个非贫困村的 4 570 个贫困户 8 116 名贫困人口全部纳入扶持范围，利用这些贫困户的入户资金 1 300 万元，合作养驴，带动当地贫困户脱贫奔小康。

四、实践经验与大专院校的技术相结合

公司在发展中遇到了一些难题，如“阳原驴”标准的制定、提高母驴怀胎率等技术方面的难题都制约着企业的发展。为此，公司通过多种渠道，与全国一些在饲养方面研究较深的大专院校取得了联系，获得他们在养驴技术上的支持。2015 年年初，公司首先与河北科技师范学院建立了技术合作关系。该校的动物科技学院将公司确定为研究生实习、实验基地。校企“联姻”为公司提供了极大的帮助，如在阳原驴繁育方面，帮助公司建起了阳原驴种群，建立了系谱。同年，公司与河北科技师范学院朱文进教授、苏咏梅教授共同编写了《如何办个赚钱的肉驴家庭养殖场》一书，已由中国农业科学技术出版社于 2015 年 1 月出版发行。2016 年，公司与河北科技师范学院签订了“阳原驴种群恢复、保护及其开发利用初探项目合作协议书”。同年，公司又与内蒙古农业大学和青岛农业大学建立了合作关系，并与内蒙古农业大学动物科学学院于 2017 年 11 月 8 日签订了框架协议。协议中指出，双方以优势互补、共同发展、利益互赢为宗旨，在科学研究、定向技术研发、科技成果转化、技术服务、人才培养、实践教育基地建设等领域加强合作，学校为公司提供肉驴繁育、肉驴饲养、驴产品品质及配种等方面的技术，还将派出相关专业人员与公司共同成立“阳原驴研究所”。2017 年 12 月，公司与河北科技师范学院共同起草制定了《阳原驴》河北省地方标准，已由省质量技术监督局正式批准并公布。

五、近期规划

1. 扩大养驴规模

2018 年，公司的驴存栏量达到 2 000 头，其中能繁母驴 1 000 头。2018 年

年底，出栏肉驴 500 头，产驴驹 70 头，实现利润 150 万元，再扶持 8 116 名贫困人口，使人均收入达到 500 元。2019 年年底，出栏肉驴 500 头，产驴驹 400 头，实现利润 460 万元。经过 3～5 年，公司的驴存栏量达到 1 万头，年产驹 8 000 头，实现利润 3 000 万元，年出栏肉驴 1 000 头，实现利润 300 万元，两项累计年利润达到 3 300 万元。

2. 开发驴乳

驴乳的营养成分最接近人乳，营养丰富、价值高、各种人群均可饮用，是市场上的“新宠”。目前国内有部分省、市的养驴场已经开发上市驴乳，价格在每千克 60 元左右，而且销售形势看好。经考察，每头母驴的驴乳每年可增收 2 000 元左右，是一笔很可观的收入。从 2019 年开始，公司进行试验性开发，研制出鲜乳和乳制品，正式上市销售。

总之，张家口旺地牧业有限公司在实现自身良好发展的同时，带动了全县养驴业的发展。养驴业也必将成为阳原县经济发展中最坚实的支柱产业之一，为振兴阳原经济，带动大批贫困人口脱贫、致富、奔小康发挥重要作用。同时，当地可打造出国家级阳原驴地域优质产品，在京津冀及全国形成受消费者青睐的阳原驴肉、阳原驴产品品牌。5～7 年内按照“小群体、大规模，小毛驴、大产业”的思路，阳原全县驴的存栏量可达 20 万头左右，年收入可达 1 亿元。

第十一节　驴产业转型升级发展路径[①]

2020 年 2 月 12 日，中央政治局常委会会议明确“非疫情防控重点地区要以实行分区分级精准防控为抓手，统筹疫情防控与经济社会秩序恢复”。同月 18 日，国务院常务会议指出，要贯彻党中央、国务院要求，统筹抓好疫情防

① 本节内容原文发表于中国农网 2020 年 3 月 6 日、农民日报·牧歌渔火 2020 年 3 月 4 日、中国农网 2020 年 2 月 22 日，原题分别为“疫情之思：养殖规模与驴产业发展”“疫情之思：全产业链与驴产业发展”“抗疫情脱贫困，驴业忙转型”，作者为王玉斌（中国农业大学经济管理学院）。三文合成一文并略有修改。

控和经济社会发展。20 日，农业农村部召开常务会议，研究部署统筹推进疫情防控和春季农业生产，要求“两手抓”“两不误”。驴产业作为国家明确鼓励发展的特色畜牧产业，也要在有效应对疫情冲击的基础上，积极探索突破制约产业发展困境的新思路、新办法，切实走好驴业转型升级发展之路。

一、养殖规模与驴产业发展

疫情肆虐之下，畜禽养殖生产经营活动一刻不能停。前一段时间微信圈都在呼喊、各路媒体都在报道的草料运不进、补栏补不了、出栏出不去、活畜运输受阻等情况，随着农业农村部连续与其他部门多方联络沟通，连日出台多项措施，眼下终于有所好转。饲草料资源与畜牧养殖的联系相当紧密，笔者不禁又想起了毛驴养殖规模选择、饲草料供应与经济效益等情况。

2019 年 9 月，在甘肃平川召开的第五届（2019）中国驴业发展大会暨第三届国际毛驴产业发展论坛上，东阿阿胶股份有限公司副总裁周祥山先生在报告中总结，存栏 300 头以上规模驴场全国有 675 个，其中 1 000 头以上 71 个，5 000 头以上 8 个，1 万头以上 2 个。根据我们调研的情况判断，这些数据可能还有进一步商榷的空间，但是单就这些数据本身也能很好地说明驴产业养殖的规模分布情况，传统散养还是绝大多数，约占 90%。

首先，我们从基本建设成本与买驴支出的对比情况，对不同养殖规模驴场的情况进行分析。

根据近几年调研，我们粗略测算过，抛开用地不算，从大口径看，驴处于历史高价时，大型规模驴场因为统一高标准的规划设计，现代化的圈舍与配套用房建设，以及较高水准的设施设备和配套，其基本建设成本与买驴支出之比基本是 1∶1，当时 5 000 头规模化驴场的总投资约 1 亿元，其中大约 5 000 万元用于基本建设支出，另外 5 000 万元用于买驴。现在驴价处于低位，基建成本连年看涨，基本建设成本与买驴支出之比大致变成了 1.5∶1，甚至更高。

而最简单的散户饲养，一家就养几头驴，往往采取传统的“房前屋后”“一根木桩栓一头毛驴”模式，其基本建设成本“木桩”的支出占比基本可以忽略不计。当农户散养达到 50 头驴左右规模的时候，简单的独立圈舍建造与配套一般需要 10 万元左右可以完成。如果像蒙东辽西那种“前房后院式”利用闲置院子、偏房进行饲养，则造价同样基本可以忽略。如果达到 100 头以上的规模，“木桩”与闲置房院显然就不能满足实际需要了，那就必须要有独立的养殖圈舍与配套设施，在环保政策之下还必须要有远离居住区的场区，不算用地，单环评、建场、配套等至少也要 30 万元。

可见，规模越大，各类成本支出的增加幅度，尤其是基本建设相关支出的增加幅度也就越大。

其次，我们粗略测算日常支出在不同规模间的对比情况。

驴的耐受性较好，对环境和草料的要求都比较粗放。但是调研发现，在规模化驴场，几乎所有饲草料都需要通过市场购进，加上养殖的标准化与规范化程度高，饲草料成本也就更高，大型驴场一头驴一天的饲草料支出为 10～12 元，甚至更高，日常人工运转等的支出也高。而小型家庭养殖的规范化、标准化要求低，零散草料与人工可以得到高效利用，甚至在有的地方可以结合放牧，相关开支就更低。我们在通辽市奈曼旗遇到一个 100 头规模的驴场，一年 5 万元雇了老两口负责养驴、喂驴、放驴等一切事务，开春到封冻期间每天都会赶出去放牧，每头驴年饲喂总投入只有 400 多元，日均不足 1.5 元。当然，至于精细化饲养还是传统粗放式饲养，不同专业背景的人会有不同的观点，畜禽营养专家一般主张即使散养也要做到精细化和标准化——进行产业经济研究的笔者并不推崇这个，因为只有看成本与收益的对比情况再去匹配，才清楚究竟哪种模式更好。

再次，我们分析收益在不同规模之间的粗线条对比情况。

如果仅考虑养殖环节，通过前述介绍和分析，我们就会发现小规模粗放式驴场往往在什么情景下都有钱可赚，前面提到的 100 头散养加放牧的驴场年盈利通常在 30 万元以上。但对于规模驴场而言，如果其不在其他环节有所拓展和收获，赔钱的概率就会高出很多。

那么，养殖规模究竟多大更为适宜呢？答案是，并无一定之规。小规模饲养相对原始和低端，而规模驴场更容易实现产业链延伸和转型升级发展。大小规模各有利弊，难以在一个维度上确切分出伯仲。当笔者在修改本文时，恰好收到一位朋友微信发来的文章《规模领先并不是真正的领先》，确实如此。“凡事，适合的就是好的”，就看你在行业中的定位、规模实力与战略选择更适合什么样的规模了。

二、全产业链与驴产业发展

通过上面对驴产业养殖规模的探讨不难发现，驴产业养殖规模的选择应充分考虑自身的定位、规模实力与战略选择。那么驴产业全产业链又将如何建设，需要具备怎样的条件呢？

关于这个问题，笔者与御驴牧业总经理白晋宇女士进行过数次详细交流。早在2017年冬季，笔者曾赴御驴牧业奈曼场区调研；2019年7月，笔者又与驴业分会王春洪副秘书长、聊城大学刘桂芹老师、内蒙古农业大学闫素梅老师专程前往调研。至此，已投产的三个场区已全部调研完毕。

御驴牧业是近年来工商资本进入驴产业进行全产业链战略布局的典型代表。进入驴产业之初，公司即立足于打造集毛驴繁育、养殖、屠宰、加工、驴乳、餐饮乃至阿胶等生物制品于一体的行业领先企业，其场区设计、设施设备、经营理念绝对称得起“高大上”。短短数载，规划中分布在5个地区的大型高端驴场已投产3个，毛驴存栏达到了1万头的规模，成为现代化水平很高的驴场。据介绍，在搞好毛驴现代化养殖基础上，公司全驴宴和火锅餐饮已经成型（尚未进入盈利阶段），熟驴肉系列产品已经打入呼和浩特几个大超市，速冻生鲜肉产品在等待审批中的屠宰手续，原计划春节后开始的代加工驴乳板块因疫情需要后延。

与御驴牧业有所不同，东阿阿胶股份有限公司是从阿胶核心领先业务起家的老牌企业，其阿胶生产历史最为悠久，市场份额最大，是独领风骚多年的行业翘楚。近些年来，尤其是被央企华润集团收购以后，基于其雄厚的实力与品牌影响力的加持，公司迅速“大火”并在全国布局繁育、交易、屠宰、加工、驴乳、餐饮、文化等于一体的全产业链版图网络。鉴于行业龙头老大的“江湖地位”，东阿阿胶股份有限公司在驴产业的各个板块均具有绝对的话语权和影响力，其集团内部经常发布的关于毛驴、阿胶等的调价通知，往往会在全行业立即执行。当然，时至今日，东阿阿胶股份有限公司仍以阿胶为主营业务的核心板块和主要的利润来源，其繁育板块主要分布在东阿和蒙东辽西，其交易板块分布在全国几大毛驴养殖和交易相对集中的地区，其屠宰与加工板块主要分布在内蒙古的赤峰，其驴乳、餐饮与文化等板块似乎还没有进入盈利阶段。

太极天驴公司隶属于重庆太极集团。据公司董事长钟勇先生介绍，太极集团近年来拓展阿胶业务版图，为了保证药材的地道，需要从源头上把控和保障正宗的阿胶原料——驴皮，因此进入驴业优势产区进行布局，于2014年8月在阿鲁科尔沁旗创办太极天驴公司。太极天驴公司借助太极集团强大的资本优势、经营优势和渠道优势，从标准化养驴起家，进而向牛、羊等畜种养殖拓展，逐步成为集养殖、屠宰、加工、销售、研发、中药材加工、旅游于一体的农牧业产业化龙头企业。但目前市场上普遍看好的驴乳以及驴骨粉、驴尿等加工板块，太极天驴公司还没有涉足。

河北保定河间有个“驴福记”，其也是工商资本进入驴产业进行全产业链布局的行业新锐。所不同的是，它选择从餐饮端这一行业最终产品的最后出口入手，牢牢抓住行业末端往前延伸，致力于打造中国高端“驴肉汉堡”，进而向养殖、屠宰、加工、中央厨房成套配送、连锁门店布点等环节拓展。它选择从链条相对短的核心业务起步，没有向阿胶、驴乳等板块拓展。其董事长邵英杰先生强调企业以工业化的管理理念为引导，以规范化标准化的全程设计为保障，立志于打造高端品牌。在2018年1月河间爆发“假驴肉”事件之后，邵英杰作为行业协会牵头人之一，迅速整合资源，投入行业形象重塑和地方品牌打造。2018年春夏之交，笔者曾跟刘强德秘书长、王春洪副秘书长一同前往“驴福记”调研，其发展势头很好。

德州禹城惠民农业科技公司于2019年4月承办首届（2019）中国德州驴驴产业高峰论坛。公司从种驴扩繁、黑驴养殖及饲料加工开始，逐步建设了屠宰加工厂与冷储物流设施，建设了美食生态休闲体验园，形成了德州黑驴种驴家系扩繁、养殖、屠宰、驴肉加工、美食餐饮、饲料加工与销售、农业休闲、传统文化为一体的比较完善的黑驴产业化链条，每年可向社会提供德州黑驴种驴500头、育肥驴300头、无公害驴肉150吨。2017年8月，公司在齐鲁股权交易中心山东青年创业创新板挂牌。这种发展模式比较具有代表性，是稳扎稳打的滚动式发展，产业环节之间的衔接较为紧密，整体资源利用效率较好，但该模式的成长周期可能会比前面几种长。

毛驴全产业链发展的模式还有很多，以上只是简单介绍了几个曾调研过的、比较熟悉的成功代表。其他诸如甘肃龙麒生物科技股份有限公司的种草与养驴一体化、生态与产业一体化模式，张家口桑阳牧业从保种繁育入手拓展全产业链发展模式，宁夏德泽模式等，也各有所长，各具特色。从类型上看，这些模式有以下几种：一是像御驴牧业、驴福记、桑阳牧业、龙麒生物等，借助于其他行业形成的巨大原始积累强势进入，进行高端布局和重金打造，短时间内就能形成一定规模；二是像东阿阿胶股份有限公司、太极天驴公司等，由产业链相关领先大型企业基于上下游延伸需要，发挥资本、管理与渠道等优势，迅速布局展开；三是像禹城惠民，由驴产业入手实现滚雪球式的逐步发展和产业拓展；四是由屠宰起步，进入养殖、加工、交易等板块……

近 30 年来，随着农业产业化经营、全产业链布局、产加销一体化、产业多元化、集团化战略等在经济领域的探索和实践，在农业农村领域发展壮大起来的企业也在谋划全产业链布局，工商资本则往往借助其资本、市场、资源等先发优势，立足资源和市场把控，强势进入，布局“高大上”的“全产业链”“一体化”“集团化”。其中，也不乏一些随波主流、无视自身规模条件与资源状况的企业，动辄瞄准高科技引领、抢占行业领先地位、绿色高质量发展、生态闭合循环等全产业链，其蓝图看起来确实既赏心又悦目，其愿景听起来确实既美妙又玄奥，但是其任何一个环节出问题，都有可能导致前功尽弃、全盘皆输，调研中也不乏前例。

据我们对前述企业的调研和面上观察，全产业链布局对企业的要求较高，包括企业的持续性投入能力要强，相关板块之间的匹配衔接要好。那些随着产业发展逐步壮大和持续积累形成的全产业链，既顾及了行业发展竞争需要，也结合了自身短期条件与长远战略，从企业行业发展的内生需求而逐步衍生、延伸出来产业链的其他环节，其内部匹配度往往较好，成效一般也不会太差。而对那些强势进入、重金打造、高站位布局的全产业链，前期科学的规划论证就显得极为重要和必要，因为新进入一个行业往往面临一定的行业知识和人才壁垒，期初的产业链布局越完整，前期的论证就越重要，需要投入的启动资本就越大，见到效益的时间就会越长，在实际投产运行以后还往往会出现相关环节或资源匹配有效性差，造成极大的浪费、资产的闲置、周期的延误，甚至影响到总体能否成功顺畅运行。如此看来，对于普通企业来说，长远周详规划分步机动实施，踏踏实实做好眼前擅长的板块和领域，可能更为重要。

农业产业周期长，不确定性大，产业链各环节之间往往很难完美匹配“咬合”。企业是否选择进行、有没有必要进行毛驴全产业链布局，有以下几个方面需要注意：一是对当前驴产业总体情况有较为准确的把握和清醒的认识，诸如涉及的板块及其发展现状与趋势，总体存栏与区域分布等；二是合理分工，让专业的人、专业的团队干专业的事儿，“有所为有所不为”；三是联合与合作，任何企业或个人都不可能包打天下，“借船出海”“抱团发展”可能走得更快、更稳、更远；四是兼顾长远与眼前，只顾眼前不管长远不可取，但是好高骛远也不行，即使再好的蓝图，如果眼前的实力和资源不允许，那就是一张废纸；五是战略与战术不能混淆，战略可能是最终进军或控制全产业链，而在战术上完全可以通过收购、兼并、重组、参股等方式进行迂回，“不求所有、但求所用”，战术要服务和服从于战略；六是成本与效益的概念要贯穿每一个环节始终，有效减少或杜绝无谓的开支与浪费，着力增加收益。

总而言之，全产业链未必是最好的，尤其是对比较小众的驴产业，也未必是每个企业都适合的，而适合的才是好的。可能像桑阳牧业那样，从保种和繁育出发，立足实际需求，基于“公司＋合作社＋养殖户”框架，探索有效实现路径，才是更好的选择。

三、转型升级与驴产业发展

养殖规模也好，全产业链建设也罢，盲目从众是不可取的，只有量体裁衣，按照自身特色打造一套符合自身发展的方案才是上策。但是，驴产业转型升级是不可逆转的趋势。

从东阿阿胶股份有限公司、内蒙古草原御驴科技牧业有限公司、叶茂台牲畜交易市场、山东德州禹城市惠民农业科技有限公司、保定九禾源餐饮管理有限公司以及部分驴交易经纪人与养殖场户等处获悉，虽然毛驴主食粗草料，在此次疫情中饲料供给相比其他畜种影响不算太大，但是因为疫情防控要求以及封路封村等措施，大多企业的正常生产经营受到较大冲击，产品销售遭受寒流，新上项目无法组织实施，只能盼望疫情尽早过去，否则活畜交易一直不能开市、过度饲养加大成本投入，驴肉饭店、快餐店停业歇业，等待通知……相关主体只能或基于现状积极改变经营策略，或提前谋划等待复工。东阿阿胶股份有限公司刘广源副总经理在线上搞起了“抖音”，宣传阿胶系列产品及其功效，普及阿胶系列产品的便捷食用方法；御驴牧业的白晋宇总经理运筹帷幄，总结餐饮业态经验，完善肉食熟食系列，布局生肉速冻与屠宰配送，谋划驴乳板块发展战略；叶茂台交易市场刘敏总经理加强客户联系与储备，紧盯疫情防控进展与市场行情变化；惠民科技与保定九禾源餐饮，积极扩大线上销售渠道，调增熟食快消产品供应……当前“非瘟”影响还在持续，居民肉类食品消费结构近年变化趋势明显，此次疫情对居民生产生活乃至思想观念都会产生更多更大的影响，各产业主体正在凝心聚力抵抗严寒，不断坚守和探索创新。大家坚信，驴产业健康发展的春天应该很快就会到来。

产业困境亟须多方破解。当前，驴产业发展面临以下突出困境。一是“驴周期”跌入谷底。全国活驴售价自 2018 年 6 月明显步入下行通道，部分养殖场（户）因为资金压力、市场不振和价格低迷，纷纷陷入赔钱境地。二是母驴屠宰处于危急关头。驴种质资源尤其母驴资源十分短缺的现状，已经严重掣肘驴产业的长远可持续发展，因此，尽快扩繁增量不仅是保护和开发我国驴种质资源的永恒主题，也是驴产业持续发展和脱贫攻坚的迫切需要。三是驴皮短缺伴随盗宰走私。近年来，国民日益关注康养，阿胶受到热捧，导致驴皮供应严重不足，部分不法商贩内外勾结，大量盗宰活驴和低价走私驴皮。四是科技投入严重不足。驴种质资源退化、适繁母驴怀胎率低、优质驴种锐减在我国已呈不可逆转之势，驴良种繁育体系尚未形成，人工授精等现代繁育技术普及率低，胚胎移植无从谈起，驴产业链条严重脱节，驴乳、驴血和驴尿等的开发几近空白，科技研发力量极度匮乏。因此，亟须多方共同参与，聚力破解驴产业发展难题。一是加强立法，严控母驴屠宰。控制屠宰适繁母驴，保护好、利用好我国特有驴种资源。二是健全完善驴产业技术体系。亟须国家层面增加科技投入，探索涵盖良种繁育、营养标准、屠宰加工、疫病防控、产品加工、技术培训、政策咨询、应急服务等的政、产、学、研、用相结合的现代产业技术体系和驴产业发展新模式，技术体系建设，山东和新疆已经走在前面。三是有效整合相关投入资源。在尽量不增加国家财政负担前提下，发挥国家相关项目资金效用，鼓励和撬动社会力量投入，促进“活体”驴产业链系列综合开发。四是严厉打击盗宰走私。增强主动打击、精确打击和联合打击力度，严厉查处走私驴皮等违法犯罪活动。

驴产业转型蓄势升级发展。大健康时代迎面而来，随着国家绿色康养政策的密集出台，驴肉、驴乳系列产品及阿胶制品等的需求呈现持续刚性大幅增长趋势，驴产业重大发展机遇期已经悄然来临。当前驴产业发展呈现以下几个特点。一是参与主体更加完备。从企业角度看，既有传统制胶、繁育、养殖和餐饮企业，也有一些大型工商企业独具慧眼大举进入全产业链布局。从科技研发角度看，已有不少科研院所面向驴产业一线，凝聚了一批产业技术与经济分析专家。二是产业链条更加完整。制胶企业、驴屠宰与肉加工等企业向上下游延伸。东阿阿胶股份有限公司既向上游繁育基地、扶贫养殖场（户）、活驴调运、养殖技术培训指导等环节拓展，又向驴乳、驴肉加工与销售，甚至驴骨粉、胎盘素以及驴肉火锅、全驴宴等多方位拓展。工业化经营理念逐步进入和改造传统驴产业，御驴牧业瞄准阿胶、驴乳、驴骨等全产品系列开发布局 5 个大型养殖场，驴福记从驴屠宰加工、养殖基地、中央厨房、门店布置、行业培训等方面全方位打造中国“驴肉汉堡”高端连锁品牌。三是产业体系更加完善。农业农村部 2018 年曾计划将毛驴等特色产业纳入现代农业产业技术体系支持建设，山东省已将毛驴产业纳入省级现代农业产业技术体系，新疆也将南疆驴产业技术集成示范纳入自治区重大科技专项予以推进。随着农业农村部畜牧管理部门和中国畜牧业协会的全力协调组织和重视支持，以及全国相关领域广大科技工作者和富有远见的企业家的坚守与探索，驴产业体系建设有望得到进一步加强和完善。

进入新时代，在大健康产业蓬勃发展和人们消费水平快速提升的形势下，驴的用途由役用为主转向商用、肉用、医用等新的更多用途，驴产业转型初见端倪，已经做好了蓄势待发的必要准备。但是，作为新兴产业，驴产业的链条不够完善，业态不够丰富，从业主体不够多元，科技研发投入严重不足，作为重要扶贫产业之一往往局限于少数几个环节，没有得到政府相关部门的足够重视，产业升级发展之路还会比较漫长。为此，我们组成专门联合团队深入调研，并撰写呈报了促进驴产业健康持续发展的调研报告和政策建议，2020 年年初获得了国家有关领导的重要批示。我们希望借此机会，让驴产业所蓄之势尽快迸发出来，让我国唯一具有特殊竞争优势的大型畜种持续健康发展下去，以更好地参与乡村振兴、更多地助力脱贫攻坚、更快地造福广大百姓。

第三章

脱贫攻坚：聚焦驴业发展之根

引言：驴业兴旺方能带动脱贫致富。产业扶贫是脱贫攻坚的核心，驴业扶贫、脱贫、不返贫，首先需要驴业本身实现持续健康发展。在驴业扶贫的道路上，有地方政府的经验探索，有革命老区的特色创新，有行业企业的锐意进取，有百年老店的积极参与，有养驴户的摸爬滚打，有学者的总结指导，多方聚力共促驴业兴旺。

第一节 沿着毛驴产业扶贫之路奔小康[①]

近几年来，国务院扶贫办非常重视养驴扶贫工作，相关人员就养驴扶贫情况进行了实地考察、学习和探究，总结养驴扶贫模式和经验，按照中央提出的“精准扶贫，精准施策”的要求，商讨养驴扶贫政策与带贫机制，推动养驴业扶贫精准化、持久化。经实地考察和龙头企业东阿阿胶股份有限公司提供的与贫困县签约的数字来看，全国已有45个贫困县（国家深度贫困县36个和省级贫困县9个）开展毛驴产业联动扶贫，有近10万贫困户受益，呈现出“骑着毛驴奔小康”的态势。

一、我国主要省份养驴扶贫情况

1. 内蒙古自治区养驴扶贫情况

内蒙古自治区赤峰市敖汉旗共有建档立卡贫困户20 539户、贫困人口3.85万人，占全市的15.8%、全区的4.9%，贫困发生率7.17%，是自治区贫困人口最多的旗县。目前全旗存栏毛驴33.4万头，全旗16.1万户牧业户中，有6.8万户养殖毛驴。2016年以来，敖汉旗毛驴扶贫产业共发展毛驴4 239头，带动建档立卡贫困户8 400人，其中：毛驴到户产业发展毛驴3 439头，带动贫困户6 800人，人均年增收1 500元；毛驴租赁产业发展毛驴650头，带动贫困户1 300人，人均年增收1 000元；毛驴入合作社产业发展毛驴150头，带动贫困户300人，人均年增收600元。内蒙古自治区兴安盟突泉县，2018年发展肉驴1万头左右，全县驴存栏达到2.5万头，带动贫困户2 500户。内蒙古自治区巴林左旗共有建档立卡贫困户29 076户，65 165人，2014年以来全旗通过养驴业脱贫5 891户。

① 本节内容原文发表于2019年3月15日全国部分贫困县毛驴产业扶贫报告，原题为“沿着毛驴产业带贫之路奔小康”，作者为温亚震、李媛媛、张权、李斌、王妍（养驴扶贫调研小组）。略有修改。

实施三个产业联动计划。内蒙古自治区乌兰察布市的商都县等5个县通过与中金驴产业公司开展合作，积极探索驴肉、驴乳生产与销售产业联动扶贫模式。

通过调研和实地考察，我们了解到内蒙古自治区毛驴实际存栏在60万头左右，比统计数字83万头少了20万头左右，但仍为全国养驴存栏前三强之一。突泉县等市县建议国家主管部门应支持建立国家级种驴基地，支持贫困县养驴扶贫产业稳步健康发展，拉动二、三产业奔小康。

2. 甘肃省养驴扶贫情况

甘肃省张家川县大力培育发展驴产业，依托本县的太极阿胶生产企业，积极争取省市支持，整合财政专项扶贫资金1 190万元，引进基础母驴2 000头。县财政利用专项扶贫资金给每个贫困户采购母驴2头，每头补助5 000元，其余部分由贫困户自筹。贫困户把母驴交给养驴合作社入股，合作社与贫困户签订代养协议，明确贫困户每年按8%分红，即每个贫困户每年固定分红1 600元。如有淘汰母驴出售，其收益贫困户占70%，合作社占30%。2018年，该县养驴龙头企业甘肃天虹优质驴全产业化发展有限公司和甘肃天虹农畜产品有限公司共带动27个养驴合作社，近2 000个贫困户，每户年分红1 600元，持续分红3年，实现精准脱贫。甘肃省庆阳市2017年年底的毛驴存栏10万头左右，有部分贫困户参与养驴扶贫。甘肃省白银市2018年年底黑毛驴饲养量达到2万头左右，其中，甘肃红星伟业农业科技有限公司带动300个贫困户养驴，每户每年分红2 000元。甘肃省还积极发展驴肉产业。其中，会宁县的福源驴肉店具有特色，深受消费者欢迎。甘肃黑毛驴公司积极研发商品驴肉，省内已有3个县与中金驴产业公司共同探索、推广驴肉、驴乳产业扶贫模式。

通过调研和实地考察了解到，甘肃省毛驴实际存栏在70万头左右，比统计数字101万头少了30万头左右，仍为全国养驴存栏前三强之一。有关县市建议，国家主管部门应支持建立国家级种驴基地，支持养驴扶贫产业稳步健康发展。

3. 宁夏回族自治区养驴扶贫情况

宁夏回族自治区同心县支持宁夏德泽农业产业投资开发有限公司（简称

“德泽公司”），积极探索出一套养殖扶贫产业的全新模式：一是建立养殖模式；二是绑定贫困户；三是提供资金支持。德泽公司在同心县下马关镇三山井村共带动 604 户建档立卡户脱贫，每户每年固定收益 4 000 元，入社建档立卡户扶贫资金已提前发放完成，累计发放扶贫收益金 241.6 万元，季节性用工人数达到 500 人，长期雇用员工 50 人以上，其中建档立卡人数达 30 人以上，有效缓解了当地就业压力。

吴忠市红寺堡区由德泽公司带动 1 209 户建档立卡户脱贫，每户每年固定收益 4 000 元，扶贫固定收益 483.6 万元。他们已经开发驴乳产品，与中金驴产业公司积极探索驴肉、驴乳产业扶贫模式。

宁夏回族自治区隆德县探索黄芪驴饲养新模式。该县的养驴公司在冬天用当地产的黄芪下脚料作为精饲料喂养毛驴，毛驴食用后可以抗寒，减少感冒、气管病和胃寒的发生。

发展驴肉餐饮一条街。银川市郊区一条街就有 6 家驴肉餐饮店，各具特色，收益较好。

4. 新疆维吾尔自治区养驴扶贫情况

新疆维吾尔自治区现有毛驴存栏 40 万头左右，3 个县已经探索养驴扶贫产业，200 个养驴合作社与贫困户合作养驴，取得了初步的收益。

毛驴产业联动特点：自治区有两家驴乳龙头企业，生产鲜乳和冻干粉系列产品十多种，在自治区内外小有名气，产品已经销到东南亚等地。

带贫机制：贫困户委托合作社饲养毛驴，每头驴每年获得 1 250 元的收益；驴乳企业收购贫困户饲养的母驴的孕期液态原乳，每头可获得收益 6 000 元左右。巴里坤县、岳普湖县和皮山县探索养驴扶贫收到初步效果。

5. 陕西省养驴扶贫情况

陕西省延安市安塞区招安镇塞北牧场推进产业结构调整，加快驴产业发展步伐，助力全镇脱贫致富奔小康。其中，贫困户（133 户）养驴 665 头，煜盛驴场存栏 1 176 头，非贫困户养驴 3 479 头。陕西富县蒙驴生态科技有限公司将在 5 年内带动富县贫困户参与养殖毛驴 5 万头，带动 1 500 户贫困人口脱贫。

此外，陕西省积极发展驴肉、驴乳产业，提高毛驴产业附加值和带贫收益。其中，米脂县已经发展驴肉店10余家，规模大小不一，但收益均较好。

6. 山西省养驴扶贫情况

山西省将毛驴产业作为全省“8311工程”之一，计划3年达到50万头，5年达到100万头。省政府出台政策，每头驴奖励3 000元，鼓励养驴产业扶贫。

山西省浑源县2016年统计肉驴存栏量为8 669头，其中，能繁母驴2 475头，当年出栏量1 785头，品种以广灵画眉驴为主，有部分德州驴。该县大仁庄乡黄土坡村2018年引进肉驴35头，带动35户贫困群众，每户1头驴，到2020年，繁殖达到100头。山西省繁峙县2008年以来共存栏毛驴10 200余头，2016年以来，先后在集义庄乡大宋峪村，柏家庄乡小南川村、万民庄村和羊圈村，以及下茹越乡下寨村带动43户贫困群众饲养毛驴146头，同时，以“资产收益分红”模式带动集义庄乡300余户丧失劳动能力及孤寡残疾人发展毛驴养殖700头。

此外，山西省积极发展品牌驴胶和商品驴肉，获得较好的收益。

二、建议政府出台扶持政策

通过8个月的实地调研，我们了解到全国毛驴实际存栏300万头左右，比统计数据456.9万头少100多万头。笔者根据驴业餐饮、商品驴肉企业以及养驴大企业的反映认为，尽管政府积极推进养驴扶贫，但未来5～10年全国毛驴也不会过剩。理由有三个：一是近5年来毛驴存栏平均每年下降30万头左右；二是国家推进大健康产业，每年毛驴屠宰数量持续上升；三是毛驴繁殖周期长，能繁母驴较少。所以提请国家有关部门站在毛驴产业联动扶贫奔小康的高度，创新和完善以下政策与制度。

（1）建议国务院扶贫办积极推动养驴扶贫产业发展，倡导扶贫资金优先用于养驴扶贫产业驴圈舍建设，完善资产收益和探索持续带贫模式。

（2）建议农业农村部出台毛驴小畜种享受猪、羊、牛大畜种政策，给予相应的奖补。同时，设立专项资金5 000万元，支持优质种驴基地建设。

（3）建议财政部设立毛驴交易市场专项资金扶持政策，每个交易市场每年补贴 500 万～1 000 万元（5 年），用于完善设施和配套服务。重点支持养驴扶贫产业的省市龙头企业（养驴、制胶、制乳和制骨等企业发展专项经费 5 000 万元）。

（4）建议工信部支持毛驴二产或建立毛驴加工产业基金，支持驴食品工业企业生产经费，形成新的带贫机制。

（5）建议商务部支持或奖补毛驴三产的商超、体验店、驴肉馆、驴乳连锁店专项经费，探索消费扶贫激励机制，拉动驴肉、驴乳的消费规模。

（6）建议国家卫生健康委支持驴乳产品研发、实验等专项经费，支持健康产业发展，形成新的带贫机制。

（7）建议科技部支持毛驴产业技术创新，形成包括性控技术、配种和防疫技术、驴乳与骨生物医药技术研发的专项奖励制度。

（8）建议国家税务总局支持毛驴产业相关企业减免税政策，重新建构扶贫企业的股权设计，形成新的带贫模式。

（9）建议国资委组织央企支持建设毛驴产业园区，建立专项基金 10 亿元左右，创造毛驴产业新的带贫模式。

（10）建议国家储备局出台驴肉储备政策，在甘肃、内蒙古和辽宁三大养驴省份建立驴肉国家储备库，根据养驴规模与市场情况收购驴肉，调节市场，防止可能出现的养驴过剩现象。

如果以上 10 项政策到位，那么先在北京和广东开展驴肉、驴乳产品消费扶贫试点，进而总结经验，扩大消费扶贫规模，实现“骑着毛驴，走产业联动之路脱贫奔小康”的目标指日可待。

此外，值得推广的养驴业联动模式有 3 条：一是龙头企业集中养殖，探索融资租赁毛驴的模式，带贫不返贫；二是社会资本投资，保险机构担保，政府补贴到位，活驴（育肥驴）租给贫困户或委托合作社饲养，6 个月回收或销售见效，贫困户每头驴获得 500～1 000 元收益，周期短，见效快；三是贫困户自养收益模式，成本低，效益高。

第二节　白银市平川区的养驴“致富经”①

5月7日，午后小雨。白银市平川区王家山镇的于大川村，村民寇明林在自家的驴圈里忙个不停。

“全靠这些黑毛驴，我的日子才有了变化。”寇明林指着圈里的黑毛驴，眼神中满是幸福。

寇明林在王家山的大山里苦了半辈子，在家种地、外出打工。前几年，丈夫受伤丧失劳动力，孩子还小，这个不宽裕的10口之家的所有重担都压在了寇明林肩上。

于大川村所在的王家山镇，是典型的干旱山区，像寇明林家一样的困难家庭不在少数。2016年以来，平川区委、区政府经多方调研，决定把培育黑毛驴产业作为发展富民产业、提高农民收入、助推精准扶贫的重要抓手。

“我们这里主要种植小麦、玉米、苜蓿等农作物，秸秆饲草料资源丰富，再加上村民有养殖黑毛驴的传统，为我们养殖黑毛驴提供了得天独厚的优势。”平川区王家山镇于大川村党支部书记王文明说，养驴效益较高、疫病风险较少、市场前景广阔，村里成立了白银裕明养殖专业合作社，带动村民发展毛驴养殖业。

实践证明，黑毛驴生长发育快、繁殖力高、对饲养条件要求不高，在平川山区格外适应。当地党委政府按照“一年打基础、两年成规模、三年见成效”的工作思路，全力推动黑毛驴产业发展，打造全产业链条。

“合作社由贫困户入股107.9万元，为174户贫困户分红8.62万元，安置就业20人，实现劳务收入65万元，黑毛驴养殖已成为带动群众脱贫致富的主导产业。”王文明介绍，在合作社的带动下，村民纷纷投资养殖黑毛驴，目前全村黑毛驴存栏量超过100头的养殖户有5户。

寇明林跟着大伙儿一起养殖黑毛驴，3年时间，她不仅成了村里黑毛驴产

---

①　本节内容原文发表于《甘肃日报》2020年5月9日，原题为“【进村入户看变化】驴背上的致富经”，作者为洪文泉、陈泳（新甘肃·甘肃日报记者）。略有修改。

业最大的受益者之一，也成了远近皆知的“致富榜样”。寇明林家的黑毛驴从刚开始的10头，发展到了现在的110多头。一年下来，仅靠养殖黑毛驴，寇明林就有10多万元的收入。

2018年，寇明林一家脱贫摘帽，由建档立卡户变身小康示范户，寇明林深知幸福来之不易。“我将继续扩大养殖规模，多养些黑毛驴，把日子过得越来越好。”寇明林满怀信心地说。

这几年，依托黑毛驴养殖产业发展致富的乡镇不止王家山。

下午时分，位于黄峤镇玉湾村的甘肃恒玉万头黑毛驴生态养殖及现代农业产业园里，平川区惠隆德扶贫开发有限公司负责人赵有涛站在监控大屏前观察圈舍里的黑毛驴生长情况。

“万头黑毛驴生态养殖及现代农业产业园项目总投资5.6亿元，占地面积1万亩，目前已完成基地核心区土地流转1 490亩和部分圈舍的建设，建成圈舍11座。”赵有涛说，项目核心养殖区养殖黑毛驴1 000头，已与全区15家养殖专业合作社签订养殖带动协议，并向农户投放黑毛驴200多头，带动合作社和贫困户养殖黑毛驴1 200头。

据介绍，项目采取“政府＋金融＋企业＋合作社＋农户”的经营模式，采用“统一育种、统一改良、统一防病、统一加工、统一销售”的管理模式，已带动周边农户2 275户，其中贫困户1 448户。2019年，产业园为农户分红共计248.5万元。

一条黑毛驴养殖全产业链逐渐成形，众多贫困户脱贫致富奔小康。截至目前，平川区黑毛驴存栏量达到1.2万余头，规模养殖企业、合作社、农户有72家，标准化驴屠宰场1家，驴肉餐饮店达到22家，实现劳务收入及间接带动收入1 000多万元。

第三节　特色驴产业助推老区脱贫攻坚[①]

内蒙古东阿黑毛驴牧业有限公司位于内蒙古赤峰市敖汉旗，成立于2015

① 本节内容原文发表于第五届(2019)中国驴业发展大会暨第三届国际毛驴产业发展论坛，原题为“以毛驴特色产业助推老区脱贫攻坚”，作者为内蒙古东阿黑毛驴牧业有限公司。略有修改。

年8月，是上市公司东阿阿胶股份有限公司的全资子公司。东阿阿胶股份有限公司是全国最大的阿胶系列产品生产企业，隶属央企华润集团。

2015年，敖汉旗人民政府与东阿阿胶股份有限公司签订战略合作协议，共同在敖汉旗发展驴产业。项目占地面积817亩，总投资6亿元，按照一二三产融合、全产业链、新能源（光伏）的理念进行设计，目前已建成存栏6 000头黑毛驴的大型繁育基地、年产20万吨的驴专用日粮加工厂、年交易量20万头的毛驴交易市场。正在建设中的项目有黑毛驴研究院、毛驴乐园、驴乳加工、有机肥加工，总体项目预计2020年10月全部完工。

敖汉旗是革命老区，又是国家级贫困县。公司成立以来，以发展区域驴产业、带动老区农牧民增收脱贫致富为使命，通过建立产业链条、协助政府出台驴产业扶持政策、积极对接精准扶贫项目、扶持合作社和养殖户、开展技术培训、捐赠优秀种公驴及细管冻精等举措，带动敖汉旗驴产业实现了快速发展。公司也获得当地农牧民及政府的高度认可，先后荣获自治区扶贫龙头企业、赤峰市老区建设促进会会长单位、赤峰市优秀扶贫龙头企业、赤峰市农牧业产业化重点龙头企业、敖汉旗脱贫攻坚优秀企业等荣誉称号和赤峰市脱贫攻坚产业扶贫奖。

一、积极参与老区建设，助推脱贫攻坚

2015年，公司向敖汉旗政府捐赠500万元养驴基金，与敖汉旗老区建设促进会出资的500万元打捆使用，其中500万元与邮储银行合作放大10倍，形成5 000万元贷款资金，向贫困户发放养驴贷款，另外500万元用于全额贴息，3年一个周期。截至2018年年底，共发放5 200万元贷款，覆盖10个乡镇、75个行政村，扶持1 203户，养殖基础母驴6 015头。以母驴3年产2个驴驹计算，每户可年出栏4～5头驴驹，养殖户出栏驴驹由黑毛驴牧业公司回收，每个养殖户年收入可在2万元以上，3年内完全可以脱贫。2018年7月，中国老区建设促进会副会长司树杰、自治区老区建设促进会副会长杨勇到黑毛驴牧业公司考察、调研，对企业与老区建设促进会共同合作、帮助老区扶贫的模式给予赞同和鼓励。

二、坚持精准对接，做好毛驴产业扶贫工作

为切实帮助当地贫困户摆脱贫困，内蒙古东阿黑毛驴牧业有限公司结合

敖汉旗贫困户实际情况，因人施策、因户施法，确保毛驴产业扶贫精准到户、精准到人。

（1）产业引领，到户扶持。公司利用龙头企业管理、技术、资金优势，为有发展意愿的贫困户购买毛驴、提供技术指导，通过“小规模、大群体”“抓大户、建小区”的模式，引导贫困户通过发展毛驴产业实现脱贫。2019 牧业年度，全旗毛驴存栏 30 万头，有毛驴养殖户 6.2 万户，规模养殖场 26 个，驴养殖合作社 73 个。2015 年以来，全旗共有 8 000 名贫困人口通过养驴脱贫。

（2）保险兜底，租赁扶持。公司与敖汉旗政府、华润租赁公司合作，共同出资成立养驴基金，购买基础母驴，待母驴怀孕后租赁给贫困户养殖，养殖风险由保险公司承担，出栏的驴驹由东阿黑毛驴公司统一回购。2018 年，公司共租出怀孕母驴 1 075 头，带动 350 人脱贫。

（3）资产收益，兜底扶持。敖汉旗政府投入财政扶贫资金 3 500 万元，建设毛驴饲料加工厂，由黑毛驴牧业公司经营管理，按照年 10%的资产收益率缴纳租金，这样每年约有 350 万元用于贫困户分红，使贫困群众实现稳定增收。

（4）合作联动，互助扶持。通过公司引领、大户牵头等方式，公司因地制宜发展壮大合作组织，通过与农牧民建立紧密的利益联结机制，把毛驴产业嵌入贫困户脱贫产业当中，让贫困户实实在在获得收益。目前，敖汉旗 5 305 户 12 915 人通过毛驴养殖实现稳定增收，占贫困人口总数的 34.1%。时任自治区党委书记李纪恒、自治区主席布小林、副主席李秉荣和段志强等领导到黑毛驴牧业公司考察调研后，对企业积极参与扶贫、履行社会责任的做法给予高度评价。

三、毛驴产业前景广阔，是精准扶贫好产业

近年来，毛驴的价值逐渐从“役用”转到“商品”，毛驴产业呈现出良好的发展前景。各级政府对毛驴产业发展的支持力度越来越大，毛驴产业迎来前景广阔的发展机遇。

（1）养驴区域和扶贫重点区域高度契合。赤峰、通辽、乌兰察布、兴安盟的毛驴存栏量占全区的 85%以上，且多集中在国家级贫困县、自治区级贫困县。毛驴耐粗饲料，采食量低，无面源污染，贫困户可利用自己的劳动力、

秸秆等，具备稳定的脱贫能力。

（2）养驴市场潜力巨大。从全国存栏规模看，我国毛驴存栏总量已由2005年的777.2万头降至2017年的267.8万头，13年下降了65.5%，年均减少约39万头。从驴皮需求看，国内每年提供驴皮数量不足120万张，而整个阿胶行业驴皮需求量约300万张，缺口非常大。从驴肉消费看，全国驴肉消费从1991年的6.3万吨上升到1998年的17万吨，再到目前每年的20万吨，驴肉在市场上供不应求。此外，毛驴是单胎动物，妊娠期12个月，繁殖间隔期长，年繁殖率不足70%，因此市场稳定，很难饱和。

（3）多地出台政策支持毛驴产业发展。山东、辽宁、甘肃、宁夏等8个省份的16个市（县）出台了28个养驴扶贫文件。国家标准委委托山东起草驴产业扶贫国家标准，并批准设立国家毛驴精准扶贫农业标准化示范区。原农业部在《2018年畜牧业工作要点》中，明确提出支持毛驴、山羊、兔子、蜜蜂等产业化、特色化发展。敖汉旗把毛驴产业作为畜牧业主导产业和“十三五”重点打造的4个“百亿元”产业之一进行培育，计划到2022年，全旗毛驴存栏达到40万头。

作为农牧业产业化龙头企业和扶贫龙头企业，内蒙古东阿黑毛驴牧业有限公司在2018年通过产业扶持、金融租赁、资产收益分红、就业等方式，共帮扶2 064个贫困户、4 298名贫困人口。下一步，内蒙古东阿黑毛驴牧业有限公司计划持续深耕老区毛驴产业，坚持推进“小规模、大群体”毛驴养殖模式，做强做细老区精准扶贫项目，扩大养驴规模和受益贫困户范围，积极促进驴产业提质增效，助推老区经济发展，让老区人民骑着毛驴奔小康！

第四节　脱贫路上阔步前行的海涛牧业[①]

九龙县斜卡乡洛让村藏族贫困户王朵洛已经50岁了，从他记事起，家里就靠养牛羊和种庄稼为生。俗话说，“养牛羊靠运气，种庄稼靠天气”，收入

① 本节内容原文发表于《中国扶贫》2019年第9期，原题为“脱贫路上的‘领头驴’”，作者为高永伟（中国扶贫杂志社）。略有修改。

时多时少，年景差的时候往往入不敷出，全家饥一顿、饱一顿过日子。贫困户的帽子压在头上，致富的大门一直向他紧闭着。

位于贡嘎山西南侧的九龙县属于四川省甘孜藏族自治州，是“三区三州”深度贫困县。脱贫攻坚战打响以来，九龙县狠抓富农产业，带动贫困群众靠自己的双手脱贫致富。2016 年，毛驴养殖列入九龙县特色产业发展“十三五”规划，也是在这一年，王朵洛从“牛羊倌”变成了县里毛驴养殖基地的“管理工人”。

“自从去年在公司打工，家里的经济状况好多了。别的县脱贫有领头羊，我们县脱贫有领头驴。”王朵洛口中的“领头驴”，就是他务工的九龙县海涛牧业有限公司（简称“海涛牧业”）。

小小毛驴推开了九龙县贫困群众脱贫致富的大门。

一、扶贫驴来了

九龙县是典型的传统农牧业县，畜牧养殖是当地经济的重要组成部分，但养毛驴在九龙县历史上前所未有。海涛牧业是九龙县土生土长的企业，脱贫攻坚战打响以来，这家集畜牧养殖、加工、销售于一体的民营企业在县政府呼吁下，积极参与扶贫，但一直苦于找不到带动贫困户增收的好方式。

心里一直想着扶贫、念着扶贫的海涛牧业创始人王开华，在一次偶然的机会听说“一头牦牛一年所需的草量可以养活四头毛驴”，这让他顿时想到——能不能通过养毛驴带动贫困户增收呢？为此，他多次去全国各地考察毛驴产业发展情况。经过深思熟虑，他下定决心将毛驴引进九龙，把公司原有的生态牦牛养殖改为毛驴养殖。

从 2016 年开始，王开华凭着一股子倔劲儿自筹 5 000 多万元，在九龙县斜卡乡洛让村和踏卡乡花椒坪村开工建设黑毛驴繁育基地。公司与山东东阿阿胶股份有限公司合作签署“战略合作伙伴协议”，成为西南地区第一家与东阿阿胶股份有限公司合作建基地的企业。

海涛牧业在自身发展的同时，推动了县域经济发展，催生了更多带贫岗位。2017 年 8 月 18 日，九龙县人民政府、海涛牧业、东阿阿胶股份有限公司三方签订了“战略合作协议”，将大力发展标准化、规模化毛驴养殖，带动贫困群众增收致富。

王开华养殖毛驴的事很快便在九龙县传开，到基地参观的人一拨接着一拔，九龙县从没有养过的毛驴成了致富的宝贝。“毛驴大家养，有钱大家挣。”王开华说，养驴就是冲着扶贫来的。王开华是九龙县斜卡乡村民，斜卡乡海拔 3 000 多米，地处偏远，土地贫瘠。从小吃尽了苦的他对贫困有着切肤之痛，他想通过自己的行动，让更多人摆脱贫困。

朴素的想法成就了令人敬佩的行动，在九龙县县委、县政府的支持下，海涛牧业培育贡嘎山毛驴系列产品，打造特色品牌，逐步发展成甘孜州脱贫攻坚的支柱产业和龙头企业。

扶贫驴来了，王朵洛当起了收入有保证的管理员。像王朵洛这样的建档立卡贫困户在九龙县有 556 户 2 000 余人，户均年增收 5 000 元以上。

建厂到现在，海涛牧业已购买并集中饲养能繁母驴 1 000 余头。预计到 2031 年，九龙县毛驴存栏量将达到 10 万头，年出栏 4 万头，产值 9 亿元，可提供 8 000 多个就业岗位。

二、小毛驴驮出大产业

“以前都没有什么找钱的办法，现在在基地务工一个月就有 3 000 多元的收入，年底还能拿到分红。能不能脱贫已经不是问题了，我在考虑怎么致富了。”采访的时候，踏卡乡花椒坪村贫困户李春花描绘起了自己的致富梦。

李春花是毛驴养殖合作社的社员。为了让贫困户参与进来，海涛牧业通过“公司＋基地＋合作社＋农户”模式，建立起黑驴良种场和扩繁场，通过各乡镇黑驴专业合作社向养殖大户和农牧户推广黑驴良种和养殖技术，形成黑驴标准化养殖基地，使公司、专业合作社、养殖户共同受益。预计到 2025 年，全县将建成毛驴养殖专业合作社 18 个，构建起一体化的毛驴养殖产业链条。

除此之外，公司还拓展就业渠道，像王朵洛、李春花到基地务工，月薪高的能拿到 5 000 元，低的也有 2 000 元。到目前为止，斜卡乡贫困户已全部纳入驴产业基地就业帮扶对象。

对于不能到基地务工的贫困户，公司通过借驴还驴、种植牧草、入股分红等方式带动增收。贫困户想自己发展黑驴养殖的，可与公司签订借驴还驴协议，解决了其想养殖但缺乏资金的问题；贫困户想种植牧草的，可与公司签订牧草种植协议，公司出保护价回收，确保收入稳定；贫困户还可以入股公司参与分红，目前斜卡乡、踏卡乡、湾坝乡、子耳乡 239 户贫困户已签订入股分红协议，收到分红资金 95.6 万元。

三、致富能手养成记

“我一没技术，二没文化，根本不知道该怎么脱贫。”说起曾经的困难，九龙县斜卡乡洛让村贫困户吴甲玛道出了贫困的艰辛。吴甲玛家有5口人，3个孩子都在读书，家里开支主要依靠草补、粮食直补等国家惠民资金。

如今的吴甲玛成了村里的致富能手，这得从毛驴养殖说起。

毛驴养殖基地建成后，吴甲玛成为首批管理人员。刚到基地时，他每个月只有2 000元的收入，但随着务工年限的增加和技术水平的提高，他的工资已经涨到了3 000多元。他把家里两亩土地流转给公司作为饲草基地，一年又增加520元的收入，再加上草补、粮食直补等国家惠民资金，现在一年有近5万元的收入。

“毛驴让我脱贫了。我可以安心在基地挣钱，供3个孩子在城小读书。”吴甲玛动情地说，有了稳定的收入，不仅要脱贫，还要致富。吴甲玛已经学会了一整套黑毛驴养殖技术，他下一步准备与公司签订协议，回家养毛驴。

“这样的脱贫故事在基地还有很多，看到贫困户能够学到一门技术，我心中很有成就感。”王开华说。小毛驴驮出大产业，当贫困群众真正参与到脱贫过程中，才能实现长久有效脱贫。

海涛牧业助力脱贫攻坚，在推动县域经济发展、贫困户增收的同时，进一步加强了民族团结。王开华说：“九龙是多民族聚居县，如果各民族不团结，想发展是不可能的。企业更是这样，员工都来自不同民族，来到这里就必须团结一心，把民族团结时刻放在心上。”加强民族团结成为海涛牧业重要的企业文化，在公司、养殖场，汉、藏、彝各民族兄弟同吃、同住、同劳动，共解生产难题，共谋幸福生活，共享发展成果，让民族团结之花处处开。

王开华坦言，海涛牧业作为九龙县土生土长的民营企业，每走一步都离不开省、州、县各级党委、政府以及各部门的关心和支持，更离不开广大群众的信任和哺育，永远不能忘记企业草创时乡亲们“打零工”跟着干的那份感动。现在企业有能力参与脱贫攻坚，这是一份责任，更是一份荣光，一定要把特色毛驴养殖做大做强，带动更多老乡脱贫致富奔小康。

看着越来越多的贫困户通过养驴成了致富能手，王开华感觉到自己一心要养驴的坚持是对的。

下一步，海涛牧业制定了《九龙县毛驴特色养殖发展总体规划（2018—

2025年)》，延伸毛驴产业链，致力于将九龙县打造成西南地区最大的毛驴产业基地。海涛牧业作为带领贫困群众脱贫致富的“领头驴”，正走得更远，步伐也更加坚定。

第五节　百年老品牌勠力扶贫攻坚战[①]

咸阳鑫响乞丐酱驴餐饮有限公司是一家民营企业，拥有知识产权，是自主研发并集养殖、加工、销售、餐饮服务于一体的全产业链公司。品牌“乞丐酱驴”始于民国二十二年，于2007年申请国家注册商标，2017年9月列入陕西省第六批省级非物质文化遗产项目。

董事长李鑫传承祖上四代制作秘方，独具匠心的加工技艺，老少皆宜的大众口味，使“乞丐酱驴”百年传承，如今名满三秦。企业在做大、做强、做优的同时，不忘家族经商理念和做人原则，致富不忘初心，致富牢记责任和担当。

一、行善心　铸品牌

民国二十一年，天逢大旱，大量灾民纷纷涌入京城。城内有一李姓人家，以经营驴肉为生，因其经营有几十年历史，味好、量足，颇受欢迎。故常有灾民入店乞讨，虽影响正常生意，但店主不但不予计较，反而给每个乞丐一碗驴肉汤烩菜、两个花卷。一日，整条街遭火灾，唯李姓酱肉店完好无损。原来是每日来的乞丐见火起后，拼命相救，故得以保全。李姓店主深受感动，于民国二十二年将老店更名为“乞丐酱驴”。

二、老品牌　新责任

从2016年开始，公司积极响应党和国家精准扶贫的号召，主动履行民营企

① 本节内容原文来自“投身驴产业”征文，材料提供者为董建宝教授（山东畜牧兽医职业学院）。略有修改。

业的社会责任，在立足渭城基础上，以长武县为切入点，以“企业买驴、群众养驴、企业收驴、群众数钱”为宗旨，根据贫困群众的要求和实际需求，依照“农户参股买驴、企业集中养驴、参股群众定期分红”和“公司＋养殖个体户＋基地”的双发展模式，以长武县所有贫困户完全脱贫为奋斗目标，在长武县亭口镇二厂村建成毛驴繁育基地，带动当地300多户贫困户参股经营，当年就为签约的贫困户每户分得脱贫红利3 000元。

三、守诚信 重顾客

公司继承了家族传统，无论什么时候、什么情况，都不能忘记“乞丐酱驴”这个品牌的由来。民国年间，因救济灾民，李家免费为沦为乞丐的灾民提供吃食，其善举一时被传为美谈。如今，跨进了21世纪，“乞丐酱驴”品牌要做大、做强，其秘诀仍然是“乞丐酱驴”传人扶危救难的经商理念和达人济世的做人原则。

由于历史渊源，公司注重经营理念的同时，更注重产品质量。公司的经营理念是“做事，做企业，就像做人”。一个人能骗取别人一时的信任，骗不了长久的信任。对人不诚实，信任你的人会越来越少，最后你就成为孤家寡人。经营企业是一项长期的事业，一旦失信于人，就是灭顶之灾。在目前餐饮业经营普遍不理想的情况下，公司却经营稳定，良性运行，并能将连锁店由咸阳辐射到周边城市和郊县，靠的正是家族品牌的文化。截至目前，公司拥有直营店、大小加盟店160多家，安置就业人员1 000多人，年营业额近7 000万元。

民营企业有了财富积累后，应该承担更多的社会责任。于是，企业效法祖辈，把目光投向更需要帮扶的贫困群体，担起脱贫济困的责任。

公司的责任和目标是合作发展驴产业养殖，带动贫困地区的群众，走共同富裕之路。所以公司以“精准扶贫、精准脱贫”为切入点，开始在长武县发展驴产业养殖。在形成规模养殖的基础上，公司进一步向上下游产业链延伸，最终形成“驴产业养殖＋饲草种植＋饲料加工＋驴苗繁育＋驴文化生态观光＋定点屠宰＋驴肉加工＋特色餐饮＋肉驴交易＋……”（即“$1+N$”）式的驴业扶贫全产业链（图3-1）。同时，公司紧扣精准扶贫这条主线，坚持资源变资产，资金变股金，农户变股东的“三变”原则：一是土地入股，让资源找到“娘家”；二是资金入股，让资本焕发活力；三是劳动力入股，让农民自主致富。对于认购驴苗并交由养殖场统一代养的贫困户，公司因户精准施策，规定有劳动能力的贫困户每年必须在养殖场参与劳动满 200 小时，以激发当地群众脱贫致富的内生动力。长武县为此出台了《长武县驴业产业发展规划》，围绕打造“陕西驴业第一县”的目标，加大政策扶持力度：按照养殖规模大小，对养殖场建设进行分类补助，对贫困户养驴的给予每户 4 000 元的补助。计划到“十三五”末，全县建成养驴场 40 个，毛驴存栏数达到 1 万头，预计可带动 2 000 户贫困户增收。未来 5 年，毛驴将成为长武县脱贫致富、追赶超越的一项“大产业”。

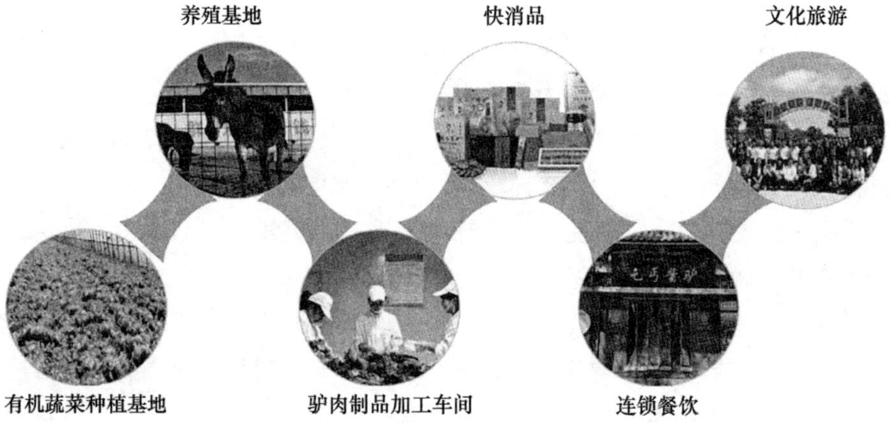

图 3-1　驴业扶贫全产业链

四、以项目　促带动

2016 年 10 月，在长武县各级政府的协调下，公司作为苏陕扶贫项目实施主体，将苏陕扶贫资金 400 万元，通过产业扶贫项目带动建档立卡贫困户 400 户实现资本性受益。公司许下承诺：无论将来经营是否盈利，公司每年向贫困户按苏陕扶贫资金的 10%固定保底分红一次（每户每年 1 000 元），分红期限为 5 年。企业用工方面，在同等条件下，优先聘用贫困群众，促进贫困户脱贫。

2017 年，公司决定投资 4 000 万建设“双千头”母驴繁育基地项目，该项目目前已流转二厂村土地 80 余亩，正在围墙圈地。项目先期建设驴舍 3 栋，5 000米^2，饲料加工车间 800 米^2，有机肥处理车间 800 米^2，引进基础母驴 200 头。项目完成后，可面向长武县域贫困户，为残疾人提供就业岗位 280 多个。该项目由西北农林科技大学提供技术指导，开展肉驴饲养试验，引进人工授精技术，提取毛驴良种培育基因，测定肉驴生产性能，培训指导农户科学养驴技术。母驴繁育基地是开展驴肉新产品的生产和研发等科研项目的基地，为群众提供大量优质驴苗。经评估，项目建成后，不仅能填补我国养驴研发的技术空白，而且能创造可观的社会效益和经济效益，带动当地贫困户快速脱贫，为精准扶贫开启新路子。与此同时，公司与长武县残联联系，同全县 417 名残疾人签订协议：每户残疾人入股 5 000 元，前两年每户每年分红 500 元，第三年每户分红 500 元并返还本金的 40%，即每户为 2 500 元，第四年每户分红 300 元并返还本金的 60%，即每户为 3 300 元。这样，每户 4 次共分红 1 800 元。目前，二厂村及周边村庄的贫困户、残疾人共计 180 余人，为养驴厂常年有偿提供青饲草。凡贫困户及残疾人提供的青饲草，每千克高于其他村民 6～10 分钱。仅此一项，公司多支出扶贫款项 6 万多元。

五、放长眼　共致富

2016 年 5 月 4 日，公司和长武县扶贫办签订了“产业扶贫招商协议书”以及“产业扶贫合作框架协议书”，标志着总投资 1.3 亿元的“乞丐酱驴”毛驴产业扶贫全产业链重大项目在长武县域正式启动。同年 5 月 23 日，陕西省咸阳市市长卫华赶赴长武县亭口镇二厂村“乞丐酱驴”生态养殖示范基地，与时任中国银行董事长田国立一行，进行产业扶贫项目专题调研。卫华市长热情地推介企业产品，用心听取项目汇报，亲身体验喂驴乐趣，并现场表示：“市政府大力支持，把企业做成上市公司，带领帮助长武县广大贫困群众精准脱贫，做到群众、企业、政府都满意。”

因诚实守信，依法经营，“乞丐酱驴”已誉满咸阳，在经营业绩上得到了回报。近年来，公司响应党和政府的号召，参加民营企业精准扶贫，为政府排忧，为群众脱贫，收效明显，得到省、市、县政府的大力支持与肯定。各级领导到“乞丐酱驴”亭口镇养殖基地调研指导，同公司一起帮助群众脱贫致富。经过长期不懈地坚持诚信为本的理念，经过多年诚实经营和苦苦探索，公司近几年获得以下媒体的报道：

2016 年陕西农林卫视《农村大市场》栏目播放《“乞丐酱驴”助力脱贫》；

2017 年 CCTV-7《每日农经》栏目播放《三粉驴异地生财》；

2017 年陕西卫视播放《“乞丐酱驴”小毛驴跑出脱贫加速度》；

2018 年陕西卫视播放《“乞丐酱驴”驴产品带动驴产业助力脱贫致富》；

2019 年 CCTV-17《扶贫行动》栏目播放反映有关“乞丐酱驴”长武扶贫产业的专题节目《毛驴卸套也赚钱》。

此外，公司获得各级各类奖项 30 多个，包括：

2017 年荣获中国畜牧产业扶贫优秀奖；

2017 年荣获华人企业领袖远见高峰会“贡献杰出奖”；

2017 年荣获陕西省文化助力扶贫示范单位；

2018 年被咸阳市人社局命名为咸阳市就业扶贫示范工厂；

2018 年荣获中国第二届绿色产业博览会“银孔雀奖”；

2018 年荣获第二十二届杨凌农高会“后稷奖”；

2018 年荣获国家级“中华名吃”称号；

2018 年被命名为陕西省非物质文化遗产；

2018 年荣获咸阳旅游商品大赛一等奖；

2019 年荣获“丝路炫彩品咸阳”旅游商品大赛金奖和优秀创意奖；

2019 年荣获咸阳市“养生旅游商品金奖”；

2014—2019 年，“乞丐酱驴”被评为“陕西省著名商标”“咸阳市著名商标”，企业被评为“咸阳市守合同重信用企业”“陕西省守合同重信用企业”。

一系列荣誉的获得，进一步提升了公司的知名度和驴肉食品的美誉度，也加重了公司的使命感和责任感。

“乞丐酱驴”公司始终把行社会责任放在第一位，积极响应党的精准扶贫号召，时刻助力脱贫攻坚，2016—2019 年带动贫困户 1 083 户、残疾人 2 745 人进行产业脱贫，给贫困户、残疾人累计分红 600 多万元，安置贫困户、残疾人就业 300 多人。“乞丐酱驴”公司负责人表示：回顾过去，我们深感自己责任重大；展望未来，我们仍信心满怀。虽然脱贫攻坚事业依然艰巨，但作为民营企业的我们将继续秉承家族传统，积极响应党的号召，做一个识大局、顾大体、有责任、有担当的企业，为助力脱贫事业贡献自己的力量。

第六节 打通脱贫攻坚的最后一公里①

“德泽公司协助给我们户头贷款，年底给群众兑现4 000元的分红，这是个好事，一能增加群众的收入，二能对群众脱贫有帮助”，面对笔者，宁夏同心县下马关镇三山井村村民徐汉武高兴地说。“老百姓零风险，啥都不管，就用你的名字加入合作社，到年底就可以拿到4 000元的分红”，徐汉武话音未落，村干部王玉霖在一旁做着补充。

徐汉武和王玉霖口中的德泽公司，指的是位于同心县同德慈善产业园区内三山井村的宁夏德泽农业产业投资开发有限公司。德泽公司成立于2015年12月9日，在综合各方因素、调研论证的基础上，选址同心县下马关镇三山井村，投资1.47亿元，大力实施黑毛驴繁育产业精准扶贫脱贫重大工程，绑定建档立卡户，提供资金支持，创新扶贫模式，变“大水漫灌”为“精准滴灌”，给当地百姓送去了致富经，做到了真扶贫、扶真贫、真脱贫。

一、选准产业，探索精准扶贫新模式

宁夏同心县位于国家级贫困地区宁夏中南部干旱带上，这里土地贫瘠，降水稀少，十年九旱，老百姓基本上靠天吃饭，是宁夏集中连片特困地区，更是宁夏脱贫攻坚的主战场、核心区，如何让这一部分人快速脱贫是宁夏脱贫攻坚的关键。

扶贫攻坚，产业扶贫是关键。目前，宁夏58万贫困群众需要进入产业实现脱贫。为响应国家号召，履行社会责任，德泽公司勇担扶贫重任，结合宁夏中部干旱带小杂粮秸秆丰富，当地群众具有牛羊养殖传统的实际，充分调研，反复论证，选择养殖山东德州黑毛驴作为产业扶贫项目，选取东阿阿胶

① 本节内容原文发表于中国畜牧业协会驴业分会公众号2020年6月19日，原题为“宁夏德泽农投：黑毛驴养殖产业打通脱贫攻坚最后一公里”，作者为中国畜牧业协会驴业分会。略有修改。

股份有限公司作为战略合作伙伴。吴忠市党委、政府对黑毛驴养殖项目给予高度重视和大力支持。2016 年 5 月 10 日，吴忠市人民政府、德泽公司和东阿阿胶股份有限公司签署三方战略合作框架协议，标志着德泽公司黑毛驴繁育产业扶贫脱贫重大工程正式启动。

协议规定，以德泽公司在吴忠市同心县和红寺堡开发区投资建设的现代化、标准化、集约化、规模化的黑毛驴繁育基地项目为核心平台，打造集“牧草种植、毛驴养殖、屠宰加工、驴副产品的开发利用（驴乳冻干粉、驴胎盘粉胶囊、孕驴血、孕驴尿、驴骨等）、终端销售”等于一体的黑毛驴全产业链，通过发挥龙头企业示范作用，带动周边地区农业产业的协同发展，实现农村富余劳动力的就地转移，助推当地农户脱贫致富，实现政府、企业、农户三方受益。

此后，宁夏德泽农投分别与当地政府及东阿阿胶股份有限公司签署了“战略框架合作协议”“投资项目建设协议”“精准扶贫合作框架协议”“供应与回收合作协议”“毛驴养殖保险”“活牲畜、家禽的海上、陆上、航空运输保险”等各项协议。各项协议的签署，明确了各个参与方的权利和义务，整合了各方资源，发挥了各方优势，清晰了德泽农投的定位，使得德泽农投在投资环境、战略意义、融资投资、供应回收方面得到了保障。

靠发展养驴业带动当地群众脱贫，三山井村徐汉武、王玉霖等人心里犯起了嘀咕，养驴业可靠吗？宁夏德泽农投总经理郝旭给出了答案，他说：“经过市场调研，我们选择了驴产业的国内龙头企业东阿阿胶股份有限公司，签订了兜底的购销协议，所有驴产品包括驴驹等，都由东阿阿胶股份有限公司统一回购；抗风险方面，我们与中国太平洋保险公司签订了毛驴的保险协议，有效地解决了毛驴因意外死亡、疾病等原因造成的损失；我们与同心县政府、中国银行签订了框架协议，将农户的信用引入中国银行进行担保融资，解决了建档立卡户的融资问题。”

对于同样的问题，宁夏德泽农投董事长陈波也给出了明确的答案，他说：“先把龙头产业做起来，让老百姓看到这个行业的收益，就可以积极地参与到整个辐射范围当中去。”

二、产业带动，打通脱贫攻坚最后一公里

宁夏德泽在养殖扶贫产业的全新模式，得到了政府、媒体及社会的高度认可。2017 年 6 月 23 日，在山西太原召开的全国深度贫困地区座谈会上，宁夏同心县县委书记马洪海同志就“宁夏德泽黑毛驴产业精准扶贫回汉搬迁贫困人民”事迹做了专项汇报。2017 年 7 月 27 日，中国证监会扶贫办组织相关证券单位、企业到同心黑毛驴繁育基地调研座谈，表示关注宁夏德泽产业发展、积极支持公司在资本市场的运作；同时，人民日报、中央电视台新闻联播等中央各主要媒体分别报道了宁夏德泽精准扶贫事迹。

2016 年 9 月 9 日，首批自东阿阿胶股份有限公司引进的黑毛驴入驻园区。截至目前，同心下马关繁育基地毛驴存栏量已达近 7 500 头，饲草量储备 1 万吨。基地带动 2 000 户建档立卡户脱贫，其中首批入社 480 户建档立卡户首笔扶贫资金 4 000 元已提前发放完成。2017 年扶贫资金达到 200 万元，到 2020 年每年带动建档立卡户 2 000 户，发放扶贫资金 1 亿元。基地季节性用工人数达到 500 人，长期雇用员工 50 人以上，有效缓解了当地就业压力，释放出产业扶贫大范围、强能量和可持久的特点。

宁夏德泽农投大胆尝试，积极探索出一套养殖扶贫产业的全新模式，打通了宁夏产业脱贫攻坚的最后一公里。

一是建立养殖模式。充分发挥当地独特的养殖企业、合作社资源，探索“龙头企业＋基地＋金融担保机构＋合作社＋农户＋科技服务团队”的扶贫养殖模式。二是绑定贫困户。通过建立扶贫养殖模式，为贫困户打造持续增收的平台，实现养殖户无资金成本、无市场风险、保固定收益地进入优势特色产业，稳定实现脱贫目标。三是提供资金支持。贫困建档立卡户进入合作社，与德泽公司签订“资金委托管理协议”，将其名下 5 万元贷款额度委托德泽公司进行融资，利用宁夏金泽农业产业惠农基金、宁夏嘉荣创业投资担保有限公司的担保增信，实现中国银行宁夏分行的资本放大，为项目建设提供资金支持。四是建立保险机制。与中国太平洋财产保险股份公司签订“毛驴养殖保险协议”，为每一头驴购买保险，发生死亡全额赔偿，有效规避了养殖风险。

带着农民看，做给农民看，通过创新方式，精准扶贫，当地群众实实在在地得到了实惠。杨彦鑫是三山井村建档立卡户之一，在德泽农投黑毛驴基地建成后，他被德泽公司聘用进入养殖园区工作。他说："我家七口子人，以前靠这两亩地，生活很困难，现在我们夫妻俩在这厂里干活，一年下来 6 000 多元，还能学点养殖的技术。"

三、持续发展，逐步放大项目带动效应

为实现扶贫产业的可持续性，德泽公司大力引进先进的黑毛驴饲养和管理技术，以及国际通用的投料车，自主研发全混日粮饲喂技术和培训平台，有效降低了饲养成本，对提升园区养殖能力、增加建档立卡户收入具有积极的作用。

在科学发展的基础上，宁夏德泽农投进一步扩大辐射范围，带动更多的建档立卡户走上脱贫的道路。同心县委书记马洪海说："到目前为止，黑毛驴存栏量达到了 7 500 头，基本上已经惠及 480 多户群众，今后应该能辐射到 1 500～2 000 户群众。"

"十三五"期间，项目规划总投资 12 亿元，通过引导组织建立养驴专业合作社，建设黑毛驴繁育基地，黑毛驴存栏规模达到 5 万头。项目在同心县、红寺堡区和青铜峡市种植牧草 50 000 亩，示范带动 10 000 农户加入产业发展中来。项目实现全产业链驴产品开发利用，建成吴忠市西北驴产品精深加工基地，带动 7 500 人脱贫，解决 2 000 人的就业，拉动地方经济增长 3%。

"十四五"末，黑毛驴存栏量预计达到 10 万头，饲草面积、毛驴存栏、脱贫就业均实现翻番。项目将帮助农户创收致富，助力政府脱贫攻坚，使建档立卡户每户每年收益 3 000 元扶贫金，直接帮助 15 000 名贫困人口摘帽脱贫；投资 5 亿元，开展驴肉食品、驴血、驴尿、驴骨的深度开发和利用；引进丹麦阿特拉斯公司（ATLAS）驴乳冻干粉生产线，使驴产品附加值翻一番，年产值达 2 亿元。项目建成后将全产业链拓展黑毛驴产业，在实现冻干粉工艺技术于生物产品领域全面突破的同时，涉足医药工业领域和食品工业领域，让驴乳、驴胎盘、孕驴血、孕驴尿、驴骨、驴肉和驴皮等的加工产品真正惠泽每一位受用人，调节人们的饮食结构，让驴产业成为中国食品保健

行业的中流砥柱，使驴产品的消费层次从高端、中端到低端，适应不同人群的需求，走进千家万户。

第七节　吃驴肉喝驴乳也是助力扶贫[①]

坚决打赢脱贫攻坚战，确保到2020年我国现行标准下农村贫困人口实现脱贫，贫困县全部摘帽，让贫困人口和贫困地区同全国一道进入全面小康社会，是我们党的庄严承诺，是对中华民族、对整个人类都具有重大意义的伟业。

党的十八大以来，中共中央站在“全面建成小康社会、实现中华民族伟大复兴中国梦”的战略高度，把脱贫攻坚摆到治国理政的突出位置，提出一系列新思想、新观点，做出一系列新决策、新部署，推动中国减贫事业取得巨大成就，对世界减贫进程做出了重大贡献。

一、“三区三州”概述

“三区”是指西藏、新疆南疆四地州（和田地区、阿克苏地区、喀什地区、克孜勒苏柯尔克孜自治州）和四省藏区（青海、四川、甘肃、云南四省藏区）。

“三州”是指甘肃的临夏州、四川的凉山州和云南的怒江州。

“三区三州”是国家层面的深度贫困地区。深度贫困区80%以上区域位于青藏高原区，自然条件差、经济基础弱、贫困程度深。“三区三州”深贫县、国家挂牌督战县名单见表3-1。

① 本节内容原文发表于中国畜牧业协会驴业分会公众号2020年4月22日，原题为“吃驴肉喝驴乳也是支持扶贫”，作者为中国畜牧业协会驴业分会。略有修改。

表 3-1 “三区三州”深贫县、国家挂牌督战县名单

“三区三州”	省份地区		深贫县
“三区”	西藏		江达县、贡觉县、察雅县、八宿县、左贡县、芒康县、洛隆县、边坝县、扎囊县、贡嘎县、措美县、隆子县、浪卡子县、桑珠孜区、南木林县、江孜县、定日县、萨迦县、拉孜县、昂仁县、谢通门县、仁布县、仲巴县、萨嘎县、岗巴县、那曲市、嘉黎县、聂荣县、安多县、申扎县、索县、班戈县、巴青县、尼玛县、双湖县、普兰县、札达县、日土县、革吉县、改则县、措勤县、墨脱县、察隅县、朗县
	四省（青海、四川、甘肃、云南）藏区	青海省	海北藏族自治州 黄南藏族自治州：泽库县 海南藏族自治州：共和县 果洛藏族自治州：甘德县、达日县、玛多县 玉树藏族自治州：杂多县、治多县、囊谦县、曲麻莱县 海西蒙古族藏族自治州
		四川省	阿坝藏族羌族自治州：壤塘县、黑水县、小金县 甘孜藏族自治州：石渠县、理塘县、色达县、德格县、甘孜县 木里藏族自治县
		甘肃省	甘南藏族自治州：临潭县、舟曲县、卓尼县、夏河县、合作市
		云南省	迪庆藏族自治州：德钦县、维西傈僳族自治县
	南疆四地州	和田地区	墨玉县、皮山县、洛浦县、策勒县、于田县
		阿克苏地区	乌什县、柯坪县
		喀什地区	英吉沙县、莎车县、叶城县、伽师县
		克孜勒苏柯尔克孜自治州	阿克陶县
“三州”	四川凉山彝族自治州		美姑县、金阳县、昭觉县、布拖县、雷波县、普格县、喜德县、盐源县、木里县、越西县、甘洛县
	云南怒江傈僳族自治州		泸水市、福贡县、兰坪白族普米族自治县
	甘肃临夏回族自治州		临夏县、和政县、积石山县、东乡县、广河县、康乐县、永靖县

注：来源于国务院扶贫办。

二、我国驴的养殖区域与贫困地区的交集

近20年来，我国役畜农耕逐渐被机械化取代，驴的役用功能逐步退出历史舞台，其分布区域不断缩小，集中在难以普及机械化的丘陵和山区，主要为蒙东辽西、晋冀蒙交界、陕甘宁交界、南疆和云南地区。驴的养殖区域与贫困地区的交集成为养驴扶贫重点推介地区。这些地区包括华北地区的河北省、山西省、内蒙古自治区，东北地区的吉林省、黑龙江省，西北地区的陕西省、甘肃省、青海省、宁夏回族自治区、新疆维吾尔自治区，华中地区的河南省，西南地区的云南省、四川省，共涉及300多个贫困县。

三、驴养殖重点区域和养殖大县

古语有云“穷养驴、富养马”，驴抗病力强、耐粗饲、温顺，适合不能外出打工的老年人和妇女饲养。我国现存主要养驴地区多为工商业不发达的农区牧区（表3-2）。

表3-2 2017年国家级贫困县驴存栏统计

省份	序号	贫困县	存栏量/万头	小计/万头
内蒙古	1	敖汉旗	21	54.5
	2	巴林左旗	17	
	3	巴林右旗	6	
	4	宁城县	5	
	5	阿鲁科尔沁旗	2	
	6	林西县	2	
	7	突泉县	1.5	
辽宁	1	阜新蒙古族自治县	20	54
	2	建平县	15	
	3	喀喇沁左翼蒙古族自治县	6	
	4	彰武县	5	
	5	黑山县	3	
	6	义县	3	
	7	建昌县	2	

续表 3-2

省份	序号	贫困县	存栏量/万头	小计/万头
甘肃	1	华池县	5	19
	2	环县	3	
	3	镇原县	3	
	4	陇西县	3	
	5	会宁县	2	
	6	古浪县	1	
	7	天祝县	1	
	8	卓尼县	1	
新疆	1	岳普湖县	3.5	17.5
	2	和田县	2.5	
	3	疏勒县	2	
	4	莎车县	2	
	5	叶城县	2	
	6	疏附县	1.5	
	7	皮山县	4	

四、驴养殖是地方政府精准扶贫的重要抓手

自 2015 年年底中央发布关于打赢脱贫攻坚战的决定以来，原农业部与 9 省 16 市县共出台 20 多个以驴产业实施精准扶贫的红头文件，探索出“三产融合”“小规模大群体”“带孕母驴”“种养结合”“租驴挤乳”等多种扶贫模式，并在山东、辽宁、内蒙古、甘肃、宁夏等地实施，惠及数万贫困人口，使养驴成为地方政府精准扶贫的重要抓手。

五、产业扶贫，实现利益是终端环节

按照国家有关要求，扶贫要通过产业带动来实现，要让贫困人群在参与劳动的同时掌握劳动技能和生存技能，走上自主劳动致富的道路。

六、将产品变成商品进入市场才能最终实现利润

驴产业链条较长，产品丰富：用驴皮熬制阿胶古已有之；驴肉是健康美味食品，有“天上龙肉、地上驴肉”的美誉；驴乳营养成分最接近于人乳，具有多种保健功效。近几年通过开发，许多新的驴产品被陆续推出。

七、国务院扶贫办和农业农村部多次推出消费扶贫的举措

2018 年 12 月，国务院办公厅印发《国务院办公厅关于深入开展消费扶贫助力打赢脱贫攻坚战的指导意见》，对消费扶贫工作做出了具体要求。

2019 年 10 月 14 日，国务院扶贫办社会扶贫司司长曲天军表示，国务院扶贫办将消费扶贫纳入东西部扶贫协作和中央定点扶贫政策框架，将购买和帮销贫困县农副产品情况、帮助扶贫协作地区消费扶贫金额和消费扶贫带动贫困人口数，分别纳入中央单位定点扶贫、东西部扶贫协作业务统计范围。

2020 年 2 月 14 日，国务院扶贫办、中央网信办、教育部、农业农村部、商务部、国务院国资委、全国工商联关于开展消费扶贫行动的通知中指出，国家发展改革委印发《消费扶贫助力决战决胜脱贫攻坚 2020 年行动方案》，联合中央宣传部、农业农村部、商务部、文化旅游部、国务院扶贫办、中央军委政治工作部以及全国总工会、共青团中央、全国妇联、全国工商联等 27 个部门和单位开展 30 项具体行动，持续释放消费扶贫政策红利，助力决战决胜脱贫攻坚。

2018 年 3 月 21 日，农业农村部召开“三区三州”产业扶贫对接会，专题研究部署“三区三州”产业扶贫工作。

2020 年 3 月 25 日，农业农村部办公厅印发《2020 年畜牧产业扶贫和援藏援疆行动方案》。

只有把产品卖出去才能实现养殖效益，才能使驴产业健康可持续发展。驴肉、驴乳和阿胶是驴产业三类主要产品，终端产品价格高，整个产业链就都会有利润，所以吃驴肉、喝驴乳就是间接支持扶贫工作。

2020 年 4 月 9 日，中国社会扶贫网公示了第一批拟定的全国扶贫产品名单，其中也包括了相关企业生产的驴产品。

拿起筷子张开嘴，
吃驴肉喝驴乳，
在享了口福得到了健康的同时，
也为养殖户带去了效益。
消费驴产品可以扶贫，
何乐而不为?!

第八节 毛驴扶贫进入“三区三州”①

2019 年两会期间的政府工作报告对乡村振兴、精准扶贫都给出了明确的目标和方向。

据《证券日报》记者了解，全国人大代表、东阿阿胶股份有限公司党委书记、总裁秦玉峰（图 3-2）在 2019 年两会上也带去了关于积极参与环京津和“三区三州”产业扶贫暨推动三北地区养驴业发展的建议，希望此建议能为推动国家的扶贫战略贡献智慧。

图 3-2 时任中国畜牧业协会副会长、驴业分会会长、东阿阿胶股份有限公司总裁秦玉峰

① 本节内容原文发表于中国畜牧业协会驴业分会公众号 2019 年 3 月 11 日，原题为“会长两会再提议，毛驴扶贫入‘三区三州’”，作者为中国畜牧业协会驴业分会。略有修改。

据记者了解，此次秦玉峰根据国家实施乡村振兴战略和扶贫脱贫攻坚的决策部署，结合2019年中央农村工作会议、全国扶贫开发工作会议和全国农业农村厅局长会议精神，提出了以下建议：把养驴业融入环京津和“三区三州”产业扶贫；将养驴业发展纳入“畜禽养殖标准化示范创建”范围；建设国家和省级毛驴核心良种繁殖场；把养驴业列入“粮改饲”试点；实施“粮食＋秸秆”机械化一体化收贮试验示范。

“三区”是指西藏、新疆南疆四地州和四省藏区，“三州”是指甘肃的临夏州、四川的凉山州和云南的怒江州，“三区三州”是国家层面的深度贫困地区。按照相关部委的扶贫安排，东阿阿胶股份有限公司可深入对环京津和“三区三州”地区的产业扶贫，探索部、省、市县、企业、农业新型主体“五位一体”的产业扶贫机制，通过发展养驴业，实现精准扶贫。而将“三北地区”养驴业发展纳入“畜禽养殖标准化示范创建”范围，则是以创建活动引领和推动“三北地区”养驴业发展。另外，在“三北地区”规划建设一批集种公驴站、保种场、良种驴繁殖场于一体的国家和省级毛驴核心良种繁殖场，将毛驴列入“牧区畜牧良种补贴项目”，能够加快毛驴良种繁殖改良的步伐。

对于“粮改饲”试点，秦玉峰称，将养驴业列入“三北地区”的“粮改饲”范围，在政策上给予鼓励，在项目上给予支持，鼓励发展“种粮家庭农场＋家庭养驴场”新型联合主体，从机制上实现“农牧结合、种养一体”，能够从根本上解决养驴饲草饲料问题。

而据《证券日报》记者了解，身为央企华润一员和阿胶行业第一品牌，东阿阿胶股份有限公司与许多省、市、县一起，坚决贯彻落实中央脱贫攻坚战略与乡村振兴战略，积极实施精准扶贫，逐步形成了颇具中国特色、可持续、可复制的“养驴扶贫模式”，覆盖养殖生产、饲草饲料、交易销售、精深加工、旅游餐饮“三产融合”产业链，真正做到了使驴产业在农村一二三产业融合发展，实现了农村经济供给侧改革的升级，使当地群众做到了脱真贫、真脱贫。

秦玉峰表示，养驴扶贫带动了我国驴产业的发展壮大：在产业链上游端，让当地群众致富脱贫，助力乡村战略实施；在产业链下游端，为传统名贵中药材阿胶提供原料保障，使国家非物质文化遗产发扬光大，助力中医药事业的传承发展，增强国人的中医药文化自信，进而构建健康中国战略的伟大蓝图。

文化自信是一个国家、一个民族发展中更基本、更深沉、更持久的力量。中医药事业的发展和中医药文化的传递将更加增强我们的文化自信，实现中华民族伟大复兴的中国梦、实现人民对美好生活的向往指日可待。

第九节　一场不一样的精准扶贫[①]

记忆中，故乡村庄里的毛驴，狗样多。

改革开放以来，随着役用价值的消失，驴类已基本退出乡村的视野和记忆。而随着美食时代的到来，驴的食用价值却又连连爆棚，即使历史上远离驴肉的广东市场，每年也需要 30 多万头。

既然需要，便有饲养，这是市场铁律。但奇怪的是，中国的驴数量，仍在逐年锐减。

这是一个巨大的矛盾！

矛与盾之间，碰撞着怎样的故事呢……

一、它们，不一样

许大叔养了一群小毛驴，邱大姐养了一群小毛驴，刘大爷也养了一群小毛驴。

他们，并没有生活在一个村庄里，而是相距几公里，甚至几百公里。但他们的驴，却是同一个模样：

白眼窝、白嘴唇、白肚皮；浑身黑色，滚圆滚圆；体型偏大，类似骡马。

传统的小毛驴，在我们的记忆中，灰色、瘦削、毛乱，一副受苦受难的模样，常常大汗淋漓、气喘吁吁、逆来顺受地奔忙农活，或蒙着眼，日日夜夜机械地拉磨，或被人骑在后背上，低着头，默默无声地赶路。

可它们，不一样。

① 本节内容原文发表于《光明日报》2019 年 2 月 1 日，原题为“一场特殊的精准扶贫”，作者为杨春雷(中国报告文学学会)。略有修改。

二、“精准之路”在何方

这一片土地，位于内蒙古自治区赤峰市境内，是大兴安岭、燕山山脉与内蒙古高原、辽河平原的过渡带，纯丘陵、半沙漠，寒冷、干旱、偏远，聚集着内蒙古自治区1/3的贫困人口。

敖汉旗四道湾子镇四德堂村，距离镇政府25公里，处于农牧交错带的中心。全村401户人家，按照国家扶贫办公室的最新统计标准，有197户处于贫困线之下。

的确，这里年降水量只有310毫米左右，庄稼全是望天收。贫困，是这里千年不变的“钉子户”。

62岁的许永章，实在是一个苦命汉子。20年前，妻子身患癌症，住院化疗，3个孩子陆续进入婚龄，而家里背负着10多万元的外债，住在低矮的土房里。

但命运并没有垂怜这一家人。2011年之后，厄运再度降临。妻子又罹患乳腺癌，很快又向淋巴转移。家里的外债，愈发堆成了丘陵，堆成了大山。

妻子，经常绝望地大哭，却又无可奈何。

漫长的苦闷时光里，许永章依赖抽烟解闷。无钱购买，只能抽旱烟。旱烟叶每斤10元，他一次买5斤，自己动手，把烟叶揉碎搓细。再买1斤白纸，5元。纸条一拧，即成烟卷，自卷自抽，可维持1年。旱烟，比成品烟冲劲大，常常呛得咳嗽，但他感觉过瘾。浓烟滚滚中，他可以暂时忘记人生的烦恼。

10年了，他从未买过一包烟。

日子，就这样黑黑白白、酸酸苦苦地爬行着。

邱文君，女，39岁，生活在巴林左旗林东镇后兴隆地村。这里位于赤峰市的北部，距离敖汉旗200多公里。小村825人，312户，分5个村民组，建档立卡的贫困户达158户，近500人。

邱文君是独生女，上有一个80多岁的高龄奶奶，父母常年有病，需要用药并照顾。没有办法，她只得招了一名上门女婿。丈夫腰椎残疾，不能从事重体力劳动。婚后生育2个孩子，又需要上学。不用说，家里累积着数万元外债。

一家7口人的生活，几乎全压在她一个弱女子的肩上。

看着她一家的贫困，满村的大树小树们都摇头叹息。

刘和，今年64岁，出生在距离后兴隆地村15公里外的马家河村。由于家贫，他一直打光棍，在黑龙江省的边境线一带流浪，被雇用放羊，直到48岁才组成家庭。

老伴霍书芹，比他小一岁，生来左腿残疾，年轻时在生产队担任饲养员，负责喂驴，铡草时，不小心被铡掉三根指头，后来嫁给一位马姓男人。丈夫去世后，经人介绍与刘和相识。

两个穷苦人，组成了一个家庭。经过几年打拼，终于盖起房子，还清外债。

却不料，2014年冬天，残疾的老伴不慎滑倒，摔断了第11节和12节脊柱，累计花掉11万元的医疗费。而年老体弱的刘和，也患有严重糖尿病，需要注射胰岛素控制，每天4针。

“在这片广袤的土地上，
还有许多这样的家庭。
他们，有着各种各样的困窘。
他们，是乡村的苦楚，
更是国家的忧戚。”

2014年，中国开始全面部署和实施精准扶贫战略，数以千万计的贫困家庭被纳入国家档案和国家关怀。

中国政府向全世界郑重承诺：2020年全部脱贫！

由此，人类历史上最大规模、最深层次的一场脱贫攻坚战斗，拉开大幕……

精准？这两个字太精准了。

社会的发展、思想的深化，都是一个由粗放到精准的过程。比如说，对于刘和、邱文君、许永章等千千万万的贫困户，虽然政府真诚关心，社会都在帮扶，村民也在资助，可怎么能够彻底解决他们的贫和困呢？过去一直没有精准的办法。

三、驴的回馈

驴，其实也是舶来品。

原产北非，有 4 000 多年的驯化史，后通过西亚、中亚输入西域。西汉张骞出使西域时，引入关中地区。

驴子优点甚多，性情温顺、吃苦耐劳、食量小、病疫少，不仅干农活，还能做家务——拉磨，我们祖先食用的白面白米，大都是它们蒙眼转圈磨制的作品。而且，它们还是交通工具，张果老骑过，陆放翁骑过，大多数的农村媳妇也都骑过。在漫长的历史中，它称得上是中国农民最亲密的伙伴。

改革开放以来，农业机械全面普及，交通条件全面改善，即使在山区，各种小型农机具也全面替代畜力，名为“气死驴”。现代社会里，驴类几千年的役用价值几乎完全丧失，数量急剧下降。

据统计：20 世纪 80 年代中期，中国毛驴存栏量 1 400 多万头；2006 年，减少到 777 万头；2014 年，更下降到 470 万头。

驴类，正在退出乡村的视野，正在退出人们的记忆。

但奇怪的是，随着美食时代和营养时代的到来，人类却越来越喜爱驴肉了。“天上龙肉，地上驴肉”，成为天南海北食客们的共识；山东、安徽、河南、山西、陕西、河北等地，都形成了独具特色的地方名吃。即使历史上从不养驴、远离驴肉的广东，每年也食用 30 万头。于是，人们咀嚼着，也赞叹着，这就是驴肉吗？

但奇怪的是，既然市场有需要，多养即可多赚，那养驴业应该兴旺发达呀！可与鸡、猪、牛、羊等养殖业完全不同的是，毛驴养殖业目前却萎靡不振！

为什么呢？

原来，驴的生理特征与鸡、猪、牛、羊等普通家畜不同。一只母鸡年产蛋可达 250 枚，一头母猪年生产两三胎，可产仔 20 多头；一只母羊年生产两胎，可产仔 10 头左右；即使是母牛，虽然怀胎 9 个月，但肉牛体重大，达 750 千克左右。

而驴呢，不具备这些优势。一是其怀孕期超过 12 个月，一胎只生一个，肉驴体重只是牛的 1/3。二是，鸡、猪、牛、羊已经形成了成熟的产业和市场，有国家专项资金扶持，科技机构全程护航。而驴养殖，什么也没有。更重要的是，毛驴养殖在全世界都没有引起重视，在科学领域一片空白。

现实大有需要，中梗却未打通！

初级阶段，特殊时期，老实本分的毛驴，被置于一个非常尴尬的境地。

要改变这个局面，要撬动这个市场，要培育这个产业，无异于第一个吃螃蟹，需要巨大的勇气、巨大的耐心和巨大的投入。

众所周知，东阿阿胶股份有限公司以阿胶产品闻名，而阿胶的基础原料是驴皮。这些年，他们在改善毛驴品种和饲养毛驴方面，积累了丰富的科学经验。他们在筹划着，如何回报社会？

四、踏上驴业扶贫之路

2014 年，许永章被确定为精准扶贫贫困户，进入国家档案。

在享受国家相关扶助之后，确立哪一项兴家产业呢？他用政府提供的 3 万元无息贷款，购买了 5 头青年母驴。

多年来，家里的 5 亩旱地，只是种植玉米、小米、土豆和大豆，产量很少，秸秆和豆秧却多。过去，秸秆和豆秧大多就地焚烧，现在却正是毛驴的主食。

毛驴刚进门时，眨着陌生的大眼，看着这个一贫如洗的家，似乎有些失望，于是，便像一个个嘎小子，常常发脾气，吹胡子瞪眼，甩头吊屁股。而老许，有着足够的耐心，像对待刚刚娶进门的娇妻。他试探着，用条笤帚挠挠驴肚皮，用手掌摸摸驴脖子，请驴吃蔬菜，喝温水。

果然，第二天，驴子看他的眼神也温暖了。

第三天，驴子们便成了他的好伙伴。

平时，除了喂草料外，许永章还常常添加一些小米饭、大米饭、白萝卜、水果片。过年时，自己吃饺子，也请它们吃几个。

亲爱的驴子，一天天地膘肥体壮、毛发油亮起来……

二三十年前，村里几乎家家养驴。邱文君的父母也曾经养过两头驴，却是那种传统的灰驴，个头小小，浑身土灰。

现在，政府免费提供的 3 头毛驴，是一种新型的“三粉驴”，眼窝、嘴唇和肚皮均呈粉白色，浑身黑油油、圆滚滚，既漂亮又高大。

羊、猪、牛、鸡养殖，粪便多，味道重。而驴以草为主食，是单胃动物，不反刍，粪便无味，处理起来不需要占用太多精力，并且驴的怀孕生育周期长达 12 个月，且小驴 6 个月断奶，期间需要多多照顾，像照顾孕妇和婴儿。总的来说，毛驴养殖极适合家庭作业。

搞家庭饲养，老弱病残孕均能派上用场。就像邱文君家，80 多岁的老奶奶能干，60 多岁的病弱父母能干，腰椎残疾的丈夫能干，即使几岁的孩子，也能干。

家里人手多，邱文君又租赁了两头基础母驴。每头驴每年只需付出 130 元保险费，一切产出便可归属自己。通常情况下，母驴每 13 个月生产一头驴驹儿。小驴断奶后，售价 5 000 元左右。如此丰厚的利润让邱文君一家心动不已，风风火火地投入养驴事业中。

刘和年轻时候也养过毛驴，吃过驴肉，却从不知道驴的价值。比如驴皮，过去都扔掉了，现在才知道是宝贝，能做阿胶，是天下女人的“红颜”。

他的老伴，更是对驴有着特殊感情，被铡掉的三根手指，便是刻骨铭心的纪念。现在，她要把一生的损失，从驴身上找回来。

他们用无息贷款购买了两头母驴，又租赁了两头。

2014 年开始，东阿阿胶股份有限公司与位于赤峰市辖区内一南一北边境的敖汉旗和巴林左旗政府联合，对已经进入国家档案的贫困户，进行精准扶持。

他们投资 500 万元组建了全国第一家养驴专业合作社——“天龙养驴专业合作社”，建设标准化养殖场，免费提供各种养殖技术，并按市场价对贫困户购买基础母驴予以 50%的补贴。

在敖汉旗，他们与旗老区促进会联手，筹资 1 000 万元。其中 500 万元，作为风险保证金，放大 10 倍，撬动银行贷款 5 000 万元，扶助 2 000 个贫困户。另外 500 万元，全部贴息，对贫困户实行租赁养驴、无息贷款养驴等优惠政策。同时，引进优良品种“乌驴”，全面改善和提升当地传统的毛驴品种。

“乌驴”又名“乌头驴”，是东阿阿胶股份有限公司投资巨大、耗时多年培育的一种优种毛驴，不仅体型大，而且病疫少。

五、毛驴世界趣闻多

毛驴世界，多多趣闻呢。

驴的前腿内侧，天生存有两个椭圆形的肉团团，类似眼睛，自古以来，被称为“夜眼”。但人们多次做实验，用黑布包住“夜眼”，驴仍善走夜路。于是，有人认为是驴关节经常弯曲导致。又有人说，这是驴胎儿时两条前腿长期夹紧头部留下的印痕。

总之，“夜眼”到底是什么，没有定论。

还有，母驴的分娩时间，大都在夜间。

小驴生下时，约 50 千克，两个蹄子抱着头，趴在地上，像一个酣睡的婴儿。懵懂一会儿后，睁开眼，试图挣扎着站起来。摇摇晃晃，站一下，摔一下，反复七八下。此谓“八叩八拜”，感恩母亲。而后，站稳，“咩、咩……”地叫两声妈妈，找准乳头，一口含住。

一个新生命的人间旅程，就开始了。

其实，母驴自然选择夜间生产，是为了安全。这是一种特殊的生物学特性，是几百万年野外环境的自然进化而形成的。

哺乳动物，大多如此。

只是，驴类更加原始，更加简单。即使冬天，产房－20℃，也不需加温，母子平安。

哦，真是一个本性纯朴、甘于奉献的伟大种类啊。

一次，邱文君家的母驴要临产了。她熬了一锅小米粥，又准备了剪刀、棉球和白酒等，准备接生。可等到后半夜，也不见异常，便回屋睡觉。

第二天早晨，猛然发现驴棚里蹦蹦跳跳地多出了一头小毛驴，眨着亮晶晶的眼，好奇地看着她……

六、驴业扶贫成效显

许永章饲养的 5 头青年母驴，其中 3 头当年怀孕，第二年就生下 3 头小驴。

6 个月后，小母驴留下，小公驴出售，每头 5 000 元左右。母驴在产后 12

天，即可配种再孕，而小母驴仅需两年，即进入育龄。

2016 年，他出售 3 头小驴，获利 15 000 元。2017 年，出售 8 头，收益 35 000 元。

现在，他家里饲养着大大小小 33 头毛驴，成群结队，蹦蹦跶跶，步调一致奔小康。

外债早就还清了，孩子们也都结婚了，妻子的病情趋于稳定，脸上泛动着润红的笑容。

平时，他与驴们特别亲热。驴呢，也是他全家的亲密成员，看到他，咴咴叫，高兴时，欢天喜地，摇头摆尾。驴还会笑，龇牙咧嘴，做鬼脸，打滚儿撒欢。

去年以来，许永章开始抽纸烟了，一次买一条。平时，也常常喝几杯小酒。过年过节时，还邀上几个亲友，轰轰烈烈地热闹一回。

而他所在的四德堂村，现在有一多半人家养驴。2017 年，全村人均收入已超过 8 200 元。

邱文君的家里种了 4 亩玉米、大豆和谷子。这些作物的秸秆，正好用于养驴，不用外购。全家人，虽然多是老弱病残，却正好可以派上用场。

现在，她家里已经育有 5 头基础母驴。一头基础母驴，如果直接出售，价值 10 000 元。如果用于生驹，每 13 个月一胎，半年后，小驴可售 5 000 元。这个账，她算得清清楚楚。

她的目标很明确，多多培养基础母驴。因为每一头基础母驴，就是一个小银行呢。

刘和与老伴没有自己的儿女，他们把所有的爱都给了驴子们。

驴的一日三餐，要准时：早上 6 点，中午 11 点，晚上 7 点。三遍草，三遍水，半夜再加一次夜草。

3 年来，这 4 头母驴已产下 9 头小驴，给他们老夫妻抹平了一笔又一笔的外债。

目前，又有 3 头母驴怀孕了。

心里有事儿，腿上有劲儿，他们的病情也全都稳定了。

石墨与金刚石，价值迥异，但构成它们的化学元素完全相同，只是元素结构排列不同而已。

人，作为一个个社会元素，总有一种排列结构最科学、最给力。而每个人，一旦进入这种最科学、最给力的结构之中，便可以爆发出惊人的能量。从这个意义上说，人人都是一个核工厂，就看怎么激活。

本节涉及的几个地处偏僻的贫困家庭，因为几头驴的加入，似乎被激活了。

2017 年年底，这三个家庭陆续宣布彻底脱贫！

的确，他们十分苦命，却又万分幸运。

这一切，都是毛驴带来的，更是这个时代带来的。

除敖汉旗外，东阿阿胶股份有限公司还在辽宁、新疆、黑龙江、宁夏、甘肃等地的 20 多个偏远贫困乡镇，以自己的优势，进行着这一特殊形式的精准扶贫。

敖汉旗新惠镇小王爷地村青年张亚星，2012 年 7 月毕业于内蒙古科技大学，在城市打工几年后回乡创业。2017 年，他投资 20 万元，正式注册“敖汉旗恒都农民养驴专业合作社”。他计划用两年时间，养殖规模突破 200 头，实现年纯收入 60 万元的梦想。

和张亚星相隔千里的辽宁省铁岭市郊区，有一位海外留学归国的年轻人刘泽，他的想法更加宏大和惊人。2018 年，刘泽的公司已经饲养种驴 2 000 余头，带动了周边上千个贫困户。

截至目前，东阿阿胶股份有限公司已累计投入扶贫资金 2.4 亿元，辐射带动投资 55 亿元，惠及全国 1 000 多个乡村、20 000 多个贫困户。

公司特殊的扶贫故事和扶贫模式，已受到国家的高度肯定。2017 年，东阿阿胶股份有限公司党委书记、总裁秦玉峰被授予“全国脱贫攻坚奖奉献奖”。

这在全国医药和食品行业中，是唯一的。

七、载着希望前行

2016 年，原农业部出台《全国草食畜牧业发展规划（2016—2020 年）》，首次将毛驴作为特色禽畜列入国家畜牧业发展规划。

据中国驴交易所数据库统计，截至 2018 年 9 月，我国毛驴存栏量已经超过 478 万头，21 世纪以来第一次出现止跌回升现象。

法国诗人耶麦有一首诗：

“我爱那如此温柔的驴子，
它载着穷人们，
和满装着燕麦的袋子，
走向明天……”

驴类的群体，在一天天茂密起来；贫困的人家，在一天天富裕起来……

富裕的基础是稳定，稳定的根本是平衡。

而平衡，需要方方面面。驴产业，便是其中一个小小环节。

只有每一个环节都结结实实、严丝合缝，这个国家，这个社会庞大的文明链条，才能圆融地运转、前行、衍生……

第十节 九种养驴扶贫模式探索①

一是山东聊城模式。山东聊城采取“政府＋金融机构＋东阿阿胶＋合作社”模式，2016 年与东阿阿胶股份有限公司共同出资 6 000 万元（其中，东阿阿胶股份有限公司出资 4 500 万元），建设了 100 个标准化扶贫养驴厂，脱贫 3 000 多户。

二是内蒙古敖汉模式。敖汉旗政府与华润租赁有限公司合作，共同出资成立驴产业发展基金，提供活体融资租赁服务，将基础母驴租赁给养殖户。通过这种模式，敖汉旗毛驴存栏由 20 万头增长到 40 万头，养殖户 3 年增收 20 亿元。

三是宁夏吴忠模式。吴忠同心县依托德泽农业产业投资开发公司，推行“政府＋金融＋龙头企业＋新能源＋合作社＋贫困户”模式，投资 3 亿元建设两座 1 万头规模驴繁育场，存栏 3 200 头，2017 年脱贫 1 061 户。

四是甘肃白银模式。白银市以红星伟业农业科技公司为龙头，推行“政

① 本节内容原文发表于第五届(2019)中国驴业发展大会暨第三届国际毛驴产业发展论坛，原题为“积极投身脱贫攻坚，走出‘养驴扶贫’新模式”。略有修改。

府＋银行＋东阿阿胶＋龙头企业＋贫困户”模式，整合利用扶贫小额信贷资金，对贫困户实施“代母留驹”，养殖毛驴 1 000 头，带动当地存栏 3 000 头，帮助脱贫 200 户。

五是新疆皮山模式。皮山县农牧局牵头实施“政府＋东阿阿胶＋贫困户”模式，对于建档立卡贫困户实施“一户一母驴”，由国家给每户平均拨付 8 000 元扶贫款采购母驴，贫困户通过出售驴驹脱贫。目前，已采购基础母驴 2 万头，全县存栏量由 2 万头增长到 4 万头。

六是希望乡村模式。在赤峰市巴林左旗林东镇后兴隆地村，东阿阿胶股份有限公司投入 300 万元，与中国人民大学联合建设希望乡村。公司还投入 1 500 万元设立扶贫基金，支持户户养驴，实现全村脱贫，成为内蒙古产业脱贫标杆。

七是甘肃白银平川区“1＋X”模式。平川区采取三产拉动模式，先做市场，建火锅店等，通过消费带动养殖加工。为解决周期过长问题，该模式采取一个贫困户按比例配比繁育母驴和育肥驴的方法，使长期和短期获利相结合。

八是新疆玉昆仑天然食品工程有限公司产品毛驴托管扶贫模式。新疆玉昆仑天然食品工程有限公司位于新疆塔克拉玛干大沙漠西部边缘的岳普湖县，远离都市和工业生产基地。公司生产“疆岳”牌冻干驴乳粉，其“低温冻干生产工艺”获国家发明专利，最大限度保障营养成分不流失，保持纯天然品质。

岳普湖县 2001 年被原农业部授予“中国毛驴之乡”称号，驴存栏数较大，但驴主要为役用，没有实现价值最大化。驴乳营养价值高，非常接近人乳，通过驴乳生产销售可提升驴的价值。为保证货源稳定和增加养殖户收益，配合当地政府精准扶贫计划，新疆玉昆仑天然食品工程有限公司采取“公司＋农户＋金融”和毛驴托管、租驴挤乳、入股分红等模式，为本县和周边上千农户增加收入，使参与养驴的贫困户实现脱贫，同时还安排部分当地少数民族居民到加工厂务工。

2013 年，以新疆玉昆仑天然食品工程有限公司为依托单位，新疆驴产业工程技术研究中心成立了。中心集合新疆畜牧科学院、新疆农业大学等科研院所的师资力量，对驴泌乳规律、选择繁育、饲养管理、乳品开发和生物制品等方面进行研究。中心坚持“开放、服务、共享”的原则，整合资源，全方位、多形式地开展国内外的合作交流；通过对外的相关科技咨询与服务，培训饲养、繁殖、驴乳加工等各类从业人员超过 1 000 人次，使贫困户提高技能和自我造血能力，避免出现返贫。

九是国务院扶贫办设计的“金驴模式”。会员企业根据当地实际情况创新发展，配合当地政府精准扶贫计划发展养驴，取得非常好的效果。全国 9 省 16 市县相继出台 20 多个与精准扶贫相结合的养驴扶持政策文件，探索出多种毛驴产业发展与养驴脱贫的新模式。

收集整理现有产业扶贫模式，分析效益和前景，推广现有成功模式，对于帮助建立新的扶贫项目提供可行的借鉴，促进贫困地区早日走上脱贫致富之路。

第十一节 脱贫攻坚与驴业发展①

疫情仍在肆虐，复工复产与决胜脱贫攻坚呼声日涨。决胜脱贫收官之年，驴产业扶贫何去何从？值得我们好好回望，值得我们好好思量。

网络搜索一下，你会发现近年来关于驴产业扶贫的新闻可谓“汗驴充栋”，各地围绕驴产业扶贫推出的政策措施更是屡有创新、各具特色。确确实实，前几年驴皮价格追随阿胶价格一路飙升，导致肉驴价格快速大涨、母驴价格大涨、驴驹价格大涨……甚至经常出现大批量采购扶贫驴“一驴难求”的局面，整个驴产业因“一皮升天”全面大火，也正是借助这股“火势”，驴产业扶贫曾取得阶段性的巨大成功。

为了切实抓好驴产业扶贫，2017 年 8 月，国务院扶贫办开发指导司养驴扶贫工作组专门成立。在首轮赴 16 省区调研之后，负责的官员介绍，全国当时有 45 个贫困县（国家深度贫困县 36 个、省级贫困县区 9 个）开展毛驴产业联动扶贫，近 10 万贫困户受益。2017 年下半年以来，也是各地继续狠抓落实驴产业扶贫政策的重要阶段，可想而知，截至目前驴产业扶贫带动的贫困

---

① 本节内容原文发表于三农号 App 2020 年 3 月 3 日，原题为“疫情之思：扶贫与驴产业发展”，作者为王玉斌（中国农业大学经济管理学院）。略有修改。

户数量该有多大。全国人大代表、东阿阿胶股份有限公司党委书记兼总裁秦玉峰先生近些年来一直不忘产业扶贫，一直推动驴产业扶贫，多次讲到“一头毛驴就是一个小银行”。2017 年接受采访时他说，毛驴养殖已成为西北、华北、东北地区产业精准扶贫的成功模式。同年 10 月，他被授予“全国脱贫攻坚奖奉献奖”；2019 年全国两会上，他又提交了《关于积极参与环京津和“三区三州”产业扶贫暨推动“三北地区”养驴业发展的建议》。

山东、辽宁、甘肃、宁夏、山西、陕西、内蒙古、新疆等近 20 个地区先后出台了驴产业扶贫政策文件，部分市区县又出台了操作层面的扶持发展办法和具体实施方案，诸如购驴补贴、免费给地、基础设施配套等得力措施不断出台。笔者团队成员自 2017 年以来多次赴内蒙古、辽宁、新疆、甘肃、山西、陕西、河北、山东等地，深入养驴场企、交易市场和有驴的山区村镇深度调研，与相关部门负责人以及养殖户、经纪人等深入交流，连续参加全国驴业大会、驴业论坛、驴交易博览会并参与互动交流，数次参与省、区、市、县甚至跨区域层面的驴业发展战略规划论证，多次遇到新疆、甘肃、山西、宁夏等地大规模采购调运扶贫驴的干部，也听说了西部省份某县级单位数名领导因为在驴产业扶贫项目推进过程中出现决策失误，造成较大损失而受到问责。

各地驴产业扶贫的做法各有特色，规模各异，效果不一。有的地方采取政府统一采购母驴发给贫困户饲养，有的通过村党支部和合作社与贫困户对接，有的按 4 000 元/头甚至更高标准给予购驴补贴，有的每产一个驹子给予一定数额补贴，带动一个贫困户给予一定的鼓励扶持，给予大型企业建场补贴、免费用地和项目扶持……做法千差万别，出路不一而足。

调研过程中，我们也确实发现了一些值得深入思考的、可能会与扶贫脱贫效果有密切关系的问题。一是刚开始的几年，有的地方为了节约投入资金而选择购进小母驴，由于驴长成慢、繁育周期长，见效也就比较慢，头两年基本见不到“回头钱”，直接影响到短期内扶贫效益的快速显现和贫困户的信心（当然近两年基本购进大母驴，甚至怀孕母驴）；二是部分地区存在一定的盲目性，缺乏全产业链的统筹布局和综合考量，尤其是只管进驴，缺乏产品市场“出口”方面的布局，效益不能得到很好保障；三是贪大求全，单体项目规划动辄 5 万头、10 万头规模，有的地区级、省级规划规模则 50 万头起步，甚至直逼 150 万头，无视全国存栏不过 200 多万头的总量，好高骛远，严重脱离实际；四是扶贫驴批量购买环节存在一定的“委托代理人陷阱”，驴的品质得不到有效保障，驴的长时间、远距离运输应激征得不到重视和及时恰当处理，导致死亡率较高，并且一次性大规模购进也极易短时间内迅速推高市场价格，对局部甚至较大区域的市场供求造成持续性冲击。

尤其是2017年年底以来，随着驴皮价格暴跌，驴价也开始一路大幅走低，使得当初“大火”之时政府主导高价购进的大量扶贫驴一时之间陷入“养也不是，不养也不是”的尴尬境地。当然，“此一时，彼一时”，也有不少地方看好市场下行机遇，大力倡导和鼓励发展驴产业，持续谋划布局驴产业转型升级。

深入分析来看，驴产业发展尚处于转型升级之初，是一个还不算成熟的既小众又独具特色和优势的产业。很多地方政府看到了驴产业阶段性扶贫脱贫的良好效果，高度重视和引导发展驴产业扶贫，这没有错，但是往往忽视了其产业链条发展不完善的现状，忽视了产品市场培育和出口打通，忽视了从业主体多元化程度较低，忽视了市场上鱼龙混杂、假冒伪劣横行的现状需要整治，忽视了盗宰走私对国内市场的巨大冲击……多数参与主体寄希望于开发驴皮阿胶高附加值，但不见阿胶市场竞争已经相当激烈；有一部分企业钟情于挖掘驴乳产品市场这个“金矿”，又缺乏“活体循环经济”持续开发循环发展的思维……近10年来，这个不大又不成熟的驴产业被迅速带入快车道，飙起来很快，但就像坐“过山车”，落下来也很快，尤其近两年一直处于低位，走不出来。

当前，众多驴产业扶贫联动户还在坚守着几头“扶贫驴”，过着“人吃驴喂”的紧张日子，严重影响着精准扶贫存量的减少，甚至可能导致精准脱贫之后因驴返贫的增量出现。这迫切需要政府重视起来：一是从顶层做好规划设计，着力解决上述问题；二是与企业一道，立足于行业基本现实，遵循产业发展规律，在资源配置方面发挥好宏观调控与具体组织实施的联动协同效应；三是迅速出台综合措施，使驴业发展规范起来、产业链条完善起来、市场主体多元起来、市场净化起来、产业成熟壮大起来。

第四章

调查研究：夯实驴业发展之基

引言：摸清底数是搞好驴业保护和开发利用的基础。从地方毛驴品种调查到遗传资源保护，从个别品种发展现状分析到困境突围，从特色产品开发到发挥地方品种优势，从新兴产品开发到营养价值分析，从国内地方优势品种饲养到国外经验借鉴，都需要扎扎实实地做好调查研究。

第一节 甘肃平川毛驴产业快速发展①

甘肃省白银市平川区立足区情实际，坚持把发展黑毛驴产业作为农业发展的朝阳产业，作为产业扶贫的主攻方向，创新发展方式，加大扶持力度，助推产业快速发展。

一、区情概况

平川区是1985年随白银恢复建市而成立的市辖区，地处甘肃中部、黄河上游，文化底蕴深厚，区位优势明显，是古丝绸之路北线中段必经之地，“兰白核心经济区”中的重要节点城市，也是甘肃重要的新能源基地，西北最大的陶瓷建材生产基地，独具特色的农副产品深加工区，总面积2 126千米^2，辖2乡5镇4街道，总人口21.3万人。平川区境内有靖远煤业集团、靖远热电有限公司、靖远第二发电有限公司、捡财塘风电场等大中型企业，年产优质原煤970万吨，火电装机容量220万千瓦，风电9.45万千瓦。境内有陶土储量40亿吨以上，被中国陶瓷工业协会授予中国陶瓷产业转移示范基地。境内有省级开发区——平川经济开发区，是白银市“一区六园”工业集中区之一和区域承接产业转移的重要平台。

近年来，平川区坚持以习近平新时代中国特色社会主义思想为指导，全面贯彻落实“八个着力”重要精神，按照中央和省市委决策部署，践行新发展理念，紧扣高质量要求，深入推进“工业主导、园区引领、城乡融合、生态宜居、富民强区”区域发展战略，加快建设富裕民主、文明和谐、生态宜居、幸福美丽现代化新平川，先后被评为全国科技进步先进区、科普示范城区，全省先进文化区，省级卫生城市和平安县区等。2018年，全区实现地区生产总值74.95亿元，较上一年增长4.6%。其中：第一产业4.23亿元，增

① 本节内容原文发表于平川区政府网站2019年6月15日，原题为“平川区黑毛驴产业发展情况汇报”。略有修改。

长6.1%；第二产业49.49亿元，增长3.6%；第三产业21.23亿元，增长7.3%。固定资产投资完成19.82亿元，下降6.65%。规模以上工业增加值完成31.91亿元，增长4.3%。社会消费品零售总额完成20.57亿元，增长6.82%。一般公共预算收入完成3.97亿元，增长13.6%。城镇居民人均可支配收入达到34 652元，增长7.1%。农村居民人均可支配收入达到9 746元，增长9.9%。

二、黑毛驴产业发展情况

平川区按照“一年打基础、两年成规模、三年见成效”的工作思路，围绕“一区一基地一院一镇”（即打造全省黑毛驴产业大区、全省最大的良种黑毛驴繁育基地、平川黑毛驴产业创新研究院、平川黑毛驴特色小镇）的发展定位，探索建立“1+X”黑毛驴产业扶贫新模式，走出了一条市场主导、政府主推、企业主打、农户主动的产业脱贫之路。2018年年底，全区有黑毛驴养殖企业和农民养殖专业合作社9家、养殖小区1家、标准化肉驴屠宰场1家、驴肉餐饮店22家。为进一步推动当地产业发展，平川区坚持“六个注重”：

1. 注重组织推动，明确产业“主攻点”

根据省市打赢脱贫攻坚战的总体部署要求，平川区立足现有产业基础，深入挖掘黑毛驴品种良、风险低、收益好的巨大潜力价值，确定了“牛、羊、菜、果、薯、药、小杂粮、黑毛驴”八大特色产业。2018年年初，区委区政府及时组织召开黑毛驴产业工作协调推进会，专题研究部署，进一步明确把发展黑毛驴产业作为脱贫攻坚的主导产业，以“一区一基地一院一镇”为目标，建立“区委区政府统抓、工作小组专抓、产业协会主抓”的黑毛驴产业发展组织体系。通过政策激励、龙头带动、链条延伸等举措，黑毛驴产业得到迅速发展。截至2019年3月底，黑毛驴存栏量达到9 613头。

2. 注重调查研究，谋求产业“突破点”

本地区地处甘肃省中部丘陵地带，地势平缓，草畜资源丰富，最适宜黑毛驴养殖。为做大做强黑毛驴产业，当地专门派出考察组赴北京、山东、兰州、酒泉等地，深入规模养殖场、合作社、养殖大户以及驴肉饭馆、驴肉火锅店、屠宰场和批发市场等经营主体调查研究，实地了解掌握黑毛驴从养殖到加工到餐桌“一条龙”的完整产业链，为理清思路打下了基础。通过总结思考，平川区提出了黑毛驴产业发展目标和发展模式，并在2019年的区委八届八次全会上，将发展壮大黑毛驴产业作为全区“十大行动”之一，着力从育种、养殖、防疫、加工、销售和文化宣传等环节加以推动和打造，加快形成全产业链，不断扩大规模效应和品牌效应。

3. 注重创新模式，找准产业“发力点”

平川区以“投放架子育肥驴和怀孕母驴、高于市场价保价回购、打造全产业链条”为着力点，通过探索推广“1＋X”产业扶贫新模式（1个主导模式，即以龙头企业示范引领、专业合作社帮扶带动、养殖农户主动参与的“龙头企业＋专业合作社＋养殖农户”主导模式，积极推行架子育肥驴与怀孕母驴投放比例3∶2的配置方式，通过投放架子育肥驴实现当年见效，通过投放怀孕母驴实现持久致富；X个配套模式，即探索推广借驴发展、支部带动、托管分红、劳务帮带等多种发展模式，做到成熟一个，推广一个），带动群众增收致富。

（1）采用“借驴发展”模式，通过龙头企业为贫困户或非贫困户免费投放架子育肥驴和怀孕母驴，产驹、饲养、育肥后，高价回购，解决养驴周期长、投资大的问题。以甘肃红星伟业农业科技有限公司（简称甘肃红星伟业）和白银博康养殖有限公司（简称白银博康）为龙头，实行“龙头企业＋农户”的方式，集中与分散养殖相结合，推动黑毛驴产业发展。通过实践，仅2018年11月就引进黑毛驴1 847头，比2017年同期翻了一番。

（2）采用“支部带动”模式，鼓励引导党员干部、致富能人带头养驴、先行先试，把支部作为企业（合作社）和农户的联系纽带，切实带动农户发展养殖。如白银裕明养殖专业合作社由贫困户入股107.9万元，带动全村19户贫困家庭、3家合作社，为174户贫困户分红8.62万元，安排就业20人，实现劳务收入65万元。

（3）采用“托管分红”模式，将产业到户资金注入企业（合作社），委托企业（合作社）按照“四统一”（统一规划、统一管理、统一饲养、统一销售）的管理方式，每年给予贫困户不低于入股本金10%的分红，实现“养殖托管、农户分红、稳定脱贫”。如甘肃恒玉实施“养殖补贴”“保底收购”，依托平川区惠隆德扶贫开发公司，投入产业扶贫资金 2 657 万元，为全区所有建档立卡户入股配股，使每年户均增收近 700 元。

(4) 采用“劳务帮带”模式，吸纳有劳动能力但不具备养殖条件的农户到企业（合作社）务工，以产业工人的形式获得劳务报酬，通过劳务帮带，实现脱贫致富。仅甘肃红星伟业、白银博康和甘肃恒玉 3 家龙头企业就安置就业 192 人，实现劳务收入 276 万元。

近期，区政府委托北京中科工信城乡规划设计研究院已完成《白银市平川区黑毛驴产业发展规划（2019—2025）》的编制，先后出台了一系列扶持政策，包括对养殖户补贴、养殖企业带动农户的补助、贷款贴息、保险政策等。龙头企业抓好养殖业两头，协调贷款引进新品种和自繁自育，向有意愿的养殖户进行投放，以高于市场价回收，进行产品深加工等。合作社在企业与农户之间发挥纽带的关键作用，负责养殖技术、监管、防疫等。农户主要负责养殖，企业实行保价回收，解决了农户的后顾之忧。

4. 注重问题导向，打通产业“梗阻点”

针对养殖周期长的问题，引导新型经营组织向养殖农户投放架子育肥驴和怀孕母驴，并提供养殖管理、技术培训等“保姆式”服务，压缩养殖周期，可实现当年见效。针对养殖规模小的问题，有以下解决方案：一是结合农村“三变”改革，引导农民入股甘肃恒玉万头黑毛驴养殖基地，参与养殖，实现量的扩张；二是积极协调金融机构发放特色产业贷款，注入扶贫资金，鼓励农村致富能人发展养殖，支持扩大黑毛驴养殖规模。针对养殖销路窄的问题，有以下解决方案：一是鼓励养殖农户以电商、餐饮等形式直接销售驴产品；二是借助龙头企业和专业合作社，以高于市场价订单回购的方式，保障养殖户畅通销售渠道。

5. 注重科学布局，把牢产业“关键点”

平川区积极搭建产学研平台，与中国农业大学、甘肃农业大学、东阿阿胶股份有限公司等高等院校和知名企业建立长期合作关系，对黑毛驴产业发展进行把脉定位，科学规划产业发展布局。紧紧抓住“平川黑驴”地理标志不放松，突出特色产业引领，强化本地龙头企业的辐射带动作用。通过以点带面、龙头引领，全面打造东起甘肃恒玉公司（带动黄峤镇、共和镇、种田乡、复兴乡），西起白银博康公司（带动水泉镇、宝积镇），北起红星伟业公司（带动王家山镇）的三足鼎立带动、辐射全区、优势互补、相互促进、共同发展的新格局。

6. 注重政策扶持，健全产业“支撑点”

省、市、区先后出台了《甘肃省培育壮大特色农业产业助推脱贫攻坚实施意见》《白银市大力发展黑毛驴和奶骆驼特色养殖业实施意见》《平川区大力培育发展黑毛驴产业助推精准扶贫工作实施意见》《平川区黑毛驴养殖保险实施意见》等一系列扶持政策，鼓励和支持黑毛驴产业发展。对贷款发展黑毛驴产业的养殖企业（合作社）、农户，政府全额贴息 3 年。对龙头企业（合作社）每带动 50 户以上农户，提供授精、技术指导等服务，经检查验收达标的，在企业正常向养殖农户收取服务费用的基础上，政府每年额外补贴 2 万元。对贫困户养殖引进的基础母驴，每头补助 800 元；对非贫困户养殖，每头补助 400 元。对参与标准化示范场创建活动、养殖黑毛驴 5 头以上、养殖场面积 100～200 米^2 的养殖场（户），奖励 0.5 万元；对养殖黑毛驴 10 头以上、对养殖场面积 200～300 米^2 的养殖场（户），奖励 1 万元；对养殖黑毛驴 30 头以上、养殖场面积 300 米^2 以上的养殖场（户），奖励 2 万元。每头驴保费 280 元、保额 8 000 元，贫困户养殖黑毛驴的保险资金由区财政支付 90%，农户支付 10%；非贫困户由区财政支付 80%，农户支付 20%。截至 2018 年年底，全区落实黑毛驴养殖企业、合作社农户贷款 4 505 万元，贫困户养殖黑毛驴补助资金 31 万元，完成黑毛驴保险 2 174 头，保费 60.9 万元。两家平川黑驴火锅店自 2018 年 4 月 28 日开张以来，仅驴肉的经营收入就达 645 万元，销售生驴肉 3.3 万千克（按每头 250 千克、出肉率 40%计算，约需 330 头），安置就业人员 65 人，其中贫困户就业人员 25 人。

平川区将黑毛驴产业列为全区发展重点产业，也是脱贫致富的主导产业。特别是近年来，在省、市党政领导的大力支持和当地群众的共同努力下，平川区正在实现高质量的转型发展。

三、黑毛驴产业发展优势

据资料分析，驴产业是我国唯一没有国际竞争的畜牧业，符合新旧动能转换需求。国家产业结构的调整，驱动了毛驴养殖企业的迅速发展，同时催生了活驴交易、驴肉餐饮、活体循环开发和专业驴粮等产业的发展。平川区黑毛驴产业的发展优势体现在如下方面。一是自然条件优越。平川区地处甘肃省中部丘陵地带，地势平缓，拥有200.103万亩天然草地，每年农作物秸秆量13万吨，可利用农作物秸秆占62%。从汉代“丝绸之路”开拓以后，当地就有了养毛驴的传统，也积累了丰富的养殖经验，因此，不论从自然条件，还是饲养条件来说，平川区都是最适宜毛驴养殖的地域。二是养驴积极性高。毛驴的养殖已由“传统的农耕需要模式”向“企业增产、农民增收需要模式”转变，毛驴的功能已由役用依次向肉用、药用、乳用、保健及生物制品开发等多用途的“活体经济”转变，这已成为现代驴产业发展的新特点和新趋势。近年来，甘肃红星伟业、白银博康、甘肃恒玉先行先试，实行“龙头企业+农户”的方式，集中与分散养殖相结合，辐射带动周边群众养殖，帮助农民增收。实践经验表明，黑毛驴产业已成为全区群众认可的脱贫致富奔小康的好产业。三是市场前景广阔。随着产业结构的转型升级，人们的“富养马，穷养驴”的观念逐渐被改变，价格杠杆的调控驱动了驴养殖企业的迅速发展，同时催生了活驴交易、驴肉餐饮、活体循环开发和专业驴粮等产业的发展。驴产业主要包括现存栏、新生驴驹、出栏交易、驴肉交易、阿胶及系列产品等，主要涉及活体、驴粮、食品、药品四大品类，其中活体市场份额占比最高。全区现有驴肉餐饮店22家，消费熟驴肉656千克/天，产值翻了近一番。从数据来看，平川驴肉市场走俏、需求旺盛，缺口较大，87%来源于周边县区及全国各地，这也反映出平川黑毛驴产业发展拥有巨大潜力和后发优势。

四、产业发展资金运行情况

1. 资金需求方面

为了全区黑毛驴产业健康有序发展，区政府经常务会议研究，同意平川区国资局与甘肃恒玉生态养殖有限公司联合成立白银市平川区惠隆德扶贫开发投资有限责任公司（简称“惠隆德公司”），投资固定资金9 800万元。其中，区国资局投资5 000万元，占股份51%；甘肃恒玉公司投资4 800万元，占股份49%。惠隆德公司为国有控股公司，负责黑毛驴养殖项目建设、运营、融资等，目前贷款需求为 1.2 亿元。贷款由金控公司进行担保，主要用途为扩大养殖规模及养殖基地的基础设施建设。

2. 资金申请方面

农业发展银行（简称“农发行”）对黑毛驴产业扶贫项目发展提供资金支持，贷款资金参照已确定的《平川区万头黑毛驴生态养殖及现代农业产业建设项目实施方案》和实施过程中的具体产业扶贫项目的实际需求进行支付。惠隆德公司对资金使用提出书面申请，农发行按封闭运行管理要求进行审核，按产业项目实际需求进行资金支付。惠隆德公司按照企业和合作社生产经营计划，据实向农发行提交资金拨付申请。

3. 资金使用方面

惠隆德公司负责资金管理，向专业合作社投放基础母驴和种公驴，杜绝现金支付。专业合作社向惠隆德公司提出养殖实际需求，由惠隆德公司统一采购黑毛驴，向专业合作社提供基础母驴和种公驴，并统一保价回收黑毛驴。惠隆德公司统一销售后，将销售额全部纳入指定农发行账号，农发行按照贷款合同，将贷款回笼到农发行开立的专户。

4. 资金监管方面

惠隆德公司与农发行共同管理资金的筹措、使用和归还。农发行作为产业项目资金监管方，负责全产业链内的交易结算业务，应发挥其政策性银行的功能优势，对项目资金实行封闭运行管理，确保专款专用。同时，各类经济组织投入该项目的专项扶持资金、专项奖补资金、财政贴息资金、保险资金等，通过在农发行开设专户进行结算。区财政局制定了《国有资产管理办法》，办法中规定：白银市平川区惠隆德扶贫开发投资有限责任公司使用资金，必须经董事会议研究决定，才可以使用；向合作社和养殖户（必须加入合作社）投放黑毛驴，由本村委会和合作社进行担保，签订投放合同，实行分散养殖，确保资金的安全。

第二节 “苏北毛驴”遗传资源保护①

一、“苏北毛驴”品种来源

“苏北毛驴”，中心产区在江苏省东海县及徐州部分地区，又名“东海毛驴”。据《隆庆海州志》记载，该地区的毛驴已有400多年饲养史，1974年全国畜禽遗传资源调查时将其正式命名为“苏北毛驴”，现收录于《中国畜禽遗传资源志：马驴驼志》。苏北毛驴品种体型较小、生长缓慢，但肉适口性好、肉质优良、味道鲜美、营养丰富，且具有抗逆性强、耐粗饲等优点，是我国优良的地方品种资源。多年来，随着农业机械化、现代化程度的极大提高，“苏北毛驴”的役用价值几乎完全丧失。由于未形成品牌效应，养殖户养殖效益不高，且个体饲养户缺乏保护地方畜禽品种的意识和能力，其种质资源不能得到有效保护。因此，“苏北毛驴”日益减少，几乎到达灭绝的边缘。连云港永昌苏北毛驴养殖有限公司在此种背景下创建，花高价钱从饲养户手中买下纯种“苏北毛驴”组建核心群，并与养驴户签订配种回收协议，对该品种实施抢救性保护，才使其得以延续。

连云港永昌苏北毛驴养殖有限公司创建于2012年，位于连云港市东海县洪庄镇王庄村，占地15.5亩。公司三区（办公生活区、生产区、隔离区）分离，建有种驴舍8栋2 000米^2，办公室、会议室、化验室、宿舍等附属设施共280米^2。公司自组建以来，取得了一定的成绩：收集、整理、繁育“苏北毛驴”，保种群规模（至2019年5月）已达到种公驴13头、种母驴79头，建立6个家系，为“苏北毛驴”保护工作夯实了基础。

① 本节内容原文发表于第五届(2019)中国驴业发展大会暨第三届国际毛驴产业发展论坛，原题为“浅谈优秀毛驴品种——‘苏北毛驴’的遗传资源保护”，作者为王团结、王义（连云港永昌苏北毛驴养殖有限公司）。略有修改。

二、制订“苏北毛驴”保种方案，做好“苏北毛驴”提纯复壮

1. 选种选育技术

(1) 基本特性及性状。“苏北毛驴”体型较小，结构较匀称、紧凑，体质结实，被毛多为灰青色和灰白色（87.5%），少有栗色、黑色，毛短而有光泽，沿脊柱至尾有一条粗细不均的紫色背线，肩向下有两条鹰线。成年驴鬃毛稀疏，呈棕色。头较清秀，面部平直，额宽且稍突出，耳大、宽、厚、灵活，颈窄细长，背平而稍窄，胸部较狭浅，腹圆、紧凑、充实，尻长而斜，尾细，四肢正直，胫部较长，筋腱明显，蹄小质坚，多呈黑色。行动敏捷灵活，运步轻快。

(2) 繁殖性状。毛驴初情期 8～12 月龄，12～15 月龄性成熟，多数在 2.5～3.0 岁配种，妊娠期 347～373 天，3 年 2 胎，饲养条件好的可 1 年 1 胎，繁殖利用年限 16～20 年，个别可达 23 年。“苏北毛驴”自立春至立冬均能自然发情，其中，以惊蛰至芒种较为集中，为发情旺季，占 45.3%，立秋至霜降占 28.0%，其他时间占 26.7%，因而具有明显季节性。发情特征，行为上表现为特殊的伸头、侧脸、呱嗒嘴、爬跨同类、甩尾流黏等现象。卵巢上有明显的卵泡发育，卵泡发育持续期为 5～9 天，卵泡排卵周期为 23～28 天，70%以上的生产母驴产后 7～30 天第一次排卵。膘情好坏与产后第一次排卵的时间间隔有直接影响，好膘者间隔时间短，反之则长。公驴平均射精量 850 毫升，耐冻性好，品质优良，抗病力强，耐粗饲。

(3) 生长发育性状。成年公驴体高（118.6±6.2）厘米、体长（116.8±6.5）厘米、胸围（134.2±6.4）厘米、管围（14.3±0.8）厘米、体重（181.6±23.2）千克。成年母驴体高（119.7±7.6）厘米、体长（115.8±8.0）厘米、胸围（135.3±9.3）厘米、管围（14.1±1.3）厘米、体重（178.6±29.9）千克。幼驹出生重：公驹 22～38 千克；母驹 20～35 千克；幼驹断奶重：公驹 60～80 千克，母驹 58～78 千克。

(4)“苏北毛驴”役用能力。“苏北毛驴”役用能力较强，能吃苦耐劳，对耕地、拉车、打场、驮运等农活均能适应。瞬间挽力为 140～180 千克，为其自身体重的 73.0%～80.2%。拉平板车可载重 500～750 千克，驮重 75～

120 千克，时速 5.0～6.0 千米，日行程 30～40 千米，耐力强。

（5）良种等级评分。体质结实、结构匀称，全身被毛短而细致有光泽，灰青或灰白色，沿脊柱至尾有一条粗细不均的紫色背线，肩向下每侧有一条鹰线。头大小适中，体形好，公驴有雄性特征、母驴清秀，眼大明亮，齿齐，耳竖立，颈较长而细，面部平直，蹄小质坚。公驴睾丸发育良好，运步轻快、势优美，结构匀称、紧凑，肌肉发育良好，肌腱、韧带强实，有悍威，鸣声洪亮而长；母驴性温顺。以上特征为最佳。良种等级评分采用直接定级法，分一、二、三级。一级：品种特征及体质外貌表现优良，无缺限者。二级：品种特征及体质外貌基本符合标准，但次要部位具有一般缺点者。三级：品种特征表现一般，体质外貌缺点较多者。以品种特征、体型外貌、体尺体重、役用能力和后代品质为主要评分依据，若有一项低于初评等级一级时，仍按初评等级定级，若两项均低于初评等级时，应将初评等级降低一级，严格执行选配、选育制度。

2. 保种原则

以保存“苏北毛驴”抗逆性强、耐粗饲、性情温顺、肉质优良、味道鲜美、营养丰富等优良特性为前提，维持现有品种性能和现状，扩大群体，保持其遗传多样性及遗传差异。一是保种的毛驴符合“苏北毛驴”品种特征特性要求，达到种用标准；二是保种场的种母驴最终达到 150 头左右，种公驴 12 头左右，三代之内没有血缘关系的家系数不少于 6 个；三是通过收集、挖掘“苏北毛驴”遗传资源和抢救性保护，切实延续好“苏北毛驴”这一珍贵的毛驴品种。

三、保种场保种方法及社会保种网络

1. 保种场保种方法

（1）完善保种记录，加强品种登记。建立连续完整的原始记录档案，包括毛驴的系谱资料，配种、哺乳、生长、免疫防病等记录，种公（母）驴卡等。在此基础上，建立和完善品种登记制度，确保各项记录准确齐全，档案资料完整。

（2）保持和增加“苏北毛驴”种公驴血缘数。为抢救性保护“苏北毛驴”这一品种，在现有毛驴种群的基础上，继续在徐州及连云港周边地区收集品种特征符合“苏北毛驴”要求的毛驴，作为保护对象和种用毛驴，扩大“苏北毛驴”的数量和遗传资源。在保持公驴现有的血缘数方面，保种群按血缘关系把母驴相应分成 6 组（亲缘关系近的分在一组），严格执行“以父定组，组间单向循环选配”的原则，6 个家系的公母驴在分布上力求数量平衡。

(3) 按场内标准对现有种驴进行评估。严格按照场内标准对场内种驴进行评估，对“苏北毛驴”的个体进行鉴定时，选择遗传基因稳定、生产性能好、抗病力强、耐粗饲、生长发育快的优良个体留作种用。从原有驴群的种公驴中选出分值较高且相互没有血缘关系的 5 头公驴，建立 5 个家系。继续收集符合“苏北毛驴”品种特征的毛驴，再从收集到的毛驴中选择 1 头公驴，组建 6 个家系，达到保种要求。

(4) 开展后备驴性能测定。对后裔驴测定，培育出理想型个体，作为后备种驴，为后备种驴打好基础。更替的后备驴都要经过性能测定，主要测定毛驴初生、断奶、6 月龄、12 月龄、18 月龄、24 月龄等年龄段的体重和体尺情况（体尺、体长、胸宽、管围等）符合品种特征的留种。对 12 月龄毛驴开展后备毛驴性能测定，对 36 月龄毛驴记录种公驴与配母驴产子情况。测定与留种比例 2∶1，每个家系选留后备公驴不少于 2 头。各家系等数留种，淘汰明显表现遗传缺陷的个体。

(5) 利用现代分子育种技术加强品种保护和性能提升。利用微卫星技术分析现有毛驴种群的遗传多样性并进行分群，组建家系；利用分子标记辅助选育技术等现代分子育种技术，加强“苏北毛驴”繁殖性能、生长性能和肉质性能的保护和提升。另外，对“苏北毛驴”的精子、卵子进行冷冻保存，取得“苏北毛驴”的 DNA，保存一些特有基因，保护苏北毛驴遗传资源。

2. 建立社会保种网络

连云港永昌苏北毛驴养殖有限公司在建立保种场的基础上，与东海县周边毛驴养殖户签订保种协议，回收养殖户的毛驴，扩大毛驴数量，加快毛驴保种速度，进一步保护“苏北毛驴”这一珍稀资源。

四、应用效益与成绩荣誉

“苏北毛驴”遗传资源保护工作，不仅带动了保种工作的后续发展，而且延长了产业链条，整合农村个别养殖户成为有组织的团体，带动养驴行业的发展。通过推广“苏北毛驴”繁育技术、秸秆综合利用技术、标准化饲养技术、疫病防治技术，农作物秸秆等农副产品得到有效利用，从而减少因秸秆焚烧而造成的环境污染，使得社会、生态效益极为显著。

为促进“苏北毛驴”遗传资源保护，连云港永昌苏北毛驴养殖有限公司主要做出了以下几点贡献：一是制订并通过省级专家组审核《“苏北毛驴”抢救性保种方案》；二是编写“苏北毛驴”饲养管理技术规范，并申报2019年度“苏北毛驴”地方标准，实现按规程管理，为日常管理工作打下基础；三是建立“苏北毛驴”核心群，6个家系，并在不断完善中；四是“苏北毛驴”遗传资源保护项目负责人王团结2017年被江苏省畜禽遗传资源委员会办公室评为“全省畜禽遗传资源保护先进个人”，树立了行业典范。相信在连云港永昌苏北毛驴养殖有限公司的模范带动以及行业诸多有识之士的共同努力下，“苏北毛驴”遗传资源保护工作定将焕发新的活力。

第三节　山东毛驴分布及其开发利用①

一、产地分布

山东小毛驴分布于胶东半岛、沂蒙山区和鲁中平原②。过去，以烟台、威海、青岛等胶东地区为主产区的小毛驴，又称胶东小毛驴；而中心产区在海阳、莱阳、栖霞等地的小毛驴，又称海阳小毛驴。图4-1显示了1949—1984年烟台市牛、马、驴、骡这些大家畜的消长变化情况。据记载，胶东地区（主要包括烟台、威海所辖区域）1931年驴存栏23.01万头，1935年为43.05

① 本节内容原文发表于《农业科学》2019年第9期，原题为“山东小毛驴概述”，作者为张孝忠、张国梁、孙玉江（青岛农业大学动物科技学院），陈建兴（赤峰学院化学与生命科学学院）。略有修改。

② 中国马驴品种志编写组．中国马驴品种志[M]．上海：上海科学技术出版，1987.

万头，分别占区域内大家畜的 51.88%和 57.17%；1954 年曾达到创纪录的 45.97 万头，占山东省驴存栏量的 27.88%，全国的 3.76%。1984 年山东小毛驴、德州驴、杂种驴在产区占比分别为 6.08%、3.09%、90.83%[①]，山东小毛驴与德州驴存栏比为 1.97∶1。可见，在主产区山东小毛驴曾占主导地位。

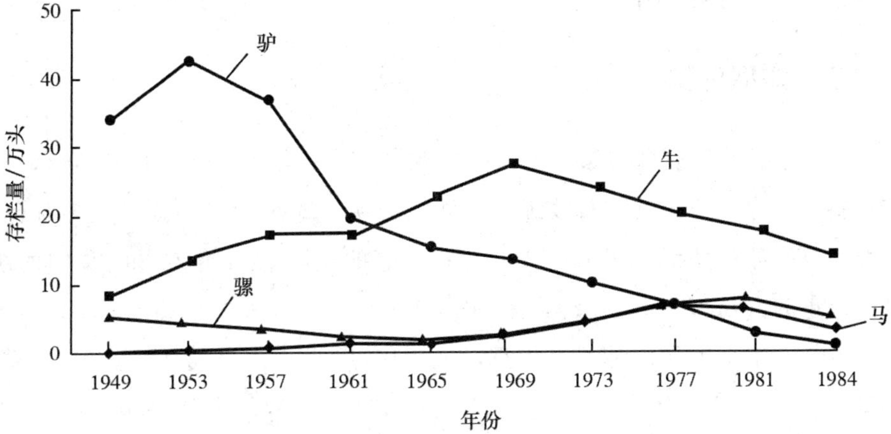

图 4-1　烟台市大家畜消长变化图（1949—1984 年）

二、品种历史

中国养驴始于南疆，渐次东来，经甘肃、陕西逐渐发展到全国。西汉陆贾在《新语·道基》中，将驴与珠玉、珊瑚等并列，可见其稀少和珍贵。汉张骞出使西域后，驴随着马匹、苜蓿等被引入中原。唐宋后，驴作为重要役畜已遍布各地。

山东养驴应早于 1 500 多年前的北魏时期。贾思勰的《齐民要术》对养驴、繁育骡子、驴漏蹄病等均有叙述。“商圣”陶朱公（山东定陶）说，子欲速富，当畜五牸。五牸指牛、马、猪、羊、驴[②]。这都说明，山东养驴历史悠久。

胶东地区素有养驴习惯。清末到中华人民共和国成立初期的百年历史中，驴一直是胶东地区主要畜种。1954 年，驴仍然占牛、马、骡等大家畜存栏量总量的 69.68%。山东小毛驴与太行驴、滚沙驴、淮北毛驴、淮北灰驴等均属

① 数据来自烟台市农业局畜牧区划组于 1986 年编写的《烟台市畜牧资源调查与区划》(内部资料)。

② 贾思勰．齐民要术选读本[M]．石声汉，选释．北京：农业出版社，1961.

于华北驴的分支，其体质、外形相似。现代农业的快速发展和驴役用地位的降低，使得山东小毛驴种质资源迅速衰减，其育种潜力也在逐渐丧失。近十年来，山东省畜牧总站刘展生研究员等在实施山东省良种产业化项目过程中，挖掘、搜集山东毛驴种质资源，并在海阳建立了繁育基地，为保护与开发山东毛驴奠定了物质基础。

三、体型外貌

山东小毛驴体质结实紧凑①，外形呈正方体型，头大、耳长，颈短，窄胸，斜尻，背腰较平直，四肢细长，筋腱分明，蹄小而坚实。毛色多灰色，一般均有明显的背线和鹰膀，亦有存在虎斑的。据 1981 年在 392 头中的统计，灰色的占 60.5%，其余为黑色和褐色。

成年山东小毛驴的体尺、体重，公驴比母驴为大。公驴体重 142 千克，体高 115.75 厘米，体长 111.5 厘米，胸围 124.5 厘米，管围 14.00 厘米。母驴体重 137.5 千克，体高 114.83 厘米，体长 109.85 厘米，胸围 127.17 厘米，管围 13.38 厘米。不同性别的山东小毛驴，从 1 岁到 4 岁，体高、体长、胸围与管围的平均值，如表 4-1 所示。山东小毛驴的毛色不同，体尺、体重亦有差异，以黑毛色小毛驴体尺、体重为大，这与该品种小毛驴形成过程中混入德州驴等大型驴有关。

表 4-1　山东小毛驴生长发育统计表　　厘米

性别	年龄	体高 $X \pm S$	体长 $X \pm S$	胸围 $X \pm S$	管围 $X \pm S$
母驴	1	98.58±8.02	93.00±10.22	101.00±9.32	11.42±1.35
	2	101.00±5.76	96.03±3.63	105.29±8.38	11.86±1.14
	3	110.88±6.54	109.69±2.79	120.83±7.55	13.25±0.35
	4	114.83±4.54	109.85±11.30	127.17±9.09	13.38±0.63
公驴	1	104.34±8.60	96.09±9.09	105.68±9.92	11.91±1.00
	2	106.32±1.26	108.67±12.39	115.67±5.69	12.83±1.04
	3	108.83±2.80	109.00±8.35	121.30±17.93	13.17±2.08
	4	115.75±4.50	111.50±13.55	124.50±9.50	14.00±0.87

① 烟台市农业局．烟台农业志(1840—1985)[M]．烟台：山东省出版总社，1988.

四、生产性能

山东小毛驴是地方良种，其优点是比其他家畜容易喂养，吃草少，生病少，性情温顺，好使唤，拉、驮、骑均可。山东小毛驴特别适应于一家一户小农经营和山丘地区坡陡路窄的特点。

1. 挽驮能力

毛驴多用于驮运，春秋农忙季节，半劳力就可带领 2～3 头毛驴作业，每头毛驴可负重 75～90 千克，每日工作 10 小时，往返于山地羊肠小道，运实物 450～550 千克。繁忙季节，人在地头吃饭，驴可在地头食草料，不耽误时间，适于季节需要。

在平原地区，道路平坦宽敞，毛驴多用于拉胶轮轴承大板车运输，一车载 500 千克以上，日行 40～50 千米，运行自如，可连续作业。

2. 生长速度

俗话说："一岁不成驴，到老是个驹。"这说明小毛驴有生长发育迅速的特点，但公的比母的略慢些。母驴在 1 周岁时体高、体长基本定型，可达成年时体高、体长的 90%以上，2 周岁后胸围也基本达到成年标准，公驴则要拖后 1 年。

3. 繁殖性能

公驴性欲特别旺盛，母驴发情外观极为明显，全年都发情，但有明显的季节性，多集中在 3—6 月，其中，以 4—5 月发情为多，这与同区域生长的德州驴基本相同。

据在烟台程淏牧业有限公司养殖基地观察，山东小毛驴始配年龄为 2 周岁，发情期一般为 4～7 天，发情周期 22～26 天。在年龄较大、饲养管理条件较好、气候温和的条件下，母驴发情周期短，持续时间较长。

母驴终配年龄一般在 16 岁左右，终生可产驹 7～8 头。因年龄和饲养管理条件不同，妊娠期也略有差异，其范围为 365～385 天。母驴很少发生难产，幼驹成活率高，很少发生疾病。

4. 产肉能力

屠宰的驴多为失去使役能力的老残废驴，屠宰率为 36%。若经过 2～3 个月的育肥，产肉能力可大大提高，屠宰率一般为45%，高者达52%，胴体产肉率可达70%以上。

驴肉味美、鲜嫩、可口，久负盛名，有“天上龙肉，地上驴肉”之说。产区驴肉加工历史悠久，誉满南北。据调查，蓬莱卤驴肉（原名汤驴肉）已有120多年历史，颇具盛名，享有“蓬莱卤驴肉，天下无敌手”之誉。1857年，蓬莱城南门外洛河村黄开基以此为业，在上海、营口、烟台等地开设分店。20世纪80年代初，烟台丹桂街东园门外的卤驴肉铺，生意兴旺，顾客盈门。

五、饲养管理

山东小毛驴多为常年座槽喂养，饲养粗放。粗饲料以玉米秸、青干草为主，混以花生秧和甘薯蔓等；精饲料很少，多是甘薯片、䅟子和少量麸皮、玉米等。每头毛驴每年用料不足50千克，且多在农忙时喂给。对种公驴的饲养管理较精细，注意给予蛋白质饲料的补给，在配种期有增喂熟黑豆和生鸡蛋的习惯。对怀孕母驴注意偏草偏料，减轻使役强度。对刚分娩的母驴还喂小米粥，在哺乳期多数增喂蛋白质饲料，在青草旺季多牵出村边地头空旷之处放牧。

六、利用方向

家畜遗传资源问题是全球性生物资源问题的组成部分，涉及人类未来的生存与发展①。随着我国社会经济的发展和习近平新时代中国特色社会主义建设的不断推进，满足人民日益增长的美好生活的时代需求这一历史使命为保护、开发山东毛驴资源指明了方向。山东小毛驴是我国驴种资源的重要组成部分。除役用外，驴的肉用、乳用、药用、保健用途日渐突出，其旅游、宠物用的价值也开始展露锋芒②③。运用现代生物学、信息学、基因组学等技术

---

① 常洪．中国家畜遗传资源研究[M]．西安：陕西人民教育出版社，1998.

② 孙玉江，徐纪尊，蒋涛，等．中国驴种遗传资源保护利用研究[J]．中国草食动物，2006，12(06)：32-34.

③ 陈建兴，胡学斌，张丽娜，等．驴生物制品开发利用研究进展[J]．畜牧与饲料科学，2018，39(07)：82-85.

手段，进行山小东毛驴种质资源鉴定、评价、开发已刻不容缓①②。

第四节 甘肃凉州驴的形成与发展③

凉州驴是甘肃最古老的原始小型驴种，普遍分布于河西走廊地区，因以古凉州（今武威市凉州区）地区分布数量多、质量好而得名。河西走廊地处祁连山与合黎山、龙首山等山脉之间，地形狭长如走廊，又因地处黄河以西，故被称为“河西走廊”。河西走廊地势平坦，气候干旱，许多地方年降水量不足 200 毫米，但祁连山冰雪融水丰富，灌溉农业发达，是西北地区主要商品粮基地和经济作物集中产地。历史上凉州驴作为当地人民生产生活的主要役用动力，为河西地区农业发展和社会进步提供了便利，做出了突出贡献。

一、品种来源及形成历史

驴起源于非洲，其祖先是非洲野驴。据有关文献记载，驴在 3 500 多年前由非洲经阿拉伯国家及印度等地逐步传入我国新疆南部莎车、和田等地。随着张骞通使西域，大批的新疆小型驴种进入甘肃河西地区及陕西北部等地，并逐步向东向南扩展。河西地区虽地形复杂，自然气候条件严酷，但又是古丝绸之路的必经之路，贸易流通、文书传递工作中大多数都是以驴作为驮运工具。同时，驴又是当时农业耕作、骑乘代步的主要役力。严酷的自然条件和劳动人民长期不断的选育，逐步形成了体格小，速度快，驮、乘、拉兼用，耐粗饲，耐贫瘠的凉州驴。凉州驴属于新疆驴的一个分支，是在河西地区特

① Chen J X, Song Z H, Rong M J, et al. The Association Analysis between Cytb Polymorphism and Growth Traits in Three Chinese Donkey Breeds[J]. Livestock Science, 2009, 126(13): 306-309.

② Chen J X, Sun Y J, Manglai D, et al. Maternal Genetic Diversity and Population Structure of four Chinese Donkey Breeds[J]. Livestock Science, 2010, 131(23): 272-280.

③ 本节内容原文发表于《甘肃畜牧兽医》2019 年第 10 期，原题为“凉州驴的形成与发展”，作者为王世泰（甘肃省畜牧技术推广总站）。略有修改。

殊自然条件下培育成的一个新疆驴的类群，也是全国其他驴种的过渡品种，1982 年被确定为甘肃省优良地方品种，并载入《甘肃省畜禽品种志》。

二、品种特征及性能

1. 品种特征

凉州驴体尺、体重较小，是典型的北方小型驴种。据 1980 年张兴汉等调查测定，成年公驴体高 100.9 厘米、体长 111.1 厘米、胸围 104.7 厘米、管围 13.4 厘米；成年母驴对应数据分别为 100.7 厘米、103.2 厘米、112.4 厘米、12.9 厘米。被毛颜色不统一，主要为黑色和灰色，其中黑色占总体比例最高，为 42.3%，灰色次之，占 38%，其他为杂色。除黑色外，大多数驴有黑色背线，肩部有鹰膀，前膝及关节上有一至数条虎斑。从外形看，凉州驴侧观略呈长方形，各部位发育匀称，结构紧凑，四肢端正，关节干燥，精神饱满。

2. 生长发育及生产性能

（1）生长发育性能。历史上，凉州驴的饲养管理条件极其粗放，在使役期放牧基础上补饲少量作物秸秆，在非使役期只放牧不补饲。在这种粗放条件下，凉州驴的生长发育很正常。公驴驹 1 岁时体高占成年体高的 92.4%，2 岁时占成年体高的 95.31%，3 岁时占成年体高的 97.33%，4 岁时占成年体高的 99.12%，生长发育基本完成。母驴驹的生长发育情况与公驴驹一致，4 岁时基本达到体成熟。

（2）役用性能。凉州驴使役是多方面的，据张兴汉等测定，一头成年骟驴与马或骡合套，每天可耕地 1 400 $米^2$，驮载 70 千克，可日行 30 千米，单驴套车载重 200～250 千克，平路可日行 50～60 千米，耐力持久性极强。

（3）经济性能。凉州驴产肉性能较差。据甘肃农业大学汤培文等测定，以苜蓿为主的青牧草饲养条件下，驴的屠宰率为 48.2%，净肉率为 64.8%。但驴肉的营养价值很高，经相关机构实验室分析，驴肉属于典型的高蛋白、低脂肪肉品，且氨基酸构成特别齐全，包含了人体所需 8 种必需氨基酸和 10 种非必需氨基酸，其营养价值远高于牛肉和猪肉。凉州驴作为小型驴种，其产乳性能基本与新疆驴一致，产乳量不高。在全舍饲条件下，180 天泌乳期内，平均日泌量2千克，且变异较大。驴乳是一种天然富硒保健饮品，其组成成分非常接近人乳，富含亚油酸和亚麻酸等人体必需脂肪酸，对人体多种脏器有保健作用。驴皮因富含氨基酸和多种有益于人体的微量元素，具有很高的药用和经济价值，是国药阿胶的主要生产原料，成为近年我国各地养驴的主要收入来源。

3. 繁殖性能

凉州驴的发情配种季节主要集中在春末夏初至秋末冬初这个阶段，其中以6—8月3个月最集中。公母驴的性成熟都在3岁左右，母驴的发情期为19～22天，发情持续期3～4天，妊娠期355～365天。营养条件较好的母驴在产后第7天开始第一次发情，若此时配种，受胎率很高，俗称“热配”。公驴交配受季节影响较小，只要有母驴发情就有交配能力。正常情况下，公驴从4岁后参加配种繁殖至12岁淘汰，母驴在16岁时还具有繁殖能力。

三、养殖现状

1. 养殖目的

从品种形成历史可以看出，凉州驴是新疆驴从西域传入河西地区后，在当地自然选择和百姓人为干预等多重选择下形成的适应当地养殖条件的重要役畜。据不完全统计，凉州驴数量占当地所有役用大家畜数量总和的40%左右，可见其在当地人民生产生活中扮演重要角色。随着农业生产条件的逐步改善和农业机械化水平的不断提高，凉州驴作为役畜的地位逐步弱化，目前养殖主要开发其肉、皮、乳等商业价值，只在个别交通特别不便的牧区或村镇作为人们生活驮水和放牧转场时的动力。

2. 饲养管理条件

过去受生产生活条件所限，凉州驴的养殖相当粗放，不使役时只在戈壁草滩等地游牧或田间地埂拴牧，使役时在放牧基础上适当补饲作物秸秆，很少补饲精饲料。这种粗放的养殖条件就能保证凉州驴的正常使役，且对生产发育及繁殖影响不明显，这证明凉州驴的耐粗饲、耐贫瘠能力十分优秀。目前，凉州驴养殖主要是商品养殖，以生产肉、皮、乳等为主要用途，以集约化、工厂化、现代化养殖为主，辅以农户少量散养。驴的营养条件发生重大改变，规模场饲草以麦秸、豌豆秸、玉米秸、稻秸及苜蓿等混合草为主，再辅以全价配合精料补充营养需求，全面满足凉州驴不同体况下的生产需要。农户散养驴在充分放牧的同时，也随季节变化、使役情况和不同体况等给予相应的精料补充，尽量满足其生产需要。

3. 体尺

随着饲养条件改善、使役减轻和个别地方外血的导入，凉州驴的体尺发生了较为明显的改变，如表 4-2 所示。

表 4-2　凉州驴体尺数据变化情况　　厘米

测定时间	性别	体高	体长	胸围	管围
1980 年	公	100.94	111.11	104.74	13.35
	母	100.73	103.16	112.35	12.89
2006 年	公	108.90	109.00	123.70	14.60
	母	109.90	105.50	120.20	13.90
2019 年	公	113.30	111.90	123.00	15.50
	母	114.90	118.90	127.00	14.40

从三个不同时间段所测得的体尺数据明显可以看出，凉州驴所有体尺都在变大，且变化特别明显，体型向高大型方向逐步发展。究其主要原因，是养殖用途发生变化，养殖环境、营养条件不断改善和使役强度不断下降。同时，个别地方也有高大型驴种外血导入的情况发生。

4. 养殖数量

凉州驴是典型的小型驴种，其受自身条件限制，产肉性能欠佳，皮张较小，同等收购条件下不如大型驴种的皮张，产乳性能与其他驴种区别不大，并且目前驴乳成品开发尚处起步阶段，并非驴养殖的主要盈利点，因此，凉州驴在目前商品化养殖中劣势明显。从甘肃省不同时期的三次品种调查情况看，凉州驴品种生存步入艰难阶段。据张兴汉等 1980 年调查，凉州驴在中心产区武威地区存栏 91 300 头，其中繁殖母驴 25 700 头。而据严秉莲 2006 年调查，凉州驴在该地区存栏已下降至 39 299 头，下降了 56.96%，其中繁殖母驴 16 767 头。随着近几年来商品化养殖的快速兴起，凉州驴的生存现状越来越严峻，大量养殖场（户）将其快速淘汰后转而引进其他大型驴种来养殖，致其存栏量迅速萎缩。据笔者 2019 年调查，该地区存栏凉州驴数量不足 1 500 头，且基本都是年龄 10 岁以上的老年骟驴，很少有繁殖驴。就整个凉州驴的分布区来讲，该品种的生存现状亦岌岌可危。据笔者估算，在整个河西地区凉州驴养殖量最多的属高台县（主要在宣化、罗城等乡镇），全县该品种驴存栏不足 4 000 头，其中大部分都是失去繁殖能力的老年驴及骟驴，可用于繁殖的凉州驴很少，优秀公母驴更是凤毛麟角。驴产品价值的极限追求和当地品种保护意识的淡薄加速了凉州驴品种的消亡过程，依目前的情势看，如不尽早加以保护，凉州驴这个优良的品种在不久的将来会彻底消失。

四、促进凉州驴持续发展的对策思路

凉州驴生存现状十分严峻，产区各有关部门应有足够的警觉，充分认识到高度商品化养殖对该品种生存空间步步挤压，导致品种正在快速减少，品种的保护迫在眉睫、刻不容缓。

1. 制定《凉州驴》品种标准

凉州驴作为甘肃省一个优良的地方品种，虽然在历史上为河西乃至全省的经济社会发展做出了重要贡献，但是它在整体养殖业中所处地位并不高，其严峻的生存现状还未引起政府与相关业务部门的足够重视。在此，强烈呼吁各级地方政府对凉州驴的品种保护和遗传资源的保存给予足够的重视，尽快制定《凉州驴》品种标准，以此作为品种认定、等级划分和选种选配的依据，推动品种保护工作稳步前进。

2. 划定保种区，建立保种场，利用现代生物技术加速凉州驴优秀群体建立

省级行业主管部门应联合各产区政府申报凉州驴保种项目，在争取国家种质资源保护部门全力支持的同时，应建立保种协作组，统一协调不同区域间凉州驴的保种工作。按照项目设计要求，在不同地区划定保种区，在充分协商的前提下，以现有条件较好的肉驴养殖场为基础建设保种场，开展凉州驴的种质资源保护。保种是没有效益可言的，所以保种协作组要尽一切可能争取国家、省、市各级政府资金的全力支持。尽可能从民间搜集本品种种质资源，开展品种鉴定和等级划分，把符合凉州驴品种特征、生长发育良好、健康无病、

繁殖机能正常的个体按等级分别组群，形成核心群，开展群内闭锁繁育和群间有限制的交流，杜绝其他品种血液导入。利用现代生物技术：一是生产优秀种公驴冷冻精液，开展冷冻精液人工授精工作，扩大优秀种驴基因传播面积，提升传播效率；二是开展胚胎移植工作，利用品质品相不够优秀但繁殖机能良好的凉州母驴做受体，移植优质凉州驴胚胎，以期迅速扩大优秀个体群体。

3. 加大开发利用力度，促进凉州驴产业健康有序发展

一是在非保护区有计划地引入国内高大型优良驴种，与当地小型驴进行杂交，利用杂种优势和凉州驴在当地良好的适应性进行驴肉及驴皮等商品生产，提高当地肉驴养殖效益，让群众在生产中受益，增强保护该品种的积极性；二是政府要加大扶持力度，加强引导和协调，畅通融资渠道，把凉州驴养殖作为当地的特色产业与政府发展规划相衔接，提高群众认知度，同时利用媒体和多种渠道加以包装宣传，为产业发展和提升造势，提高凉州驴的知名度；三是加大研发投入，联合科研院所和相关技术部门开发除肉、皮等主产品以外的副产品，提升凉州驴养殖的含金量，延伸产业链条，培育产业发展后劲，让这一古老的优良地方品种在新形势下得以保护并发光发热。

第五节　河北阳原驴业发展状况探究①

驴产业作为一个新兴产业，有着广阔的发展前景。驴有很高的经济价值，驴皮是制作阿胶的主要原料，驴肉是美味的营养食品，驴骨是很好的药用产品，驴乳是营养丰富的优良饮品，所以驴的全身都是宝，深受广大消费者的青睐。近年来，国内驴数量锐减，致使驴的价格不断上升，这就给养驴业带来了新的机遇和活力。

---

①　本节内容原文发表于第五届(2019)中国驴业发展大会暨第三届国际毛驴产业发展论坛，原题为“阳原驴发展之我见”，作者为李建斌、王旭林、郝廷美(张家口旺地牧业有限公司)。略有修改。

一、国内养驴概况及阳原驴的现状

我国已有 4 000 多年的养驴历史，是世界主要产驴国之一。家驴由野驴驯化而来。中国的驴起源于亚洲野驴，亚洲野驴分布在中国西部地区和亚细亚、印度、阿拉伯等亚洲内陆。亚洲野驴有几个亚种，其中的西藏野驴和蒙古野驴从小被捕获驯养，形成家驴。中国养驴起始于新疆南部，经甘肃、陕西逐渐发展到全国。开始引入的驴多集中在关中地区，以后逐渐向北、向东扩散。据统计，目前全国毛驴饲养量远远满足不了日益增长的消费需求，而造成我国毛驴资源急剧下降的主要原因是大部分省份以牛、羊养殖为主导产业，对肉驴生产没有合理的发展规划及品种改良项目。此外，随着农村机械化程度的提高与普及，毛驴的役用价值越来越低，使毛驴的饲养量逐渐减少。

阳原驴是我国优质驴种之一，在《中国畜禽优良目录》上有明确记载，主要分布在桑干河、洋河流域，其中心产区在河北省的阳原县及周边地区，故称阳原驴，又名桑洋驴。据《阳原县志》记载，阳原驴的饲养历史可追溯到两汉时期。北魏道武初，阳原以驴为主的牛、马、驴、骡饲养进入鼎盛时期。

明初，畜牧业得到进一步发展，阳原成为游牧民族的牧马地。清时，该县大规模开采煤炭，煤的生产运输以及粮、草运输主要靠驮运，因此驴和骡得到迅速发展。民国初年，军阀混战，经常征收驴、骡、马为军用，仅 1926 年一年，阳原所养驴、骡、马几乎全部被军阀掠走，繁殖驴、骡受到严重破坏。但是养驴育骡是阳原民众的一项主要经济来源，驴、骡是其主要役用工具，因此，养驴业又在短期内得到了迅速发展。中华人民共和国成立后，党和政府对阳原的养驴业采取了有效的鼓励措施，建起了大牲畜人工授精站。国家贷款帮助专业配种户更新种公驴，举办畜牧培训班，建立驴、骡繁殖场，把繁殖驴、骡产业提升到专业化程度，不断提高阳原驴、骡的品质。20 世纪 60 年代，阳原被确定为军骡繁殖基地，阳原驴成为以繁殖驴、骡著称的优良品种，为国防建设做出了贡献。据统计，1949—1974 年，阳原驴年末存栏量一直位于大牲畜之首。至 1982 年年末，阳原驴存栏数达到了 3.5 万头。近年来由于农村机械化程度的提高，过去以役用为主的阳原驴的饲养量逐年减少，全县驴存栏量不断减少，阳原的养驴业跌入低谷。

阳原驴在历史上无论对于农民收入的增加还是国防建设都发挥了重要作用。在畜牧养殖业趋于产品化、专业化的今天，发展养驴业，把阳原驴原种的保护、提纯复壮和扩大养殖数量提上日程，对于增加农民收入，发挥阳原畜牧业的优势，发展阳原经济，优化人们的饮食结构，开发传统医药资源都有着重大的现实意义。但目前，该驴种存栏量大幅度下降，亟待拿出具体措施开展保种工作。

二、阳原驴的特点

阳原驴属丘陵生态类型，气质温顺沉静，结构匀称高大，眼大有神，耳长灵活，额宽稍突，骨骼粗大坚实，腹部膨圆，体型呈长方形。头大而长，头颈高扬，姿态健美，颈部较宽厚，胸廓深广，凹背，鬣毛稀短。前驱发达，四肢粗壮，关节较大，体型偏重，为我国现有驴种中的“中型驴”。阳原驴食量少，耐粗饲，易饲养，疾病少，适应性强，能拉善驮。

1. 体格高大，粗壮结实

阳原驴的成年驴的平均体尺：公驴体高 135.8 厘米，体长 136.5 厘米，胸围 149 厘米，管围 17.4 厘米；母驴体高 119.6 厘米，体长 120.6 厘米，胸围 136.8 厘米，管围 14.7 厘米。平均体重 300 多千克，各项数字与其他品种驴相比，都高 20%～30%。

2. 生长发育快

驴驹 3～4 个月即可断奶，1 岁时，体高达到成年驴的 86.9%。母驴 2 岁时发育成熟，开始配种，4～10 岁繁殖能力最强，繁殖年限可延续到 20 多岁。一般情况下，一头母驴一生可产驹 5～8 头，多时达 9～12 头。公驴 2.5 岁开始配种，平均射精量 60 毫升，精子活力 0.74，一般利用年限 10～15 年。

3. 肉用价值高

阳原驴 1.5 岁以上即可屠宰，净肉率 42.5%。肉呈浅红色，有光泽，无脂肪层，肌束较粗。肉煮熟后呈粉灰色，无腥味和腻感，近似猪肉，其味愈品愈香，故有“十驴九香”的说法。同时，阳原驴肉肌纤维细，高蛋白、低脂肪，且脂肪中不饱和脂肪酸含量较高。据测定，每 100 克驴肉中含蛋白质

18.6 克、脂肪 0.7 克、钙 10 毫克、磷 144 毫克、铁 13.6 毫克，属典型的保健肉食品。

4. 适应性强

阳原驴对阳原当地土地贫瘠、干旱少雨的气候环境已经非常适应，既耐热、耐寒，又耐渴，饮水量少，还能耐粗放的饲养管理条件，对环境有极强的适应能力。

5. 繁殖能力强

阳原驴初情期 8～12 月龄，12～15 月龄性成熟，多数在 2 岁配种，妊娠期 350 天左右，正常情况下，3 年 2 胎，饲养条件好者每年 1 胎，有的可生产双胞胎，繁殖利用年限 15～20 年，个别达 23 年以上。幼驹出生重 25～35 千克；幼驹断奶重 70～90 千克。

三、发展阳原驴的有利条件

1. 市场良好，发展前景广阔

驴肉细嫩味美，营养价值高，素有“天上龙肉，地上驴肉”的美称。近 10 年来，驴肉在各地市场一直畅销不衰，且价格稳中趋升，比猪、牛、羊、马、鸡肉价格均高。如果再加工成驴肉罐头、酱驴肉、驴肉火烧等食品，驴肉还可增值 2～3 倍。由于消费者饮食结构的调整，对驴肉需求量大幅度上升，其价格居高不下，市场供不应求。随着人们生活水平的提高和保健意识的增强，驴肉成为餐桌上的新宠，其消费量呈现逐年增长的趋势。近年来，因为青睐于驴肉的天然绿色特性和营养保健功效，全国各地逐渐兴起一股驴肉消费热潮。如果能以市场为导向，依据当地气候、地理条件，大量培育本地优良驴品种，大力发展阳原驴这一特色养驴业，在满足市场需求的同时，对促进县域经济发展以及加快贫困地区脱贫致富的步伐有着不可估量的作用。此外，由于阿胶在国内外市场需求量大幅增长，驴皮的需求量也日益增加，且价格一路攀升。驴乳，是近年来国内市场开发出的营养价值较高的乳制品，是一种低脂、低胆固醇、高钙、富硒、美容抗衰的天然乳品。驴乳的营养成分最接近人乳，是乳中珍品，具有强身健体、延年益寿、抑制疾病等众多功效，如果长期饮用可以保肝护胃、补血补气、益肾强筋，是一种不可多得的保健品，其市场开发前景非常广阔。

2. 阳原及周边地区农村有着养驴的传统和丰富的经验

阳原及周边地区的广大农村养驴历史悠久，过去几乎家家都养驴。经过长时间的饲养，广大农民对养驴可以说是轻车熟路，几乎人人都是养驴好手。加上张家口旺地牧业有限公司经过 3 年多的探索和实践，初步摸索出一条规模化、科学化的养驴新路，在饲养方法、饲喂配料、防疫灭病、科学管理等方面均积累了一定经验，既降低了成本，又提高了养驴效益。

3. 草场面积大，可利用作物秸秆丰富

据 1984 年《阳原县综合农业区划》载，全县天然草场面积 680 820 亩，占全县总面积的 24.54%。到 2015 年，全县可利用草场面积 887 775 亩，产草量较大。此外，全县近 70 万亩耕地所种植作物秸秆，特别是谷类、玉米、大豆类等农作物的秸秆产量大，是饲喂驴的上好饲料。近年来，由于农民养驴越来越少，大量秸秆被焚烧，既浪费资源，又污染环境。

综上所述，发展养驴业是使农民脱贫致富、振兴阳原农村经济的好项目。从全国各地养驴业的调查获知，肉驴的价格一直比较稳定。以农民自繁自养的方式，若每年出栏一头普通肉驴，可获利 2 000～3 000 元；以短期育肥的方式，3～4 个月育肥出栏一头肉驴，可获利 500～1 000 元；若繁育驴驹，一头母驴年产一头驴驹，可获利 5 000 元左右。其养殖利润已大大高于牛、马、羊等牲畜。若阳原养驴，利润将十分可观。

四、振兴阳原养驴产业的前景

通过对北京、内蒙古、辽宁、山东、河北、山西等省份的调查，了解到大量养驴市场信息，相关数据表明驴肉市场需求量非常大，且价格逐年攀升，养驴业潜力巨大。但基础母驴特别是能繁母驴基数低，成为制约养驴业发展的瓶颈。为此，若能在现有养殖场的基础上，兴建阳原驴繁育基地，就能够加速阳原驴种的繁殖，带动阳原农民养驴脱贫和农村经济的发展。阳原驴繁育基地项目以张家口旺地牧业有限公司为依托，在市、县政府以及畜牧部门的支持和协调下，建设“阳原驴保种基地”，对阳原驴进行提纯复壮和品种改良。为了加快阳原驴的发展，当地企业已向国家工商行政管理总局申报了“阳原驴”地理标志证明商标，并获批准。这将为保护阳原驴这一地方优质品种资源，加速阳原驴的保种和扩繁奠定坚实的基础。在保存和提纯复壮阳原驴原种的基础上，对阳原驴进一步进行品种改良，引进产肉率高和皮质好的种公驴，与阳原驴进行杂交，提高产肉率和驴皮品质，增加阿胶产出率，进一步提升阳原驴的价值。

项目建成后，通过 5 年时间的繁育，使阳原驴的纯种和改良品种达到 2 万头。再经过 5 年左右的繁育，使全县阳原驴数量达到 20 万头左右。项目以“公司＋合作社＋农户”的经营模式进行运作，辐射和带动周边农户养殖阳原驴，逐步形成“繁育＋育肥＋加工”的一体化经营格局，可带动全县农民养殖肉驴。每户农民在不影响正常种养殖的前提下，饲养 3～5 头阳原驴，可年增加收入 2 万元。从公司角度看，在带动农民致富同时，逐步达到年出栏肉驴 10 000 头，实现利润 2 000 万元，这样既带动了农民致富，又壮大了基地的实力，为下步扩大再养殖、带动更多农民致富创造更有利的条件。

五、存在问题及发展思路

1. 存在问题

（1）数量少、规模小。随着农业机械化的不断发展，驴的役用性能优势逐渐消失，同时又缺乏系统、合理、规范的产业化开发，导致阳原驴数量大幅度下降，据调查，阳原驴的存栏量已不足万头。

（2）品种品质下降。随着阳原驴数量的减少，近亲交配的增多，阳原驴的品质不断下降，个性生长速度较过去减缓。

（3）配套技术匮乏。过去阳原驴主要是役用，大多为农户分散饲养，相关的养殖技术、管理技术水平较低，未形成科学、系统的综合配套技术。

（4）产业开发空白。过去阳原驴主要是役用工具，因而管理粗放，饲料单一，营养价值不高，饲养周期较长，一般不会对外出售。其实，阳原驴作为一个优良品种，具有特定的优越性，具有很高的商业价值，但阳原驴相关产业的开发仍处于空白阶段。

(5) 资金不足。阳原县是国家级贫困县，经济贫困导致产业发展资金不足。

2. 发展思路

(1) 坚持保用相结合的基本原则。保种的目的是利用，而利用也需要保种提供的品种资源，所以保种和利用是相互促进的关系。只有做好保用结合，才能更好地保护品种资源。阳原驴是河北省乃至全国的优良品种资源，保护和利用好这一优良品种，一定要坚持保用结合的原则。目前，保种工作已经迈出了坚实的第一步，下一步就要认真研究开发利用的问题，争取早日做大做强阳原驴产业。

(2) 打好良种繁育体系建设基础。建立适合产业发展的良种繁育体系是发展阳原驴产业的基础。当地繁育体系的建立需要关注以下方面：以市场为导向，充分发挥规模养殖户的积极作用；以张家口旺地牧业有限公司养殖场为核心，提供优良种驴精液；以畜牧技术部门为依托，充分发挥良种改良和辐射带动作用。同时当地繁育体系的建立，还要坚持平等自愿、互惠互利的原则，确保每个环节的合理利润空间，实现良性循环，促进阳原驴产业健康发展。

(3) 依靠综合配套技术服务支撑。养殖产业的发展，必须以科技为支撑，遗传育种、繁育改良、营养管理、防疫灭病、产品加工等每一个环节都离不开科技支撑。目前，阳原驴与猪、牛、羊、鸡等传统养殖业相比，各个环节所需的配套技术还相当落后或匮乏，因此，阳原驴的相关从业人员要花大力气研究和推广产业发展所需的各项配套技术，形成技术标准、技术规范，为阳原驴发展提供技术服务支撑。

(4) 制定和完善各种保障扶持措施。驴的保种工作同其他传统畜牧业发展相比，有其特殊性，即既要保护品种资源，又要兼顾产业开发，因此更加需要各种政策的支持与保护。当前，关于畜禽保种的政策尚不完善，阳原驴保种工作刚刚启动，阳原驴产业的发展一定会遇到各种各样的难题，所以，加快制定对阳原驴保种以及产业发展的相关扶持、保障措施刻不容缓。

(5) 建立协会组织，为养驴提供全方位的服务。目前，“阳原县阳原驴保种协会”已成立，并着手开展各项服务。为加快阳原驴产业发展，各乡、镇及养驴专业村必须建立基层分会，制定《协会章程》和《阳原驴产业发展规划》，确保上下协调，为会员提供全方位的服务。各级分会通过互联网发布市场信息，了解国内外市场行情，及时免费向会员反馈各种信息；通过开展“自我教育、自我管理、自我服务”的活动，成为会员之家。

（6）组织养驴技术培训。驴业要发展，仅凭以往的经验已远远不够，必须将新技术（包括管理、饲喂、防疫灭病等）传授给广大养驴户。目前，阳原县已和河北科技师范学院、内蒙古农业大学、青岛农业大学等院校建立了协作关系，并将本地公司作为河北科技师范学院动物科技学院的“产学研究基地”。内蒙古农业大学拟在本地建立“阳原驴研究所”，为强化养驴技术指导提供有力保障。今后，全县将依托院校的技术优势，对养驴户从饲养、改良品种、配种、孕产期、哺乳期、育肥、出栏、防疫、深加工等方面进行全程技术培训，使养驴专业人员尽快掌握科学养殖技术。

（7）建市场、搭建销售平台。建议在县内养驴较多的乡、镇兴建1～2个大型牲畜交易市场，使老百姓在家门口就能买卖肉驴、种驴。同时，还可带动其他产业，如餐饮业、旅店业、运输业及加油站、维修行业的发展。

（8）建立肉驴深加工企业，拉长产业链。目前，阳原仅有一些简易的肉驴屠宰厂，既不规范，也没有多少生产能力。将来，为了保障阳原驴产业顺利发展，必须建立一批深加工企业，使阳原驴从饲养—销售—深加工，形成一个完整的产业链，实现二次甚至三次增值，使驴肉卖上好价钱，增加全县养殖户和县财政的收入。

（9）吸纳各方资金，保证驴产业快速发展。国家、省、市拨付一定的专项资金，用于支持阳原驴产业发展；有关部门的产业发展资金在项目安排时，要向阳原驴养殖产业适度倾斜；争取金融机构扶贫再贷款支持；加大各项扶贫资金统筹使用政策力度，集中向贫困村、户倾斜，鼓励和帮助农户通过土地经营权转让和抵押，从金融机构获得贷款；争取保险支持等，确保养驴业发展所需资金充足。

第六节　新疆疆岳驴发展及其需求①

岳普湖县位于喀什地区中部、塔克拉玛干沙漠边缘，属于荒漠绿洲，总面积 3 222 万千米^2，其中天然草场 160 万亩，可利用草场 72.5 万亩。岳普湖县大畜场疆岳驴繁育基地距离县城 15 公里，由新疆畜牧科学院畜牧研究所于 1999 年开始协助建立，并在 2001 年 6 月注册了“疆岳驴”商标，成为中国第一个驴的品牌。2001 年 11 月，岳普湖县被批准为“中国毛驴之乡”，毛驴深受农牧民及企业欢迎，群体数量不断增加。县里有山东民营企业投资的驴肉加工厂，驴皮则销往和田阿华阿胶有限公司。2004 年，新疆科技兴新项目“疆岳驴产业综合配套技术推广”的执行，对南疆肉驴的发展和全面辐射推广起了很大的促进作用，也为新疆肉用驴体的大型品系选育创造了条件。

一、发展现状

新疆有悠久的养驴历史，特别是在南疆贫困地区，驴作为生产生活资料在少数民族的生活中扮演着重要角色。1958 年，岳普湖县从陕西引进关中驴，与本地毛驴进行杂交和选育。新疆畜牧科学院畜牧研究所 1999 年开始协助岳普湖县大畜场建立“疆岳驴”繁育基地，从山西等地引入优质肉用种公驴进行杂交，提高南疆土种驴的生产性能，改善驴肉品质，提高驴肉单产和驴皮的生产性能，在市场需求的变化中增强竞争力。这既改善了现有驴的品种资源，又对南疆地区肉驴业的发展和农民脱贫致富起到积极的推动作用，同时增强了农民的商品驴饲养意识，缓解了南疆地区驴肉加工企业原料不足等方面的问题。在发展肉用驴生产时，采用杂交方法，使当地肉驴不仅拥有杂种优势，还拥有品种生长快、成熟早、产肉多、肉质好、周转快和经济效益高

① 本节内容原文来源于《草食家畜》2006 年第 1 期，原题为“新疆喀什地区岳普湖县‘疆岳’驴品牌介绍”，作者为托乎提・阿及德、肖海霞、帕热哈提江・吾甫尔、张国庭、谢立荣、苏玲玲、沙荔（新疆畜牧科学院畜牧研究所）。略有修改。

等优点。

二、疆岳驴的特点

疆岳驴属于大型驴，是中国第一个驴的品牌，其体格高大，体质干燥结实，体型略呈长方形，前胸宽广，毛色分为三粉（鼻周围粉白、眼周围粉白、腹下粉白），其他部分为黑色，公驴体高 132 厘米、体重 255 千克，母驴体高 128 厘米、体重 246 千克，抗病力强，消化器官疾病少，能吃苦耐劳。此外，疆岳驴的适应性强，耐粗饲，而且它的采食量少，饲料的利用率高，饲养成本远远低于牛和马。因此，疆岳驴是适应新疆气候的最佳肉用驴。

三、市场需求

中国素有“天上龙肉，地上驴肉”的说法，驴肉消费符合传统消费习惯。驴肉是一种脂肪含量低、蛋白质高的保健食品，随着驴肉加工工艺的发展和提高，市场前景更为广阔，特别是我国华北、东北、两广地区以及韩国的市场需求很大。据联合国粮农组织 1998 年的相关统计信息，我国肉类总产 5 514 万吨，人均占有肉食 44 千克，而发达国家为 78 千克，美国为 130.9 千克，可见肉类在国内发展的空间较大，同时驴肉出口的前景也非常广阔。随着人民生活水平的提高，保健意识越来越强，市场上的阿胶供不应求，一批以中草药制作保健品的企业发展迅猛，为驴皮销售创造了良好的市场。新疆驴多集中在南疆喀什、和田、阿克苏等地，至今还未发挥其巨大的商用价值，而且由于良种化程度低，养殖分散、产量低，未能形成规模，其经济效益一直未能有效发挥。以驴皮为主要原料的阿胶生产是“疆岳驴”产业链中最重要的一环。阿胶和人参、鹿茸同时被列为“中药三大瑰宝”，主要具有补血、止血，增强免疫力和抵抗力的功效，因此市场潜力非常大。为了充分利用新疆的毛驴资源，山东东阿阿胶股份有限公司于 2001 年在和田设立新疆和田阿华阿胶有限公司，2005 年 4 月又进一步扩大企业规模，联合岳普湖县成立了东阿阿胶岳普湖疆岳科技开发公司，同时设立了总公司在全国的第四个养驴基地。目前，喀什其他县市、和田、阿克苏等地区从岳普湖县引进疆岳驴种驴进行杂交改良的需求很大。新疆和田阿华阿胶有限公司拥有岳普湖县大畜场疆岳驴繁育基地70%的股权，保证了种驴场的长期健康发展及肉用驴选育工作的顺利进行。

市场和社会的需求为肉用驴生产创造了机会，也激发了养驴业的发展。对于天然草场面积大而质量差，不适宜发展高生产性能家畜的地区，养驴业则是一个科学配置、合理利用资源的高效发展经济的途径。同时，南疆广大地区农副产品秸秆资源利用率低，饲养高生产性能家畜的草料难以满足，养驴则非常适合，而且农牧民都具有养驴的经验和习惯。养驴投资少，效益高，是广大农牧民家庭养殖致富的好路子。

第七节　安徽淮北灰驴的濒危抢护①

“那时候，只要打听到本市及周边地区的农户有饲养灰驴的，我就跟着老付开车去当地，待确认是淮北灰驴以后，不惜高价也要收购。公驴比较难选，买一头公驴得三四万元，不然，老百姓就把它杀了。”

谈起10年前寻找和保护纯种淮北灰驴的场景，孙凤亭的脸上仍然有一种自豪感。据他描述，保种场在收购灰驴的同时，还进行自繁，当前整个种群达到了几十头的规模，为开展品种保护提供了种群基础。

孙凤亭是高级畜牧师，原来担任安徽省淮北市动物疫病预防与控制中心主任，于2013年退休。退休在家的孙凤亭着手创办淮北市振淮农牧科技专业合作社（以下简称“振淮合作社”），初衷是保护淮北灰驴。

振淮合作社位于濉溪县土楼农场，从淮北市区驱车半个多小时即可到达。这里是安徽省唯一的淮北灰驴保种场。

保种场要保护的灰驴，可不是一般的驴，而是濒危的淮北灰驴，俗称“淮北小毛驴”。而因为一场“变故”，打乱了这里灰驴保护的节奏。

---

① 本节内容原文发表于《第一财经》2019年8月8日，原题为“从30万头到濒危，谁来保卫淮北纯种小毛驴”，作者为邵海鹏（第一财经）。略有修改。

一、今晚让谁去照顾驴

作为安徽省仅有的两个懂淮北灰驴养殖技术的高级畜牧师之一，孙凤亭等人在安徽省农委领导的支持下，主动担负起濒临灭绝的淮北灰驴和黄淮白山羊的保种及技术推广工作。

在省里农业部门的推动下，孙凤亭等人创办了振淮合作社，前前后后投入了200多万元，打造了一家标准化的淮北灰驴保种场，占地30亩，建成养驴舍1 000 米^2，运动场3 000 米^2，草料舍棚600 米^2，由张爱侠负责保种工作的推进。

走进这家合作社可以发现，灰驴趁着中午前的凉快时光，在驴舍外护栏围起来的运动场里“闲庭信步”。看到生人，憨态可掬的灰驴还以为有人要饲喂，纷纷凑上前来。人若伸手去抚摸，灰驴又会温驯地耷拉下毛茸茸的长耳朵。

看到这些灰驴，保种场场主张爱侠爱怜之下又觉得无能为力。“灰驴保种这一项工作除了我就没有人做了，场里更是连管理、技术都跟不上。我已经实在没有能力再去养驴了。”她说，自己这个家庭为了养驴，向银行借了大量贷款，如今发生了变故，为了还银行贷款，把家里的两套房子都给卖了，可以说已经倾家荡产。

屋漏偏遭连夜雨，2019年7月下旬，她又突然收到保种场技工老余的请辞。老余年逾古稀，如今被查出患有肾结石，要被儿子接去医院治疗。

自2013年以来，老余就负责照顾保种场的这群驴，由当地专家手把手教授养驴技能。老余也见证着驴群一年一年壮大，从最初的30多头，到如今的80头，再加上要临产的20多头，预计到2019年年底，驴群就要达到100多头。

在变故发生后，张爱侠独自支撑着整个保种场。在缺资金、缺技术、管理跟不上的情况下，一切都使她左支右绌。

驴每天都离不开人饲喂、照料，若再赶上驴驹出生，还要有技工懂得接生，否则难产，母驴和小驴会一同殒命。要是临时换个生人，没有一段时间接触的话，驴还会怕生，容易踢人。

因此，在技工老余告辞之后，要想临时去聘个工人，并非一件容易的事情。“今晚让谁去照顾驴?”张爱侠满腹苦楚，本想把保种场的灰驴给卖了，然而，作为濒危保种的动物，是不允许卖的。

除了人力跟不上，资金也是难题。目前保种场里有 80 头驴，每头驴的养殖成本，包括饲料、人工、医药等多项开支，一年需 5 000 元左右，整个保种场每年需投入 40 余万元。原本省里财政还有 25 万元的保种补贴，后来降到了 20 万元，即便如此，这两年的资金也还没有拨付到位。

这也就意味着，为了保种，振淮合作社一年要折进去 20 多万元。

“保种资金已经连续几年没有到位了”。张爱侠说道，如今，技术成为比资金更为紧迫的事情。保种场已经有 20 多头驴带驹，2019 年年底之前就要生了，如果得不到好的照顾，也可能遭遇不测。尽管安徽省主管部门也多次派人来视察，但实际困难仍然无法解决。

张爱侠说，淮北灰驴虽然耐粗饲料，但是长期的单一饲料，也容易使驴患上消化道疾病或代谢性疾病。原先场里面还有资金，可以保证饲料多样化，但现在只能喂一些秸秆，驴不吃也不行。

2019 年以来，淮北灰驴损失就比较严重，达到 20 多头，有些是病死，有些是难产。难产的主要原因，就是长期饲喂秸秆，饲料单一，满足不了营养需求。

二、灰驴保种是一项纯技术活

尽管之前孙凤亭也常年在畜牧领域工作，但他对淮北灰驴只是略知一二，因为灰驴的饲养管理是比较机动的，很大程度上都是靠经验的积累，如灰驴发情鉴定、妊娠检查、饲料配方、营养搭配等方面，都需要丰富的经验。他知道的那些，并不能满足以上需求。

孙凤亭谈到，现在保种场的工作陷于停滞状态。刚开始搞灰驴保种工作的时候，毛驴都是从零开始，即从民间一头一头收购来的，在整个皖北不知道跑了多少个县，正因此，也搞不清楚灰驴之间的血缘关系。此前，保种场还采用在驴耳朵上打耳标的方式，但驴生性喜欢撕咬，耳标绝大部分已经脱落。现在，保种场考虑在驴的屁股或颈部打上永久性的烙印编号，对灰驴进行血缘关系的生物学鉴定，重新建立规范性档案。然后，在饲养管理中进行系谱选育，那么今后在繁殖育种方面也就有了方向。而如果是近亲交配的话，就会出现品种衰退。

张爱侠提供的 2016 年《安徽省淮北灰驴品种保护项目验收申请报告》（简称《报告》）显示，淮北灰驴是我国优良的地方畜种之一，也是被列为国家保种项目的畜种之一，安徽省已经将其列为保种场项目。所以该项目的实施，可以实质性地改变目前淮北灰驴生产的被动局面，对淮北灰驴种质特性的提高和综合开发利用具有重要的指导意义。

既然要保种，就有了保护淮北灰驴的“三部曲”。一是收购灰驴，二是建设保种场，三是封闭选育。尤其是选育，必须依靠技术和管理。

根据《报告》，一方面制定淮北灰驴品种标准，另一方面开展封闭选育。此外，严格留种选育。

《报告》还提出建设核心群，在核心群采取选优留种的方案。核心群饲养种公驴 10 头，种母驴 50 头，通过核心群扩大繁殖基础群，每年新增 15 头，实现基础群达到 150 头的目标。在选育技术方案中，一是防止近亲交配，二是核心群后代优秀个体留种，使核心群世代更替。

孙凤亭认为，保种只是一个手段，育种提纯才是目的。在以前，国家发展养殖业，大量引进外来品种，主要是以商业化为目的，国外品种的生产性能，如产肉或产毛，效率比较高。地方品种也有优势，那就是适应当地环境，耐粗饲料，好管理，疫病也少。比如，被外来品种淘汰掉的土猪、土鸡，又重新受到消费者的追捧。现在，反过来保护国内品种，保证生物多样性，就是希望从国内品种的身上，找到抗疫病或者适应环境的基因。

他说，如果这些国内品种都被淘汰掉的话，要选育多少年才能恢复到原有的种质呢？

三、濒危的淮北灰驴

淮北灰驴是安徽省著名地方品种，该品种主要分布在皖北地区，其中心产区位于安徽省淮北市。这里地处华北平原，是华东地区腹地，盛产小麦、玉米、大豆等，为淮北灰驴的生存提供了良好的基础。

聊城大学毛驴高效繁育与生态饲养研究院院长王长法对第一财经记者表示，中国的地方驴品种多样，各具特点。淮北灰驴属于华北驴，跟苏北小毛驴一样，都是我国最靠近南方的毛驴品种，其很重要的特点就是耐闷热潮湿，能够适应南方潮湿的天气。而且跟其他的毛驴一样，淮北灰驴既可以肉用，也可以役用。

孙凤亭说，从外观来看，淮北灰驴的体色为灰色，膀子两边是黑色的，叫鹰膀，背线是黑色的，一直到尾部，这是很典型的地方品种特征。现在很多研究机构都在研究，到底是哪个基因决定了该特征，但目前还没有定论。从饲养特点来看，淮北灰驴对当地自然生态环境适应性较强，具有性情温驯、耐粗饲、抗病能力强、繁殖性能好的特点。

相关资料介绍，淮北灰驴这一品种的形成，有着 1 000 多年的历史。淮北市曾经是养殖这一品种最多的地方。20 世纪 80 年代，淮北灰驴的饲养量约 30 万头，当时主要是役用需要，因此饲养量较大。随后，由于农业机械化的发展，毛驴的役用需求下降，而肉用需求又没有跟上。此外，要做阿胶的话，个头小的淮北灰驴又不及体型大的德州黑驴有优势，缺乏产业化开发。因此，淮北灰驴的饲养量大幅下降。再加上片面强调杂交改良优势，缺乏系统性选育、选种交配和保种，纯种淮北灰驴处于濒危边缘。

淮北灰驴是经过长期自然选择和人工选择而形成的优良地方品种，是宝贵的地方品种资源。由于没有系统地选育、选种选配和保种，再加上多年来引入外来品种进行杂交改良，淮北灰驴的存栏量锐减，一些原淮北灰驴的分布区甚至已经难以寻得纯种驴的踪影。

据淮北市畜牧局对全市的逐村统计和对周边市县的调查显示，淮北灰驴的存栏量已不足 100 头，且部分品种不纯，品种生存状况堪忧。此外，该品种淘汰步伐加快。因此，开展淮北灰驴种质资源的收集、保种、评价与利用工作是一项迫在眉睫的任务。

安徽省畜牧兽医学会副理事长、安徽科技学院动物科学学院院长王立克称，目前，纯种淮北灰驴处于濒危边缘，但该品种是优秀的种质资源，政府必须要加强淮北灰驴保种基地的建设。种驴是驴产业技术中最关键的基础性技术，要建立驴种资源开发体系，着力进行品种选育与登记、资源开发与保护的有机结合。

淮北灰驴的保种也引起了安徽省政府的重视。2015 年 9 月，安徽省农委发布第 42 号公告，公布第一批省级畜禽遗传资源保种场和保护区。保种场有 26 个，其中省级淮北灰驴保种场位列第 20 号，建设单位就是振淮合作社。

四、以利用促保种

中国是世界上驴产业做得最好的国家，尤以山东为最，当地因驴皮加工成的阿胶而闻名于世。

王长法称，中国发展驴产业有三大优势。一是驴的地方品种丰富。据联合国粮农组织报道，全世界共有地方驴品种 194 个，中国有 24 个家驴品种，2 个野驴品种，占到 13.5%。二是驴的饲养水平比较高。中国曾经是世界上驴存栏量最多的国家，全世界有 4 400 多万头驴，中国最高峰的时候达到 1 200 万头。同时，中国有着 4 000 多年的养驴历史。三是中国对驴产品的认知度比较高。比如驴肉，美食界一直流传“天上龙肉，地上驴肉”的说法，再比如阿胶，有着 3 000 多年的历史，而且供不应求。因此，政府关注度比较高，社会参与度比较好，有地方政府将养驴业作为特色扶贫产业予以支持。

过去，养驴主要用于干活拉车，现在转向产肉、产皮、产乳三个方面。据行业内统计，目前中国驴产业的产值约为 1 000 亿元，包括三大块：一是以饲养繁育为基础的养殖业；二是驴皮、驴乳、驴肉等畜产品加工产业；三是药品、化妆品等。

王立克称，为了进一步发展安徽省养驴业，充分利用淮北灰驴这一品种资源，应加强选种选育，增加数量，同时不断改善其饲养管理条件，提高其生产性能。针对安徽省养驴现状，有必要建立一套完整的现代养驴体系。比如，重点开展驴品种改良、标准化饲养技术、健康养殖关键技术、营养调控关键技术、主要疾病防治技术、饲料资源开发及产业化利用等方面的研究，从而为驴产业的发展提供必要的技术支持。

那么，对于振淮合作社遭遇到的困境，该怎么办呢？

王长法表示，从生物多样性的角度来讲，中国的地方驴品种都是需要保护的，只是由于多种原因，没有把全国的 24 个品种都纳入保护目录。于是，就只能地方自行建立省级保种场，由企业进行保种，由财政每年给予一定的保种费用。保种场除了不能对外销售以外，还要配备相应的技术人员，进行生产性能鉴定，比如记录品种特性，为将来的品种利用做好基础；同时，还应有完整准确的记录资料，比如存出栏数量、种驴的来源、饲料、用药、免疫、采食量等。尽管财政会拨付相应款项，但也不一定就能够维持保种场运营。考虑到保种也是一个带有公益性的项目，保种企业需要承担一部分资金。

因此，财政在选择保种场的时候，如果保种场没有一定的财力，是不会资助的。在山东，保种场要么是国有的，要么是民营且资本实力雄厚的。王长法对此的解释是保种需要连续的投入，产出也比较少，如果做个两三年就搞黄了，那些动物处理起来就会比较麻烦。而且驴跟其他动物还不一样，要到两岁半才会性成熟，妊娠期为一年，且多为单胎，繁殖周期长，繁育慢，投入保种的资金需求量大，资金回笼周期也比较长。

如果要缓解燃眉之急，可以考虑适当利用，以利用来促保种。如果一点都不利用，光保种的话，是比较难的，谁也投不起。比如，可以考虑保留核心品种，将群体规模维持在60～80头，有选择性地保留一些公驴和母驴，每年繁殖20～30头小驴，淘汰掉那些品种不纯的、年老体迈的灰驴，这样就可以循环起来，不至于被拖垮。从长远来计，最好还是由淮北市政府牵头，让财力雄厚的企业整体托管，边开发边保种，用开发赚的钱来保种，再加上政府的补贴，找到专业的机构和专家来参与，慢慢把淮北灰驴保种的工作给做起来，才有可能持久做下去。

中国农业大学动物科技学院教授曾申明表示，保护生物多样性，最终目的还是要利用。保种费用很高，如果没有产出的话，就负担不起。因此，希望能利用淮北灰驴性成熟比较早的优点，挖掘其背后的基因，从而为驴产业做一些贡献。

第八节　英国驴群饲养及其经验借鉴[①]

全世界驴存量数约为4 400万头[②]，发展中国家数量较多，并作为役用或

---

① 本节内容原文发表于第五届(2019)中国驴业发展大会暨第三届国际毛驴产业发展论坛，原题为“英国驴群存栏量、饲养管理及疾病防控情况简介”，作者为高琦璨、李玉华、张瑞涛、王长法(聊城大学农学院)、王金鹏、孙艳、杨春红(山东省农业科学院奶牛研究中心)。略有修改。

② Starker P，Starkey M. Regional and World Trends in Donkey Populations[M]//Starkey P，Fielding D. Donkeys，People and Development. Animal Traction Network for Eastern Southern Africa (ATNESA)，2004：10-21.

运输工具[①]。英国马属动物协会国家马属数据库（NED）统计显示，2008 年英国驴存栏量约为 8 900 头[②]，因为存栏量不大，所以其种群特征、饲养管理、疾病防控方面的报道有限。掌握驴饲养管理及常见疾病预防的知识，对驴的健康和福利非常重要。研究表明，不同方式的饲养管理、营养、运动及常规治疗对驴的健康、福利及疾病影响较大[③]。

在英国，大多数驴属于驴保护者协会。英国驴保护者协会成立于 1969 年，1973 年注册为慈善机构。该协会组织还有一个驴领养计划，公众可以在完成饲养管理培训课程后领养驴。鉴于动物福利或陪伴需要，公众办理领养手续时必须同时领养两头或两头以上的驴。领养者有饲养驴的责任，驴的所有权仍属于驴保护者协会。

在 2004 年 9 月至 2005 年 8 月期间，英国驴保护者协会共有 1 530 头驴被领养。驴的领养信息详细记录在驴保护者协会的数据库中。协会通过向驴领养者发放调查问卷的形式收集数据，统计驴的饲养管理和健康信息。

一、材料和方法

数据源于 2004 年 9 月 1 日至 2005 年 8 月 31 日期间领养者于驴保护者协会领养的 1 530 头驴。在本项研究中共收集到 1 432 头驴的有效数据。

二、调查问卷的设计和发放

调查问卷名为“驴健康状况和饲养管理”，主要包括驴舍条件、运动场、饲草料、运输、药物防治和日常行为等内容。研究者在 2005 年 10 月向 1 432 头驴的 712 名领养者分别邮寄了调查问卷。

---

① Pritchard J C，Lindberg A C，Main D C J，et al. Assessment of the Welfare of Working Horses，Mules and Donkeys，Using Health and Behaviour Parameters[J]. Preventive Veterinary Medicine，2005，69，265-283.

② NED About NED. www.nedonline.co.uk/public/About.aspx. Accessed December 1，2008.

③ Mellor D J，Love S，Walker R，et al. Sentinel Practice-Based Survey of the Management and Health of Horses in Northern Britain[J]. Veterinary Record，2001，149：417-423.

三、英国国家马属数据库（NED）

从 NED（2008）上获取关于英国驴的信息，英国驴护照记录了每头驴的详细资料，所有驴的资料都存放在数据库中。

四、数据分析

使用 Pearson 的卡方检验对分类变量进行组间比较。在正态检验后，使用 Studentt 检验或 Mann-WhitneyU 检验进行连续变量检验，*P* 值为 0.05。

五、结果

1. 英国的驴种群

2007 年 3 月，据 NED 估计，在英国登记注册的驴有 8 954 头，其中约 40%由驴保护者协会所有。

2. 调查问卷结果

调查问卷的回复率为 77.8%。结果发现，驴群的平均年龄为 20.8 岁（3.4～46.8），其中 54.5%的驴的年龄在 20 岁以上。公驴占 58.8%，母驴占 38.8%，其余 2.4%性别未知。大多数驴作为宠物饲养，7%的驴用于骑行，结果如表 4-3 所示。几乎所有的驴都和其他动物一起饲养，其最常见的同伴是马、山羊或绵羊。

表 4-3　从驴保护者协会领养的 1 084 头驴的用途

用途	驴的百分比（数量/头）
宠物	92%（998）
陪伴者	38%（417）
役用	13%（145）
骑行	7%（73）
驱车	3%（27）
展示	1%（15）
军用	0.01%（1）
其他	4%（47）

续表 4-3

用途	驴的百分比（数量/头）
教育/心理治疗	2%（17）
教会游行	1%（12）
草地收割/耕种	1%（8）
动物保护	1%（10）

3. 饲养管理

大多数驴被饲养在私人区域或马厩，12.8%的驴被饲养在牲畜场或农场，3.7%被饲养在旅游景点和教育机构。大多数驴睡在稻草（75%）、木屑（33.2%）或橡皮垫（14.8%）上，5%没有睡卧条件（表 4-4）。

表 4-4　2004 年 9 月至 2005 年 8 月期间不同季节的驴舍条件

	驴的百分比（数量/头）			
	9—11 月	12—翌年 2 月	3—4 月	6—8 月
管理方案				
部分在室内，部分在室外	38%（422）	48%（529）	35%（388）	29%（316）
开放的驴舍可自由出入	59%（659）	49%（541）	60%（671）	67%（747）
回复的总数①	97%（1 081）	96%（1 070）	95%（1 059）	96%（1 063）
有效的室外区域类型牧场②				
牧场	96%（1 068）	91%（1 014）	94%（1 049）	95%（1 056）
沙地	47%（517）	49%（545）	45%（505）	45%（497）
混凝土	8%（93）	9%（105）	8%（93）	8%（90）
林地	3%（38）	5%（50）	4%（46）	4%（46）
其他	2%（22）	2%（23）	2%（19）	2%（19）
室外的时间				
每天室外的平均时间	11%（5.3 h）	9%（4.3 h）	12%（5.3 h）	15%（5.9 h）
回复的总数	75%（838）	74%（823）	73%（815）	73%（816）

注：①剩余的回复者（1 111）要么没有回答，要么在这个季节没有饲养驴；②允许存在多个答案。

几乎所有的驴用饲草喂养，最常见的是干草或稻草，50%的驴饲喂浓缩饲料（糠、粗混合物、高纤维小块或小颗粒、全谷物或甜菜）（表 4-5）。

表 4-5　2004 年 9 月至 2005 年 8 月期间 1 111 头驴的饲料情况

饲料	驴的百分比（数量/头）
干草	76%（842）
稻草	75%（836）
草	70%（777）
蔬菜	67%（740）
矿物质或维生素补充剂	35%（390）
高纤维小块或小球	20%（221）
粗混合物	20%（218）
谷壳或冻干草	13%（149）
甜菜	7%（82）
半干青贮	6%（65）
浸泡干草	3%（31）
全谷物	2%（19）
其他	17%（189）

注：允许存在多个答案。

4. 疾病问题

（1）疾病防控。在本研究中，所有驴均接受过疾病预防，最常见的是对体内寄生虫、蹄病的预防和疫苗接种（表 4-6）。驴场管理中为减少寄生虫对驴的危害，最常见的措施就是定期清除粪便和牧场循环利用（34%）。

表 4-6　2004 年 9 月至 2005 年 8 月期间 1 046 头驴的医疗情况

健康护理的类型	驴的百分率（数量/头）
体内寄生虫治疗	91（1 016）
疫苗接种	84（934）
蹄的检查或治疗	60（667）
外部寄生虫治疗（蜱、虱子或跳蚤）	37（415）
药物治疗	10（107）
止痛剂	9（102）
抗生素	6（70）

注：允许有多个答案。

（2）患病种类。据统计总共 174 头驴出现呆滞现象，最常见的是流口水、咬围栏。驴通常会患蹄病、口腔疾病和皮肤病；大多数驴体重处于理想状态，33.6%的驴超重，7%的驴体重不足，0.2%的驴肥胖，另有 3.6%的驴没有收集到相关数据（表 4-7）。

表 4-7　2004 年 9 月至 2005 年 8 月期间 1 046 头驴出现的疾病情况

医疗问题	驴的百分比（数量/头）
无	44%（457）
蹄病	22%（234）
嘴/牙齿问题	15%（159）
皮肤/毛发问题	14%（143）
跛行	10%（107）
体重不足	7%（69）
眼睛问题	6%（62）
腹泻	2%（18）
呼吸问题	2%（18）
食欲降低	2%（16）
嗜睡	1%（12）
肠绞痛	1%（12）
意外伤害	0.2%（2）
其他	6%（59）

注：①允许存在多个答案；②最常见的“其他”医疗问题是肉状瘤病、虫咬/蛰/鸟啄、窒息、库蚊叮痒综合征、溃疡。

（3）牙科问题。86%的驴每年至少进行一次牙科检查。其中 56%的驴经专业兽医诊断，25%经牙医诊断，19%经领养者自己诊断（表 4-8）。

表 4-8　2004 年 9 月至 2005 年 8 月期间驴出现的牙病情况

牙科问题	驴的百分比（数量/头）		
	是	否	不知道/未答复
尖牙	27.5%（306）	38.1%（424）	34.4%（381）
臼齿上出现洞	19.3%（214）	41.9%（465）	38.8%（432）
牙齿缺损或断裂	12.7%（141）	47.3%（526）	40.5%（444）
牙间隙	2.6%（29）	47.5%（528）	49.9%（554）
牙齿晃动	2.0%（22）	47.9%（532）	50.1%（557）
门牙外突	0.1%（1）	48.6%（540）	51.3%（570）
牙齿不齐	1.3%（14）	47.8%（530）	50.9%（567）
感染	1.0%（11）	47.4%（527）	51.6%（573）
门牙内突	0.1%（1）	49.1%（540）	50.8%（549）
其他	6.0%（67）	33.0%（367）	61.0%（677）

注：描述的“其他”包括牙齿松动、噬斑和过度生长的牙齿。

（4）肠绞痛。据调查统计，13 头驴发生了 15 次肠绞痛，相当于每年每 100 头驴就有 1.42 个肠绞痛案例发生。所有病例均由专业兽医诊断。大多数为持续性肠绞痛，5 例为间歇性肠绞痛，3 例病因不明。有 12 例经兽医治疗后痊愈，3 例死亡，没有驴自愈或进行手术治疗。

六、讨论

根据 2007 年 NED 报告，英国驴的存栏量为 8 954 头，本研究群体约占英国驴存栏总量的 17%，调查问卷的回收率为 77.8%[①②]。

本研究覆盖了所有年龄段的驴群体，平均年龄接近 21 岁，超过 20 岁的驴占 54.5%。大多数驴作为宠物饲养，很少用于骑行等活动。驴的管理方式差异不大，大部分被饲养在私人区域或马厩，提供稻草垫，驴舍为开放式，驴可自由进出。问卷中所提供的驴饲料类型较多，几乎所有的驴都饲喂草料，并且约一半的驴还饲喂精饲料。虽然草料是驴的天然饲料，但茂密的牧场并不常见，驴保护者协会建议提供额外的高纤维粗饲料，如稻草等[③]。对于年老、病态、康复期或体重不足的动物，协会推荐使用浓缩饲料。

驴的营养供应需要考虑驴的年龄，年龄会影响其相关的器官结构和生理变化[④]。33.8%的驴超重或肥胖。8%的驴出现呆滞现象[⑤]。所有驴均接受疾

---

① Mills D S, Cook S, Taylor K, et al. Analysis of the Variations in Clinical Signs Shown by 254 Cases of Equine Headshaking[J]. Veterinary Record, 2002, 150: 236-240.

② Hotchkiss J W, Reid S W J, Christley R M. A Survey of Horse Owners in Great Britain Regarding Horses in Their Care. Part 1: Horse Demographic Characteristics and Management[J]. Equine Veterinary Journal, 2007, 39: 294-300.

③ Smith D, Wood S. Donkey nutrition[M]//Duffield H, Duncan J, Hadrill D. The Professional Handbook of the Donkey, 2008:438.

④ Brosnahan M M, Paradis M R. Demographic and Clinical Characteristics of Geriatric Horses: 467 Cases (1989—1999)[J]. Journal of the American Veterinary Medical Association, 2003, 223: 93-98.

⑤ Cox R, Burden F, Gosden L, et al. Case Control Study to Investigate Risk Factors for Impaction Colic in Donkeys in the UK[J]. Preventive Veterinary Medicine, 2009, 92: 179-187.

病预防，最常见的是对体内寄生虫、蹄病的治疗和疫苗接种。据报道，在美国①、澳大利亚②和法国③的老年马中存在相似的现象。45%的驴患有牙病。驴肠绞痛的发生率显著低于每年每 100 头驴 5.9 的案例的发生率④和驴持续性肠绞痛每年每 100 头驴 3.9 的案例的发生率，同样低于马群中每年每 100 匹马3.5～10.6 的案例的发生率⑤。

本节简述了英国驴群体中最常见的一些健康问题，讨论了饲养管理方式对驴的健康和福利的重要性。了解老年驴、青年驴及驴驹之间的相似性和差异性，将为驴的管理和保健提供基础信息。

第九节　驴乳主要成分与功能研究⑥

母乳是一种天然饮品，可满足婴幼儿生长发育的营养需求，是营养最全面、最丰富的食品，其主要成分为水、脂类、碳水化合物和蛋白质。此外，母乳中还含有维生素、矿物质、激素、酶和各种化合物等微量成分，同时还有生长因子、细胞因子、抗菌活性肽和特异性免疫细胞等多种免疫成分。因

---

① Brosnahan M M, Paradis M R. Assessment of Clinical Characteristics, Management Practices, and Activities of Geriatric Horses[J]. Journal of the American Veterinary Medical Association, 2003,223: 99-103.

② McGowan T M, Perkins N, Pinchbeck G L, et al. Owner Perceptions of Health and Welfare Issues in Horses Aged 15 Years or Older[C]//Proceedings of the 11th International Symposium for Veterinary Epidemiology and Economics,2006:257.

③ Codron E, Benamou-Smith A. Panorama of Equine Geriatrics[C]//Proceedings of the 9th Congress of the World Equine Veterinary Association,2006:391-392.

④ Cox R, Proudman C J, Trawford A F, et al. Epidemiology of Impaction Colic in Donkeys in the UK[J]. BMC Veterinary Research, 2007,3(01):1-9.

⑤ Hillyer M H,Taylor F G R, French N P. A Cross-sectional Study of Colic in Horses on Thoroughbred Training Premises in the British Isles in 1997[J]. Equine Veterinary Journal, 2010,33(04):380-385.

⑥ 本节内容原文发表于第五届(2019)中国驴业发展大会暨第三届国际毛驴产业发展论坛，原题为“驴乳主要蛋白质及其活性肽功能研究”，作者为高琦璨(聊城大学毛驴高效繁殖与生态饲养研究院)。略有修改。

此，母乳可为婴幼儿提供营养元素、免疫保护和生物活性物质。不同物种的母乳成分差异较大，对同一个物种来说，不同个体的乳成分也会随不同的泌乳阶段、营养状况、健康状况、环境和气候等因素的改变发生变化①。母乳成分反映了婴幼儿不同生长发育时期的营养需求，随着婴幼儿的发育成长，母乳的成分也会发生相应改变。乳中酪蛋白能够结合并运输大量的钙离子，有利于婴幼儿牙齿和骨骼的发育②。乳清蛋白主要由 α-乳白蛋白、β-乳球蛋白、血清白蛋白、免疫球蛋白、少量的乳铁蛋白和溶菌酶组成。在不同物种中，酪蛋白/乳白蛋白的比例不同，反映了新生儿生长发育的营养和生理需求不同③。

众所周知，有 6%～8%的婴幼儿会对食物产生过敏反应。研究表明约 2.5%的婴幼儿在一岁前对牛乳过敏，酪蛋白和 β-乳球蛋白被认为是导致婴幼儿过敏的主要原因之一④。临床上将人体对牛乳蛋白异常的免疫反应统称为牛奶蛋白过敏症。这可能是一种或多种乳蛋白和体内的一种或多种免疫机制发生相互作用，从而导致 IgE 介导过敏反应。如果使用牛乳替代品，有些患者仍出现过敏反应，表明其为多食物过敏症患者。多食物过敏症患者较难治疗，因为需要剔除饮食中的某些营养成分，如果没有适宜的替代品保持患者的营养平衡，可能会导致患者营养不良甚至停止生长⑤。

一、驴乳及其低致敏性特点

自古代以来，驴乳因其可作为新生儿食品的优点备受称赞，研究表明，

① Claeys W，Verraes C，Cardoen S，et al. Consumption of Raw or Heated Milk from Different Species：An Evaluation of the Nutritional and Potential Health Benefits[J]. Food Control，2014，42：188-201.

② Haug A，Høstmark A T，Harstad O M. Bovine Milk in Human Nutrition—A review [J]. Lipids in Health and Disease，2007，6(05)：1-16.

③ Rafiq S，Huma N，Pasha I，et al. Chemical Composition，Nitrogen Fractions and Amino Acids Profile of Milk from Different Animal Species[J]. Asian-Australasian Journal of Animal Sciences，2016，29(07)：1022-1028.

④ Hochwallner H，Schulmeister U，Swoboda I，et al. Cow's Milk Allergy：From Allergens to New Forms of Diagnosis，Therapy and Prevention[J]. Methods，2014，66(01)：22-33.

⑤ Wang J. Management of the Patient with Multiple Food Allergies[J]. Current Allergy and Asthma Reports，2010，10(04)：271-277.

驴乳可增强免疫系统，为肠道中的益生菌提供营养，并具有镇咳止喘，抗贫血，抗牛皮癣、痤疮和湿疹等皮肤病的功效，以及预防因压力、应激引起的皮肤病，最主要的优点是驴乳易被婴幼儿消化吸收。

1. 史料记载

古希腊人认为驴乳是一种良药。古罗马普林尼人认为：驴乳可消除皮肤皱纹，使面部皮肤有弹性，并具有美白的功效。亚洲、非洲和欧洲的书籍和史料记载驴乳具有治疗、美容和作为食品的功效。文艺复兴时期，法国国王饮用驴乳缓解身体疲劳和紧张。在俄罗斯和蒙古，人们饮用驴乳补充因水果、蔬菜和豆类的低摄入而可能导致的维生素缺乏。驴乳是欧洲市场上常见的保健食品，并被认为是人乳的有效替代品。

2. 驴乳和人乳的关系

驴乳成分与人乳极其相似，几乎可满足婴幼儿的所有营养需求，驴乳也是老年人和缺钙人群的重要食物来源①。驴乳不同于依靠营养缺失来降低过敏反应的人乳替代品，天然驴乳既能够在低过敏风险下喂养婴幼儿，还能够保证婴幼儿身体正常生长发育以及完整免疫系统的发育。驴乳总干物质约为9.61%，灰分约为0.43%，非蛋白氮的比例非常接近人乳。非蛋白氮主要包括尿素、尿酸、肌酸酐、核酸、氨基酸和核苷酸，对婴幼儿生长发育非常重要②。驴乳中的平均能量值仅为1 939.4千焦/千克，与马乳相似，低于其他物种乳③（表4-9）。如果婴幼儿仅以驴乳为食，可能会导致能量摄入不足，因此需要向驴乳中添加其他的能量物质。

---

① Polidori P，Ariani A，Vincenzetti S. Use of Donkey Milk in Cases of Cow's Milk Protein Allergies[J]. International Journal of Child Health and Nutrition，2015,4(03):174-179.

② Vincenzetti S，Pucciarelli S，Nucci C，et al. Profile of Nucleosides and Nucleotides in Donkey's Milk[J]. Nucleosides，Nucleotides & Nucleic Acids，2014,33:656-667.

③ Malacarne M，Martuzzi F，Summer A，et al. Protein and Fat Composition of Mare's Milk：Some Nutritional Remarks with Reference to Human and Cow's Milk[J]. International Dairy Journal，2002,12(11):869-877.

表 4-9 每 100 克乳类中的基本营养成分比较

乳类	水/克	干物质/克	脂肪/克	蛋白/克	乳糖/克	灰分/克	能量值/千焦
人乳	87.57	12.43	3.38	1.64	6.69	0.22	285.56
驴乳	90.39	9.61	1.21	1.74	6.23	0.43	193.94
马乳	90.48	9.52	0.85	2.06	6.26	0.35	187.78
牛乳	87.62	12.38	3.46	3.43	4.71	0.78	298.30
山羊乳	86.77	13.23	4.62	3.41	4.47	0.73	339.95
绵羊乳	80.48	19.52	7.54	6.17	4.89	0.92	528.94

二、驴乳具有生物活性肽

驴乳中酪蛋白的含量略高于人乳，但显著低于羊乳和牛乳（表 4-10）。研究发现，驴和人的 α_{S1}-酪蛋白的序列同源性比 β-酪蛋白的同源性高①。驴乳中酪蛋白和乳白蛋白的比值高于人乳，是更接近人乳的乳制替代品。而驴乳中这两种成分的含量较低，解释了驴乳的低耐受性问题。

生物活性肽最初在肠道消化食物期间充当新陈代谢的生物调节剂，当被吸收时可作用于各种靶器官。生物活性肽对心血管、消化系统、神经系统和免疫系统均有作用②。基于驴乳与牛乳酪蛋白生物活性肽序列的相似性，研究者推测来源于驴乳的 β-酪蛋白肽片段可能具有类似的功能③，这有待于进一步的实验证明。

① Vita D, Passalacqua G, Pasquale G D, et al. Ass's Milk in Children with Atopic Dermatitis and Cow's Milk Allergy: Crossover Comparison with Goat's Milk[J]. Pediatric Allergy and Immunology, 2007, 18(07): 594-598.

② Silva S V, Malcata F X. Caseins as Source of Bioactive Peptides[J]. International Dairy Journal, 2005, 15(01): 1-15.

③ Cunsolo V, Saletti R, Muccilli V, et al. Characterization of the Protein Profile of Donkey's Milk Whey Fraction[J]. Journal of Mass Spectrometry, 2007, 42(09): 1162-1174.

表 4-10　牛乳、山羊乳、人乳和驴乳中酪蛋白和乳清蛋白含量比较　　克/升

比较项目	牛乳	驴乳	山羊乳	人乳
总蛋白含量	32.0	13.0～28.0	28.0～32.0	9.0～15.0
总酪蛋白含量	27.2	6.6	25.0	5.6
总乳白蛋白含量	4.5	7.5	6.0	8.0
α_{S1}-酪蛋白	10.0	n. d	10.0	0.8
α_{S2}-酪蛋白	3.7	n. d	3.0	—
β-酪蛋白	10.0	n. d	11.0	4.0
κ-酪蛋白	3.5	trace	4.0	1.0
α-乳白蛋白	1.2	1.8	6.0	1.9～2.6
β-乳球蛋白	3.3	3.7	1.2	—
溶菌酶	trace	1.0	trace	0.04～0.2
乳铁蛋白	0.1	0.08	0.02～0.2	1.7～2.0
免疫球蛋白	1.0	n. d	1.0	1.1
血清白蛋白	0.4	n. d	0.5	0.4

注：trace 表示微量，n. d 表示含量低于检测限。

三、乳清蛋白及其对人体健康的影响

乳清蛋白含有 α-乳白蛋白、β-乳球蛋白、血清白蛋白、生长因子和许多生物活性因子及酶。这些物质均具有一定的生物活性。

1. β-乳球蛋白

β-乳球蛋白（β-Lg）是乳清蛋白的主要成分。驴乳中 β-Lg 的浓度为 3.7 克/升，非常接近牛乳（3.3 克/升）和马乳。驴乳中的 β-Lg 至少存在 3 种亚型，β-Lg 属于脂质运载蛋白家族，能够结合不同的疏水分子，并具有结合特定细胞表面受体的能力以及与可溶性大分子形成复合物的能力。β-Lg 对多种化合物都具有高度亲和力，并且在乳中的含量较高，表明这种蛋白可能具有多种功能。研究表明，β-Lg 除了转运疏水性分子外，还参与酶的调控及新生儿的被动免疫建立①。

① Kontopidis G, Holt C, Sawyer L. Invited Review: β-lactoglobulin: Binding Properties, Structure, and Function[J]. Journal of Dairy Science, 2004,87(04):785-796.

2. α-乳白蛋白

驴乳中含有大量的α-乳白蛋白（α-La），其浓度为1.80克/升，其含量非常接近于人乳和牛乳①。基于α-La与溶菌酶具有40%的序列同源性，α-La对机体非常重要。首先，α-La是乳糖合成酶的组成部分，能够调控乳腺中乳糖的合成并促进肠道对乳糖的吸收。其次，α-La还具有抗炎、镇痛、抗肿瘤和诱导细胞凋亡的功能。另有研究表明，α-La水解释放出三种具有杀菌功能的多肽，这些多肽片段主要对革兰氏阳性菌具有抗菌活性。

3. 溶菌酶

驴乳中溶菌酶的含量较高，它能通过破坏细菌细胞壁发挥杀死细菌的功能。因此，驴乳不会随时间的推移很快改变其口感和微生物的属性，保质期更长②。驴乳含有两种溶菌酶：LYS A和LYS B，溶菌酶的浓度随不同泌乳时期而变化。驴乳溶菌酶具有杀菌作用，可帮助驴驹或婴幼儿预防肠道感染，从而促进机体对营养物质的消化和吸收。另外，有研究表明，驴乳溶菌酶具有抗炎症活性、免疫调节活性和抗肿瘤活性等生理功能。研究发现，驴乳溶菌酶的抗增殖和抗肿瘤活性是通过刺激IL-2、γ-IFN、IL-6和TNF-α等细胞因子的产生，调控细胞周期并诱导细胞凋亡③。

4. 乳铁蛋白

乳铁蛋白又叫乳铁转运蛋白，分子质量为80.0千道尔顿，属于转铁蛋白家族，是一种铁螯合糖蛋白。乳铁蛋白具有多种功能，包括调节铁离子稳态、细胞增殖和分化、抗致病因子、抗炎和抗癌，保持肠黏膜的营养活性④。乳铁

① Vincenzetti S, Polidori P, Mariani P, et al. Donkey's Milk Protein Fractions Characterization[J]. Food Chemistry, 2008,106(02): 640-649.

② Zhang X Y, Zhao L, Jiang L, et al. The Antimicrobial Activity of Donkey Milk and Its Microflora Changes During Storage[J]. Food Control, 2008,19(12): 1191-1195.

③ Mao X, Gu J, Sun Y, et al. Anti-proliferative and Anti-tumour Effect of Active Components in Donkey Milk on A549 Human Lung Cancer Cells[J]. International Dairy Journal, 2009,19(11):703-708.

④ Ward P P, Paz E, Conneely O M. Multifunctional Roles of Lactoferrin: A Critical Overview[J]. Cellular & Molecular Life Sciences, 2005,62(22):2540-2548.

蛋白有两个独立结构域，分别通过两种不同的机制发挥抑菌作用。一方面，乳铁蛋白对铁离子具有高亲和力，能够去除铁依赖型细菌中的金属离子，使细菌失去必需的营养生长因子从而表现抑菌属性。另一方面，乳铁蛋白可与脂多糖 A、孔蛋白及一些微生物细胞壁的表面分子结合，直接破坏革兰氏阴性细菌的细胞壁，发挥抑菌作用。在微生物感染时，乳铁蛋白具有重要抗炎作用。在炎症反应期间，中性粒细胞会大量合成释放该蛋白，从而增加血浆中乳铁蛋白浓度。研究表明，服用乳铁蛋白可以防治幽门螺旋杆菌引起的胃炎①。酶解乳铁蛋白可获得一些具有抗菌活性的多肽片段，分别命名为 LF1-11、Lactoferrampin 和乳铁蛋白肽。上述三种抗菌肽片段中，最重要的是乳铁蛋白肽，它对多种细菌、病毒、真菌和原生动物都具有抗菌活性。此外，它还具有抑制小鼠肿瘤细胞转移、诱导 THP-1 人单核细胞白血病凋亡等功能②。

5. 乳过氧化物酶

乳过氧化物酶（LPO）是一种主要由哺乳动物乳腺分泌的酶，也存在于其他腺体分泌物中。驴乳 LPO 的酶活性为 4.83±0.35，其浓度为（0.11±0.027）毫克/升③，与人乳中的含量非常相似［（0.77±0.38）毫克/升］。乳过氧化物酶是一种抗菌剂，能杀死天然微生物。研究发现，给感染流感病毒的小鼠服用乳铁蛋白和 LPO，可减轻肺炎症状④。乳过氧化物酶催化的氧化反应生成的产物可杀死细菌、病毒、寄生虫、真菌和支原体。溶菌酶、乳过氧化物酶和乳铁蛋白三种抗菌因子都能保护新生动物免受外界感染，并且具有叠加效应或协同作用（表 4-11）。

---

① Dial E J, Lichtenberger L M. Effect of Lactoferrin on Helicobacter Felis Induced Gastritis[J]. Biochemistry and Cell Biology, 2002,80(01):113-117.

② Sinha M, Kaushik S, Kaur P, et al. Antimicrobial Lactoferrin Peptides: The Hidden Players in the Protective Function of a Multifunctional Protein[J]. International Journal of Peptides,2013, 390230.

③ Vincenzetti S, Amici A, Pucciarelli S, et al. A Proteomic Study on Donkey Milk[J]. Analytical Biochemstry,2012,1(02):109.

④ Shin K, Wakabayashi H, Yamauchi K, et al. Effects of Orally Administered Bovine Lactoferrin and Lactoperoxidase on Influenza Virus Infection in Mice[J]. Journal of Medical Microbiology,2005, 54(08): 717-723.

表 4-11 人乳、牛乳和驴乳中三种主要抗菌因子的含量

乳类	溶菌酶/（克/升）	乳过氧化物酶/（毫克/升）	乳铁蛋白/（克/升）
人乳	0.12	0.77	0.30～4.20
驴乳	1.00	0.11	0.08
牛乳	trace	30.00～100.00	0.10

注：trace 表示微量。

四、主要结论

对于患有牛乳蛋白过敏症的婴幼儿，从各方面来说，驴乳是最佳的替代品。此外，驴乳可提供抗菌物质、消化分子、生长因子等活性物质。从营养方面而言，婴幼儿在不能饮用牛乳期间，应该被鼓励饮用天然乳品而不是配方乳。驴乳中含有的功能性蛋白质和多肽，具有免疫学功能，并且能刺激新生儿肠道功能的发育和恢复。此外，驴乳中存在大量的溶菌酶，对多种病原体具有杀菌作用。驴乳中还含有少量的乳铁蛋白，对人体健康也具有重要作用。此外，乳铁蛋白一旦在胃中被消化，就被降解成功能性小肽，对细菌、病毒、真菌和原生动物均具有较强的防御作用。

人乳和驴乳的蛋白质之间的结构高度相似，这有助于解释驴乳的一些临床功效。对于患有牛乳过敏症的婴幼儿，驴乳可能是最佳替代品。此外，基于驴乳的营养保健功能，企业可以开发、生产以驴乳为原料的高端配方乳。

第十节 驴肉品质与营养价值研究[①]

随着中国经济的快速发展和生产方式的转变，驴的主要用途由为农业生产提供辅助动力转变为产肉、产皮。肉驴作为一种经济型草食动物，具有耐

① 本节内容原文发表于第五届(2019)中国驴业发展大会暨第三届国际毛驴产业发展论坛，原题为“驴肉品质及营养价值影响因素研究进展”，作者为林靖凯、格日乐其木格、白东义、赵一萍、李蓓、张心壮、芒来(内蒙古农业大学动物科学学院)。略有修改。

粗饲料、抗逆性强、易于饲养、饲料来源广、繁殖快等优点。目前，肉驴养殖业正逐步向集约化、规模化发展，已成为中国传统畜牧业不可或缺的组成部分。在现代社会，人们在确保生活基本需求的基础上，更加注重饮食质量和结构的改善，对驴肉特别是优质驴肉的需求与日俱增，驴肉市场一直供不应求①。从营养学和食品学的角度看，驴肉具有高蛋白、低脂肪、高氨基酸、低胆固醇的特点，而且氨基酸和脂肪酸组成比较理想②，所以素有“天上龙肉，地上驴肉”之美誉。

一、驴肉品质及营养价值特点

随着驴产业的逐渐升温，驴产品生产加工能力不断提高。驴肉消费不再局限于驴肉火烧等传统的民间小吃，商场超市、高端酒店对驴肉的需求也越来越旺盛，所以出现了驴肉火锅、高档驴排等新的加工方式。为了满足驴肉需求的增加以及食用方式的多样化，企业首先需要对驴肉品质及营养价值特点有充分的了解。

1. 蛋白质及氨基酸

驴肉的蛋白质含量比猪肉高 15.8%，比牛肉高 16.9%，比羊肉高 14.6%，比鸡肉高 21.1%③。氨基酸是构成蛋白质的基本单位，肉类蛋白质营养价值在很大程度上取决于其氨基酸的种类和含量。驴肉中含有非常丰富的氨基酸，包括 8 种必需氨基酸，8 种非必需氨基酸和 2 种新生儿必需氨基酸。驴肉中含有赖氨酸（9.0%）、组氨酸（4.8%）、天门冬氨酸（9.5%），并且丙氨酸、半胱氨酸、酪氨酸、色氨酸的含量也高于羊肉、猪肉、牛肉和鸡肉。通过比较发现，驴肉中的必需氨基酸含量为 9.25%，占总氨基酸的 39.4%。因此，驴肉必需氨基酸含量较高，蛋白质生物学价值高，具有高蛋

---

① 杜娟，宋燕，宋富琴．肉驴产业的发展现状、存在问题及对策建议[J]．肉类工业，2014(08)：3-6.

② Polidori P, Cavallucci C, Beghelli D, et al. Physical and Chemical Characteristics of Donkey Meat from Martina Franca Breed[J]. Meat Science, 2009, 82(04): 469-471.

③ 尤娟，罗永康，张岩春，等．驴肉主要营养成分及与其他畜禽肉的分析比较[J]．肉类研究，2008(07)：20-22.

白、氨基酸品质好的特点[①]。

2. 脂肪及脂肪酸

尤娟等[②]的研究表明，羊肉中脂肪含量为7%，猪肉中脂肪含量为6.6%，牛肉中脂肪含量为5.7%，鸡肉中脂肪含量为5%，驴肉中脂肪含量为5%，因此，驴肉是一种低脂肪的肉制品。驴肉中的不饱和脂肪酸显著高于其他肉类，尤其是高含量的多不饱和脂肪酸。驴肉的多不饱和脂肪酸是牛肉的3.0倍，是鸡肉的2.4倍，是羊肉的1.3倍，是猪肉的3.1倍。而且驴肉中的必需脂肪酸—亚油酸和亚麻酸含量非常丰富，尤其是亚油酸含量高达10.1%[③]。

总之，驴肉中含有丰富的必需氨基酸和多不饱和脂肪酸。因此，驴肉食用价值高，营养丰富，味道鲜美，值得大力开发研究和推广。

二、品种对驴肉品质的影响

肉的品质主要取决于肌肉本身的形态结构和化学组成，蛋白质、脂肪、水分等共同组成了驴机体的所需营养素。研究普遍认为，营养素能影响肌肉的pH、肉色、失水率等肉质指标，那么影响营养素的因素也可能会影响肉质。品种是影响营养素的重要因素，所以研究品种对肉品质的影响具有深远的意义。

驴肉是一种高蛋白质的肉类，而蛋白质是衡量肉品质好坏的重要因素。如图4-2所示，我国18月龄的改良德州母驴的蛋白质含量[④]高于15月龄的马

① You J, Luo Y K, Zhang Y C. Protein and Amino Acids Composition of Donkey Meat and Comparison between Donkey Meat and Other Livestock and Poultry Meat[J]. Academic Periodical of Farm Products Processing, 2008(12):93-95.

② 尤娟，罗永康，张岩春. 驴肉脂肪和脂肪酸组成特点及与其他畜禽肉的分析比较[J]. 食品科技，2009，34(02):118-120.

③ You J, Luo Y K, Zhang Y C, et al. Nutrition Composition of Donkey Meat and Comparison with Other Livestock and Poultry Meat[J]. Meat Research, 2008(07):20-22.

④ 周楠，谢鹏，郑世学，等. 不同年龄改良德州母驴屠宰性能、肉品理化指标及加工特性研究[J]. 黑龙江畜牧兽医，2014(09):102-104.

丁纳弗兰卡驴①。肌肉内脂肪含量与水含量呈反比②，但如果脂肪含量保持不变，水分往往会下降，直到动物体达到成熟。一般研究认为，水分含量较少会影响肉的多汁性（即口感），但脂肪含量较低、保水性好，不仅不会影响肉的多汁性，还会增加肉的香气和嫩度。如图 4-2 所示，18 月龄改良德州母驴不仅脂肪含量低于 15 月龄马丁纳弗兰卡驴，而且水分含量高于后者，表明改良德州母驴的肉品质可能优于马丁纳弗兰卡驴。

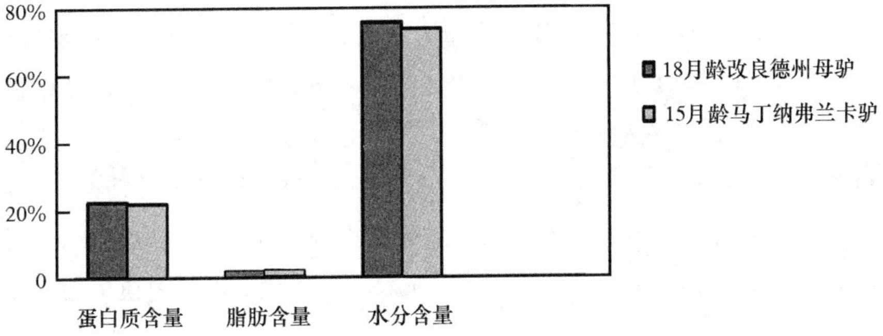

图 4-2 18 月龄改良德州母驴和 15 月龄马丁纳弗兰卡驴肉中蛋白质、脂肪、水分含量的对比

三、年龄对驴肉品质的影响

Pollidori 等③通过对 8 月龄和 12 月龄的驴的胴体重、屠宰率、剪切力、肉色、肌糖原含量、脂肪酸含量和氨基酸含量等特性的比较，了解不同年龄对驴肉品质的影响。研究表明：12 月龄驴的胴体重（65.7 千克）和屠宰率（53.9%）高于 8 月龄驴的胴体重（49.7 千克）和屠宰率（49.2%）。驴肉的肉色显示：在 8 月龄和 12 月龄时屠宰的驴的背最长肌的亮度和红度没有显著

① Polidori P，Vincenzetti S，Cavallucci C，et al. Quality of Donkey Meat and Carcass Characteristics[J]. Meat Science，2008，80(04)：1222-1224.

② Smith A M，Harris K B，Haneklaus A N，et al. Proximate Composition and Energy Content of Beef Steaks as Influenced by USD：A Quality Grade and Degree of Doneness[J]. Meat Science，2011，89(02)：228-232.

③ Polidori P，Pucciarelli S，Ariani A，et al. A Comparison of the Carcass and Meat Quality of Martina Franca Donkey Foals Aged 8 or 12 Months[J]. Meat Science，2015，106：6-10.

差异，亮度值分别为33.57和32.34，红度值分别为12.24和11.49。这与之前Sarriés等①在马肉中获得的结果一致。12月龄屠宰驴的肌糖原含量（0.38%）显著高于8月龄驴的肌糖原含量（0.22%）。与12月龄屠宰驴中收集的背最长肌相比，8月龄屠宰驴的剪切力值较低。8月龄和12月龄屠宰驴中都发现了丰富的多不饱和脂肪酸（PUFA），含量分别为26.36%和26.43%；饱和脂肪酸（SFA），含量分别为40.15%和39.97%；单不饱和脂肪酸（MUFA），含量分别为33.2%和33.45%。研究结果表明，驴肉的脂肪酸组成（SFA，MUFA和PUFA含量）在8月龄和12月龄时，没有显著的差异。在8月龄和12月龄时，驴肉中必需氨基酸含量分别为9.63克和10.05克（每100克）；非必需氨基酸含量分别为8.37克和9.55克（每100克）；总氨基酸含量分别为17.73克和19.6克（每100克）。氨基酸组成在8月龄和12月龄驴中没有显著差异，但不同日龄的驴肉中必需氨基酸与非必需氨基酸的比值均大于50%，表明驴肉氨基酸品质好，具有较高的蛋白质生物学价值。

四、饲养管理对驴肉品质的影响

饲养管理对驴肉品质的影响主要表现为营养水平、饲料添加剂的应用等对驴肉pH、嫩度、蛋白质、氨基酸和脂肪组成的影响。

1. 营养水平

营养水平对驴肉品质的影响是指动物体消化、吸收、利用营养物质的过程，也是动物体从外界获取食物满足自身生理需要的过程。动物从饲料中吸收的营养用于自身的维持、生长、泌乳等的需要。饲料营养水平是根据不同动物以及同种动物的不同生长阶段的营养需要量来确定的，常见的畜禽如猪、家禽、奶牛、肉牛、羊等都有各自的营养需要标准，且都进行了多个版本的更新。但是到目前为止，还没有发布驴的营养需要，驴的饲养过程通常是按照经验或者参考马的营养需要，按照马的营养需要的70%进行饲喂。大量研

① Sarriés M V, Beriain M J. Colour and Texture Characteristics in Meat of Male and Female Foals[J]. Meat Science, 2006, 74(04): 738-745.

究表明，不同营养水平对肉品质有显著的影响[①][②][③]，但是关于营养水平对驴肉品质影响的报道还不多见。本实验室前期研究结果表明：给驴饲喂占体重1%、1.5%、2%的精料时，随着精料水平的增加，驴肉中的脂肪含量显著增加。其可能的原因是随着精料水平的增加，日粮的能量水平升高，脂肪沉积增多（数据未发表）。但是驴肉生产所需要的最适营养水平还需要进一步研究。

2. 饲料添加剂的应用

在过去的几十年，抗生素一方面作为药物保护畜禽不受致病性微生物带来的不利影响，另一方面作为促生长剂促进畜禽的生长性能，提高经济效益。但是随着畜牧业的发展和人们对畜产品品质安全意识的提高，使用抗生素所带来的耐药性和残留问题越来越受到关注。植物提取物具有抗氧化、免疫等生物活性功能，可以作为替代抗生素的一类饲料添加剂，在畜禽生产中发挥重要的作用。

大量研究表明，在马的生长发育过程中添加植物提取物可以提高饲料消化率，改善肉品质。Gálik B 等[④]发现，在马的饲料中添加富含牛至、茴香和柑橘类水果精油以及益生元时，没有发现添加剂对血清指标有显著影响，但发现添加剂对饲料养分消化率有提高作用，并且能够提高必需氨基酸的含量。Branislav G[⑤] 等研究也表明，添加植物源添加剂提高了粗纤维、酸性洗涤剂

---

① 谭林，姜海龙．肌内脂肪含量与猪肉品质的相关性分析[J]．饲料博览，2010(12)：11-13.

② He R，Zhang J，Jiang Y，et al. Study on the Influence of the Change Rule of Pork Quality in Different Diet Nutritional Levels on Luchuan Pig[J]. Feed Industry，2013，34(11)：33-37.

③ Guo L，Wang Z H，Cai Z H，et al. Effect of Nutrition Levels on Carcass Quality and Meat Quality in Finishing Holstein Steers[J]. Chinese Journal of Veterinary Science，2008，28(10)：1225-1228.

④ Gálik B，Biro D，Halo M，et al. The Effect of Phytoadditives on Biochemical Indicators and Nutrients Digestibility in Sport Horses Nutrition[J]. Journal of Central European Agriculture，2013，14(03)：219-227.

⑤ Branislav G，Daniel B，Michal R，et al. The Effect of Phytogenic Additive on in Vivo Saccharides Digestibility of Sport Horse[J]. Pharmacognosy Communications，2013，3(01)：3-6.

纤维和中性洗涤纤维的消化率。此外，背最长肌的 pH、失水率、滴水损失均比对照组低，说明植物提取物添加剂具有提高马生长性能，改善肉品质，提高肉质风味的作用。添加植物提取物对驴肉品质的影响还未见报道，但马和驴同属于马属动物，在消化吸收特点上类似。因此，我们推测在驴的饲料中添加植物提取物应该也可以达到提高饲料消化率、改善肉品质的效果。

五、小结

综上所述，驴肉品质受到生产者、消费者和科研人员的广泛关注，如何提高驴肉品质和营养价值是今后肉驴产业的研究重点之一。年龄、性别、营养水平、饲养管理、加工工艺等都对驴肉的品质有影响，且影响机制非常复杂。因此，今后的研究应该从遗传、营养以及运输、屠宰等方面综合考虑，保证理想肉质的形成，为消费者提供优质的驴肉及驴肉制品。

第十一节　系列产品开发与驴产业发展[①]

一、驴肉与驴产业发展

疫情肆虐之下，好多人都在家里百般钻研厨艺，诸如炸油条、蒸蛋糕、做凉皮……而笔者又想起了保定九禾源餐饮的真空包装驴肉火烧，刚好冰箱里还有九禾源真空包装熟驴肉，配套火烧没有了，就用超市买来的白吉馍代替，效果和味道还不错。

大家都听过“天上龙肉，地上驴肉”的说法，在脑海里吃驴肉往往就是街边随处可见的“驴肉火烧”。近几年来，阿胶系列产品迅速火起来。驴肉因

① 本节内容原文分别发表于三农号 App 2020 年 3 月 12 日、三农号 App 2020 年 2 月 28 日、三农号 App 2020 年 3 月 2 日，原题分别为“疫情之思：驴肉与驴产业发展”“疫情之思：驴皮与驴产业发展”“疫情之思：驴乳与驴产业发展”，作者为王玉斌（中国农业大学经济管理学院）。三文合成一文，略有修改。

其性温、高蛋白、低脂肪、高氨基酸、低胆固醇等特点而适合几乎所有体质的人群，受到大众的普遍喜爱。但驴具有生长周期长、繁育慢、存栏量少等特点，所以驴肉自然供不应求，假驴肉充斥市场。近年来，社会影响较大的假驴肉事件，当属2014年1月济南某超市假冒五香驴肉事件，以及2018年1月，河北沧州河间某企业利用骡子肉、马肉、猪肉冒充驴肉事件。

假驴肉“横行”，导致“劣币驱逐良币”，市场上的真驴肉价格不温不火，远远低于其合理价格区间。当然深入分析来看，驴肉行业本身也有问题：一是传统“苍蝇馆子”式的驴肉火烧低端经营，既无法体现其本身价值，又受假驴肉低价冲击，如果不尽快转型升级，其生存空间式微；二是品牌打造远远滞后，市场上缺乏叫得响的驴肉品牌企业引领，现在一些小微企业探索反而值得我们期待；三是产品细分开发明显不足，现有驴肉加工企业普遍缺乏对不同人群的市场调研和品类细分，驴肉包装容量偏大且单一，食用方法推介缺位，速食、外卖的半成品驴肉火烧与产品伴侣开发不足。驴肉消费与产品开发必须正视一个基本事实，即一家三口一次性驴肉食用量大概也就0.5千克，目前多数家庭是不会加工驴肉的。诸如这类情况亟须驴肉企业进行针对性调研、宣传和采取措施，围绕顾客需求开发适销对路的产品。

驴肉开发不足，加上阿胶的特殊市场需求，导致从整体效益来看，本该居于主体地位的驴肉，前几年一度成为剥掉驴皮后的下脚料。好在，现在有些企业开始尝试和探索驴肉系列产品转型升级发展之道，如前面提到过的“驴福记”，着力打造中国高端“驴肉汉堡”和提供系列配套产品的中央厨房，其高端旗舰店已在北京和河间开业。而御驴牧业的全驴宴和驴肉火锅，东阿阿胶股份有限公司的驴肉蒸饺、包子和火锅，惠民科技与九禾源的熟食驴肉礼盒及其配套产品、驴下货系列产品等，让我们充满期待。

河北廊坊有个曹红艳，近年来钟情于驴肉火锅品牌打造。几年前，她创立了“乞丐酱驴”餐饮旗舰店，虽以失败告终，但是积累了行业知识、资源、人脉、口碑和信心。她认准了涮驴肉这个行业，干脆注册叱龙农业公司，发挥餐饮品牌优势，围绕做大做强品牌涮驴肉这个核心，采取以下策略：一是开发驴肉片分类包装，并附带独家秘制底料、调料，打入超市，方便百姓选购和食用；二是坚守品牌、做大品牌，发展连锁加盟，立志于实现“让加盟商挣到钱，让百姓吃到真驴肉、好驴肉，让上游养殖户不愁销路，让下游制药企业有驴皮可用”。

三河还有个“就是驴”，老板自己家有个驴场，长期养殖六七十头毛驴，定期屠宰熟制，既卖生鲜驴肉，也卖酱制熟肉。企业还注册了“就是驴”品牌，制作了包装礼盒，通过微信群直播等方式销售真驴肉，平均3天屠宰销售一头毛驴，在当地已小有名气。

驴肉市场千姿百态，总体来看，市场秩序净化、让驴肉回归高端肉品定位、驴肉产品开发与品牌打造，都极为迫切，都还在路上。驴肉作为驴的主要产品，什么时候能真正成为整个产业链条上的核心产品和主要利润来源，与养殖、屠宰、加工以及驴皮、驴乳甚至驴骨粉、驴尿等实现良性协调发展，整个驴产业就成熟了，这个原本独具优势和特色的产业也就能够得以持续健康发展了。

二、驴皮与驴产业发展

除了驴肉，驴皮也是驴产业最重要的产品之一，其价格波动始终揪着每个驴产业从业者的心。2018年，笔者曾与陈慧萍、马铃和杨涛撰写并提交“单靠一张皮能否重振毛驴产业?”的政策建议。彼时，正是驴皮价格由高点快速下跌、扶贫驴由兴盛转入尴尬之日，当时我们思考后的答案是“不能”，因而对驴业发展充满忧虑。而今日，这种忧虑非但没有减轻，还在持续加重。

彼时，基于毛驴在我国属于唯一具有独特国际竞争优势的大型畜种，在由役用转入商用过程中，在康养产业快速发展的形势下，在驴业扶贫如火如荼推进中，驴产业应该是大有作为的朝阳产业的基本判断，我们分析了毛驴产业存在供求严重错位、价格严重倒挂、优势严重退化、开发严重不足四个方面的突出问题，并结合讨论和思考提出了几点政策建议。

那么，回望过去几年驴业的发展，现在，我们对于“单靠一张皮能否重振毛驴产业?”的回答仍然是“不能”，还要在后面加上一句“如果处理不好，一张驴皮却能拖垮整个驴产业”。因为驴业相对小众，国家重视明显不足，现在虽然占比超大的驴皮熬胶市场依然火爆，虽然一线实体企业也在大力推进驴肉产品系列开发，虽然驴乳营养成分因与人乳高度相似而受到开发者和消费者热捧，但是，相较于其他成熟的畜种产业，相较于驴皮熬胶与产业链其他环节的匹配程度，就会明显发现，驴业产业链条发展还很不成熟，亟须国家层面予以重视和扶持。

如何重视和扶持呢？大概无外乎以下四点。一是搞好顶层设计。在实施乡村振兴战略和农业供给侧结构性改革过程中，要将发展具有显著优势的毛驴产业作为满足人民日益增长的美好生活需要的有效途径，从顶层制定行业中长期发展规划。二是重视科技研发。将毛驴产业纳入国家现代农业产业技术体系，围绕服务于完整产业链条进行打造，尽快建立毛驴种质资源库，对原有区域性或特殊用途品种加以提纯复壮，加强优良品种选育，大力发展人工授精、胚胎移植技术以及日常养护技术的系统集成。三是完善配套政策。加大财政投入，重视母驴保护，完善金融、税收、扶贫、开发等配套政策措施，吸引社会资本进入（“放水养鱼”）。四是尊重产业规律。树立正确的政绩观，避免政府主官和行业主管盲目决策，对行业造成“先跃进式、后断崖式”的冲击和影响；立足行业发展规律，不盲目求大求全，对大、中、小型规模养殖进行合理布局，倡导绿色养殖，鼓励适当放养，并提供良好的信息服务。

三、驴乳与驴产业发展

驴乳产业最近几年可谓发展迅猛，但令人唏嘘的是，此次疫情的发生给驴乳产业造成了不小的冲击。2020 年 2 月 28 日，笔者与新疆玉昆仑天然食品工程公司董事长张明先生交流后得知，驴乳企业目前受疫情影响非常大，作为驴乳主产区的新疆，目前因防控疫情无法正常开展运销，虽然严格封闭管理之下的规模养驴采乳加工企业能够照常生产，但可以想象，对于分散饲养、分散挤乳、集中收购加工驴乳的企业，其生产经营活动会受更大影响。

近些年来，屡有营养专家报告，驴乳营养成分最接近人乳，驴乳对于某些特殊群体具有独特疗效。十几年前，驴乳生产加工企业首先在新疆落地，随着新疆农业大学、新疆畜牧科学院等的跟进研究，驴乳逐步受到部分商业人士和特殊群体的青睐，且“物以稀为贵”，驴乳价格一直在高位波动，甚至一度在 200 元/千克徘徊。因为看好驴乳的稀缺性、高附加值以及潜在市场，近几年来，一批工商资本陆续进入驴乳行业，包括不少内地企业，但其规模、品类和产量远不及新疆的企业。目前驴乳市场上，驴鲜乳、酸奶、冻干粉、奶片等品类日益丰富，但是因其生产成本高、产量少、价格高、总量小，这些产品只在局部市场或面向特殊群体销售。

放眼当下，驴乳发展最早、产业集中度最高、产品系列最齐全的地区还数新疆维吾尔自治区，区内有新疆玉昆仑天然食品工程有限公司、巴里坤县花麒奶业有限责任公司、青河县梦圆生物科技公司、源西域生物科技公司、伊吾玉龙奶业公司等驴乳生产加工企业。其中，位于南疆的新疆玉昆仑天然食品工程有限公司，经过十几年发展，其科技研发水平、设施设备、产品系列、产出规模等居于行业领先地位。近几年来，随着东阿阿胶股份有限公司上马驴乳生产线，甘肃、陕西、宁夏、内蒙古等地也新上了一些驴乳生产线。就目前毛驴养殖采乳模式、毛驴存栏与分布等情况看，驴乳生产加工产能总量不足与局部过剩并存。

相较于牛乳以及羊乳，驴乳与驼乳较为相似，与前两者相比具有明显特殊性：一是驴产乳期很短，平均一年仅有4～6个月可以挤乳；二是驴日产乳量极低，虽然个体测试有日产乳量超过2千克的，但群体产出水平普遍不超过1千克/（头·天）；三是乳源集中难度较大，因为驴存栏量本身就少，哺乳期母驴数量更少，且接近90%为农牧民零星散养，规模驴场极少；四是挤乳设备研发滞后，因为驴乳房小，目前采用的挤乳机，一部分从羊挤乳机改造而来，一部分为小型半人工的，现有设备技术效率相对低下，尚缺乏专用成熟设备；五是乳价高，市场尚处于培育期，鲜乳价格在60～120元/千克，冻干驴乳粉约4 000元/千克，故消费者多为特殊人群，市场相对小众。

基于上述特殊性，调研发现驴乳生产加工企业主要存在两种生产经营模式：一是诸如新疆玉昆仑天然食品工程有限公司、东阿阿胶股份有限公司等，集中饲养，集中挤乳，乳源质量能够得到较好把控；二是比较多的采用流动式挤乳收乳，收集场所较分散，收储运费用较高，作业效率较低，受气候影响相对大，乳源质量把控有难度。

调研还发现，集中饲养采乳加工模式之下，企业基于自身经营环节管控与成本效益的角度，往往从市场上零星收购大月份孕驴、新产子母驴等进行集中养殖和采乳，采乳期内完全按照乳驴饲养模式饲喂，一般不考虑其繁育性能和体况维护，采乳期一过，适繁母驴的繁育性能大为下降，如转为繁育饲养，则怀胎周期较长，存在不经济，故往往被直接运到市场上当作育肥驴低价出售，而乳企继续补充大月份孕驴和新产子母驴，结局就是大部分产后母驴采乳之后面临育肥屠宰。对于以效益为核心独立核算的企业来说，其经营行为的选择无可厚非，但是对于存栏量本身一直大幅度走低的驴产业来说，奶驴的“一次性使用”着实令人担忧。

关于驴乳与驴产业发展还有几对重大矛盾需要我们深入思考。一是关于驴乳稀缺与乳驴的“一次性使用”，如果这个矛盾得不到化解，“驴之不存，乳将焉附”?“活体经济”驴业持续健康发展就会是个悖论。二是关于驴乳与驴产业，正如驴皮熬胶只不过是驴产业链的一个环节，不能过度放大一样，驴乳也仅是其中一个环节，还是最应该循环发展的关键环节。三是关于奶驴与驴产业，调研发现并不是所有品种都适合用作奶驴，有些地方特色品种（如疆岳驴）具有产乳优势，有些则未必。四是驴产业链各环节的匹配度与驴产业发展，既不能“因胶（皮）废驴”，也不能“因乳废驴”，要统筹各个环节之间的配比关系，让每个环节都有其合理生存空间和利润空间，而不是“丢了西瓜，捡了芝麻”。五是扶贫驴与驴产业，这个问题留待以后单独分析。

当下，这五个矛盾，单纯依靠市场力量明显无法破局。要寻求根本破局，只能是政府尽快打出“组合拳”。否则，毛驴产业的发展举步维艰。

第五章

薪火相传：铸就驴业发展之魂

引言：人才乃产业升级发展之灵魂。无论品牌打造还是产品研发，无论聚焦单一环节还是全产业链协同，无论养殖加工还是交易，无论活体开发、生物制药还是生态循环，无论实体经济还是文化挖掘，都离不开不忘初心、坚守信念、薪火相传、铸魂筑梦的驴业生产经营管理骨干精英人才，他们是驴业发展的脊梁。

第一节 龙麒——戈壁绘就驴业蓝图[①]

甘肃龙麒生物科技股份有限公司（简称“龙麟公司”）位于瓜州县城以东的石岗墩风沙口治理区，是甘肃柳园花牛山工业集团有限责任公司旗下的一家民营股份制企业，成立于2016年6月，注册资金5 000万元，占地面积6.6万亩，现有员工120人。公司成立以来，始终坚持贯彻创新发展理念，借助现代戈壁农业发展东风，致力于驴全产业链建设，取得了丰硕的成果，推动了区域经济的发展，为当地贫困户的脱贫致富做出了积极的贡献。截至目前，公司的驴全产业链建设已累计实现投资1.56亿元，建设完成良种驴标准化养殖示范场1个，养殖黑驴3 000多头；建成饲草基地1个，种植优质牧草1.2万亩；建成驴乳灌装生产线1条，日产巴氏杀菌乳24吨；规划建设的6万头良种驴繁育基地有部分已经投入使用；通过推广“平台＋合作社（农户）”的龙麒模式，在当地带动了驴的养殖业，规模已达到2万多头。

一、坚持思路创新，找准传统产业发展突破口

多年来，母公司花牛山集团切实履行了企业的社会责任，先后投入2.16亿元，在瓜州县城东石岗墩风沙口开展风沙治理工作，累计建设完成防风治沙林地4.4万亩，实现了“战风沙，锁黄龙，建设城市生态屏障”的阶段性目标，为瓜州县城生态环境的改善做出了重要贡献。为了利用好防风治沙林地，改变多年来只投入少产出的局面，公司一直在努力探寻一条集生态效益、社会效益和经济效益于一体的发展之路。

毛驴浑身都是宝。驴肉素有“天上龙肉，地上驴肉”的美称，其质细味美，是典型的高蛋白、低脂肪食物，具有补血、补气、补虚、滋阴壮阳的功能，是理想的保健食品。驴皮是阿胶的主要原料。驴乳以及驴油、驴胎盘、

① 本节内容原文来自“投身驴产业”征文，原题为“坚持创新发展理念，努力在风口戈壁绘就驴全产业链建设蓝图”，材料提供者为杨新军（甘肃龙麒生物科技股份有限公司）。略有修改。

孕驴血、孕驴尿等开发出的产品，也都是具有高附加值的健康品和生物制品。据有关专家分析，肉驴的开发价值在 6 万元以上，而一头能繁母驴在其生命周期内按生产 10 胎计算，各类产品的开发价值累计可达 35 万元以上。可以说，驴产业是一个产业链长、附加值高的产业，是近年来国内兴起的一个长周期的朝阳产业。

为此，母公司联合高等院校、科研院所，历时两年多对驴产业进行了反复论证，精算对比，确定成立甘肃龙麒生物科技股份有限公司，把发展驴全产业链作为防风治沙林地利用的突破口，提出抢抓现代戈壁农业发展新机遇，走种养结合之路，实现防风治沙林地可持续良性发展的新思路。

龙麒公司计划利用 5～7 年时间，完成投资 9.04 亿元，逐步建成种草，养畜，驴乳、驴肉、驴胎盘胶囊、驴油护肤品、驴血清等加工和驴肉餐饮，驴产业文化体验等一二三产业融合发展的全产业链。产业链建成后，可带动全县驴产业养殖规模达到 20 万头（其中周边农户养殖规模达到 14 万头），年实现销售收入 100 亿元以上，实现利税 9.5 亿元，新增就业岗位 5 000 个，带动 1 万多户贫困户脱贫致富。

二、坚持科技创新，高起点引领企业发展

公司成立以来，坚持走科技引领、创新发展的路子，数年来累计投入研发资金 150 余万元，与兰州理工大学、西北民族大学、西北师范大学、甘肃农业大学、新疆畜牧科学院、宁夏大学、天津农学院、中国农业科学院兰州畜牧和兽药研究所、甘肃省商业科技研究所、酒泉市农业科学研究院等大专院校和科研院所合作，对驴全产业链上的关键技术进行了研究和开发，取得了多项科研成果。目前，公司已制定企业标准 6 项，申报专利 16 项，完成省市级科研项目 3 项，发表研究论文 9 篇。公司先后研发成功驴巴氏杀菌乳、驴乳冻干粉、驴乳和驴羊水手工皂、驴油香皂、驴乳面膜、驴胎盘粉胶囊、驴细管冷冻精液、驴冷冻精液稀释液、驴鲜精稀释液等产品，正在研发中的产品还有马属动物可视化输精枪、驴驹代乳料、驴专用舔舐砖、孕驴血清、驴尿结合雌激素等，正在研究中的项目包括驴乳功能性研究（驴乳的溶栓和抗纤维化作用）等。

在生产实践中，公司还开展了大量的应用性研究，优化了驴乳和驴羊水手工群养殖和产品生产的技术方案，提高了企业的生产效率和效益。例如，研究冷冻和解冻方法对－18℃保存驴乳品质的影响，找到了最佳的冷冻和解冻方法，延长了驴乳保质期，提高了冷冻巴氏杀菌乳的品质。又如，对人工授精技术环节的研究，找到了卵泡大小与排卵的关系以及抑制输精后精液的返流问题，提高了人工授精的情期受胎率。再如，玉米青贮饲料的饲喂试验，拓宽了驴群饲草的来源，降低了饲养成本，获得了良好的经济效果。

三、坚持模式创新，走企业发展与精准扶贫双赢的新路子

驴产业虽然是一个高附加值的朝阳产业，但前期投入大，收益周期长。为了快速扩大养殖规模，公司对“平台＋合作社（农户）”的模式进行了创新，形成了独特的“龙麒模式”。

龙麒模式的核心理念是“风险公司担、利益共分享、农户保增收”，即以公司为龙头企业，以农户为生产基础，把农户生产纳入现代农业产业链中，利用契约等利益绑定形式让公司和农户缔结成利益共同体，建成驴产业一体化发展平台，实现良种繁育、饲养、防疫、驴产品加工和销售等环节的一体化经营和现代化生产。

龙麒模式解决了农户养不好（不懂技术）、有风险（怕病、天灾）、卖不掉（不知市场）、赚钱少（没有产业链）等问题，确定了公司买驴、农户托养、公司服务（配种、防病、科学养殖）、公司建平台（产业链延伸、市场拓展）、无风险保增收（全保险、兜底价）等一系列措施，确保农户无风险、有增收。

在龙麒模式落地的过程中，农户对这种投入风险少、收入有保障的合作方式非常认可。按照这种模式，公司在瓜州县梁湖乡青山村、岷州村，以及锁阳城镇农丰村的100多户建档立卡贫困户中托养了300多头孕驴和150头6月龄小驴，有力地带动了当地农户脱贫增收。龙麒模式帮助农户把现有的土地资源和人力资源稳定变现，实现了农村的“三变”，使建档立卡贫困户每户每年平均增收2.83万元，实现社会效益283.5万元。

龙麒模式的具体合作方式有三种。一是托母养驹，分别计酬。农户交

6 000 元押金，领养孕驴。母驴下驹后，哺育 6 个月断奶（预计达到 75 千克），公司按 36 元/千克的价格收购驴驹，农户得 2 700 元/驹。产后母驴产乳，农户挤乳，每千克按 20 元回收，若每天产乳 1.5 千克，整个产乳期农户挤乳计酬＝20 元/千克×1.5 千克×30 天/月×5 个月＝4 500 元。农户通过养孕驴“产驹产乳计酬”，15 个月合计可得 7 200 元/头。二是托幼增值，分段计酬。农户交 3 000 元订金，从公司领养断奶小驴（公∶母＝1∶1，6 月龄，75 千克左右），养成出栏达标驴（12 月龄，200 千克左右）。对体重增加部分，公司按 36 元/千克计酬，农户通过饲养小驴每头可获得 4 500 元的收入。三是入股分红，吸收就业。农户以自有资金和扶贫到户资金入股，公司按 9%的比例进行分红，农户每入股 1 万元，年可获得收益 900 元。如果合作时间以 3 年计，每户农户累计可增收 2 700 元。3 年期满，农户和公司自愿协商下一步合作事宜。对入股 30 万元的农户，公司可安排 1 人就业。

四、坚持管理创新，用科学管理为企业发展保驾护航

一是选贤任能，选拔有一定企业管理经验的人才组建企业管理团队。二是注重人才引进，从县农林牧等技术单位退休人员中挖掘精通种植、养殖技术的专业人才，使其进入企业生产环节开展技术指导和服务。同时，与酒泉职业技术学院开展合作，招聘同类专业的毕业生来企业工作。目前，企业 120 名各类工作人员中，技术人员比例已达了 30%。三是建立企业党支部，重视发挥企业党组织的战斗堡垒作用。公司领导带头落实党组织“三会一课”制度，定期、不定期组织党员和职工学习党的政策、理论和基本方略，不断加强党员、职工的思想教育工作，鼓励党员发挥模范带头作用，在企业发展中争当先锋，多做贡献。

第二节　刘新——胸有墨驴　笔蕴情怀[①]

刘新只是东北辽西农村一个普通农民，繁重的农活占用了他大量时间与精力，但因对绘画的热爱，他利用空闲时间，画出了近36米长的《驴友兴会图》。他细心观察，冥思揣摩，精心构图，通过角度变化和笔墨浓淡的点染，将千姿百态的毛驴挥洒于纸上。

今天让我们一起来聆听刘先生画驴背后的故事：

刘新（曲舒），关东画驴人，生于辽宁义县，现为中国国画家协会会员，锦州市、义县美术家协会会员，闾山古槐书艺社社长，中国水墨毛驴艺术研究院（筹备）发起人。其毛驴作品曾参加国际（沈阳）艺海拍卖大会、第三届世界诗意书画展，并在马来西亚展出。2013年，刘新为锦州世园会创作近36米长的群驴长卷《驴友兴会图》；2015年，为纪念中国人民抗日战争暨反法西斯战争胜利70周年，创作了《盛世和谐图》驴图长卷，呼吁人民牢记历史、珍爱和平；2016年，其长卷驴图《相聚宜州》在奉国寺展出，引发业界强烈反响。

这些年来，他热衷于公益事业：2018年义务支教瓦子峪中学教书画长达10个月；2017年、2018年两年度参加锦州市慈福爱心捐赠活动；《墨驴图》作品成功拍卖，所得善款无偿捐赠给公益事业。2018年，他涉足驴产业，接触驴文化，应邀参加中国（法库）首届驴文化摄影大赛，其两幅驴画分别被中国畜牧业协会和法库县政府收藏。《鸿运当头》驴图长卷被东阿阿胶股份有限公司总裁秦玉峰收藏。同年，他参加国际（北京）动物福利大会，3幅作品分别被英国皇家动物保护协会、英国驴慈善协会收藏。2019年，他应甘肃西部瓷都产业峰会之邀赴陇创作，同年10月，他应邀参加第四届国际（甘肃）毛驴产业高峰论坛，10月20日，他应东北驴博会（沈阳法库）之邀参加驴产

① 本节内容原文来自“投身驴产业”征文，原题为“胸有家乡墨驴，笔蕴国画情怀”，材料提供者为刘新（中国国画家协会）。略有修改。

业论坛。刘新积极主动参与驴产业活动，践行爱护、善待毛驴，弘扬毛驴精神，传承墨驴艺术，助力驴产业健康有序发展，为让更多农民早日脱贫奔小康贡献自己的一分力量！

提起对国画艺术痴心追求的几十年，53 岁的刘新充满感慨，因为这条潜心求学求艺之路，充满崎岖波折。

刘新对国画艺术的喜爱，源于奶奶的精致剪纸。小时候奶奶经常用剪刀剪出漂亮的图案，这让他心驰神往。像奶奶那样创造出精美画面，把身边美好的风物用笔描摹出来，这些想法占据了他的幼小心灵。在这以后的学生生涯中，刘新对于绘画的喜爱更为强烈，他把大部分空闲时间都倾注于此，但在一般人的眼中，这却是耽误学业的“坏事”。想当年父亲更是因为家里生活拮据，让他在成家立业和“不务正业”之间做出选择，使他的绘画之梦倍受打击。成家之后，刘新生活窘迫，除了种几亩薄田外，还靠走街串巷卖散酒维持生计。忙碌的生活让他很难抽出时间练习绘画，可刘新却有自己的办法，他每天在出门时一定带上纸和笔，赶路或者遇到好的景致，便停下来画一画。这虽然能磨炼画技，但也付出了很多时间，耽误了生活和小买卖。他的妻子对此又急又气，很多乡邻也是冷嘲热讽。在现实生活的压迫下，刘新差点放弃梦想，但他对绘画的渴望终究是压不住的。他的处女作《山里人家》速写作品被《义县报》刊用，得到领导的鼓励和肯定。这让刘新更自信，妻子对他的看法也在悄悄发生改变，不再反对他的爱好，刘新画画的时间又多了起来。但刘新终究不是科班出身，没经过专业培训，为让自己的画技更进一步，他抽空奔走于县书店、文化馆等场地，与他人交流切磋“偷艺”。有一次，他相中一本关于黄胄毛驴艺术的书，为了能多一点时间观摩此书，他硬是中午没吃没喝，一直到傍晚时分才骑着自行车顶着五级西北寒风艰难地回了家。这种现象经常发生。不经一番寒彻骨，哪得梅花扑鼻香，刘新的画慢慢得到同行的认可与好评。在大量作品中，刘新画得最好就是辽西毛驴。他小时候常与驴打交道，不是牵驴就是骑驴或者赶驴，对毛驴接触得多，观察又细致，而毛驴任劳任怨的性格也深深打动了他。他曾经写过一首《毛驴赞》：东方神灵聚在身，嬉笑怒骂皆从真。忍辱负重顺民意，浑然正气满乾坤。

对家乡毛驴的深厚感情，加之成千上万次描摹，才使他创作出了生动传神、寓意丰满的《驴友兴会图》。

对国画艺术燃烧的激情，使刘新不再满足于单枪匹马创作。古槐书艺社就是刘新发起组织成立的义县第一个农民艺术团体，会员大多来自同乡，他们都热爱书画艺术。书艺社成为他们学习、切磋、展示的平台。

自从参与驴产业活动以来，他深感肩上担子的分量，因为宣传推广驴文化之路任重而道远！俗话说：一花开后不是春，万紫千红才是春。刘新愿与有识之士一道再探讨成立中国水墨毛驴艺术研究院，共同倡导保护善待毛驴，提高毛驴福利，弘扬毛驴精神，传承墨驴艺术，助力驴产业健康有序发展。

刘新对艺术的追求孜孜不倦，对国画艺术的热爱与日俱增，一幅《驴友兴会图》折射出他的人生梦想，从古槐书艺社到水墨毛驴艺术研究院则蕴含了他远大的抱负。文化的魅力无所不在，文化的感染力和影响力强大而深远。从刘新和与他有同样追求的人身上，我们看到了驴文化的传承和弘扬，令人企盼的中国驴文化的大繁荣、大发展和驴产业振兴的美好前景似乎就在眼前。

第三节　霍磊——他奋斗在驴业一线①

霍磊，现任内蒙古天龙食品有限公司总经理。该公司是国内第一家专业商品驴定点屠宰加工企业，经过 13 年的发展已成为集技术研发、规模化养殖、科研推广和深加工为一体的毛驴全产业链条公司，曾两次组织召开全国性质的中国商品驴产业经济高峰论坛。

生命总是在无数的选择和转折下才活出不同的风貌。2007 年以来，霍磊一直奋斗在毛驴产业一线，先后在山东、云南、新疆、甘肃、宁夏、内蒙古从事毛驴产业工作。每到一个地区，他都走访乡村，实地调查毛驴存栏状况、饲养条件、交易市场、屠宰厂、活驴走向等，根据本地区的养殖特点，提炼出最适宜区域性运作的养殖方案，通过建设专业村、发展规模化养殖户、布局改良点、活跃交易市场氛围、实现屠宰消费终端联动等一系列手段，让每

① 本节内容原文来自“投身驴产业”案例征文，原题为“何意百炼钢”，材料提供者为霍磊（东阿阿胶股份有限公司）。略有修改。

个地区的毛驴产业参与者都走上致富之路。

内蒙古天龙食品有限公司的屠宰场基地占地100亩，是巴林左旗开发区规模和效益较好的单位。为了节约费用和便于工作，霍磊以厂为家，把住宿安排在办公室的里间，每天晚上偌大的办公楼只有他一人，与数百米开外门卫处的值班人员遥遥相守。

2016年5月10日零点10分，还未完全睡着的霍磊模糊中听到“咔哒”一声，似乎是办公室门锁被撬开的动静。他猛地惊醒，屏住呼吸，仔细听着屋外的情况。轻微的脚步、窸窣的翻找声音，霍磊确定是小偷在作案。隔壁就是财务办公室，若是置之不理，任小偷挨个翻找过去，得给公司造成多大的财产损失啊！不行！必须坚决制止！霍磊环视四周，屋内只有一个强光手电，容不得多想，他抓起手电就冲了出去。

办公室外间的两个小偷没料到会有人出现，做贼心虚想往屋外逃，霍磊临危不惧，沉着应对，先大声喝住，又紧跑几步抓住其中一名小偷的衣服，与之缠斗起来，扭打过程中被小偷手中的粗钢棍砸中了右臂，整条胳膊猛然脱臼，小偷趁机挣脱，翻出屋后从绿化带逃走。眼看无法追上，霍磊迅速报警，并联系工作人员，盘查公司的损失。待核实完现场情况，确认其他场所无任何损失后，霍磊才捂着垂落无法举起的胳膊去医院治疗，此时他右臂受伤脱臼已整整两个小时。同一夜，公司隔壁的德润和大辽王府公司损失现金、电脑等财产10余万元。

这位朴实的汉子没有因为受伤而休息，每天吊着膀子在养殖示范基地的工地盯着，直至伤病痊愈，对家人一直隐瞒实情，甚至对东阿阿胶股份有限公司总部的同事也从未提起此事。东阿阿胶股份有限公司总裁秦玉峰得知此事后既感动又心疼，他说：“当前社会中人人都在自我保护，霍磊同志不顾个人安危维护公司利益和财产，是他价值观和责任担当的表现，他的英勇行为应该受到所有人的敬重，东阿阿胶股份有限公司的员工让我特别自豪！”

厚道、地道是东阿阿胶人的DNA。东阿阿胶股份有限公司上游毛驴产业的每一位从业者都默默耕耘坚守在一线，扎根边疆，以厂为家，信念坚定，恪尽职守，这源自每一个基层员工对企业无限的忠诚，对产业深沉的爱。正是这种热爱，使东阿阿胶股份有限公司的毛驴产业在祖国各地扎根、开花、结果！

毛驴产业的弟兄都是铁骨铮铮的汉子，何意百炼钢，化为绕指柔，其初心就是对家庭、事业的担当！历经风雨之后，始知生命的过程漫漫又汲汲，直面艰辛、拥抱快乐，才是前行的最佳姿态！

第四节　董茂林——将驴乳推向全国①

董茂林盯住驴乳产业的时候，恰恰是牛乳产业竞争最为激烈的几年。他的选择起初让很多人不理解，但是今天，已没有人质疑他在驴乳产业上的眼光和布局。

董茂林是巴里坤哈萨克自治县花麒奶业有限责任公司（简称“花麒奶业”）董事长，他曾经是一名化学老师，也做过石油管材生意。就是这么一位“门外汉”，却在十几年前敏锐地捕捉到了毛驴产业的重要发展机遇，一步步带领自己的企业成为国内领先的研发、生产、销售驴乳制品的高科技公司。

董茂林与毛驴有着不解之缘。小时候，董茂林绰号叫“毛驴”，是茂林的谐音，长大后又因为一篇新闻报道投身毛驴事业，彻底改变了自己的人生轨迹。

时间追溯到2001年，董茂林正在新疆经营石油管材生意。那时候，毛驴还是南疆农村非常普遍的役用交通工具，随处可见人们赶着毛驴行走在乡间道路上，然而董茂林却把关注点集中在了驴乳上。

“当地老百姓用驴乳治疗肺结核病，虽只是个偏方，我却非常重视。”董茂林说，巧合的是，他在一本杂志上看到了类似的报道，国外一些地区的人们也有长期饮用驴乳的习惯，这让他非常兴奋，决定挖掘驴乳这块宝藏。

经过周密准备，2005年，董茂林在岳普湖县成立了第一家公司，利用当地丰富的毛驴资源，开始探索驴乳生产加工之路。

“那时候，很多人不了解驴乳。”董茂林说，为了打消人们的顾虑，他用

① 本节内容原文发表于《新疆日报》2019年10月22日，原题为“董茂林：将驴乳产品推向全国”，材料提供者为陈尔佳（巴里坤县花麒奶业有限责任公司）。略有修改。

了近一年的时间，频繁往返于岳普湖县和乌鲁木齐市之间，带着新鲜的驴乳，寻找有关领域的专家学者，对驴乳的营养价值进行科学认证，以此来打消人们的顾虑，重新建立大众对驴乳的认知。

2006年，一份名为《驴乳开发利用及前景展望》的科研论文成功发布，在董茂林的努力下，相关领域的专家用科学的研究证明了驴乳的营养价值和药用价值，为驴乳产业的开发壮大打开了一扇大门。

有了科技的支撑，董茂林开始将工作重心集中在乳源基地建设上。“如果要实现长期稳定生产，就必须要有稳定的乳源基地。”董茂林说，如果仅仅依靠从农民手里收购来的散乳，根本无法满足市场需求。在与股东进行全面细致的考察后，他带领团队来到巴里坤成立了今天的花麒奶业，并在这里构建驴乳生产加工的完整产业链。

乳源基地建立以后，董茂林又将工作重心转移到了产品研发上。“产品加工的工艺直接关系到产品的附加值。”董茂林说，经过不断尝试，企业研发部门研究出了超高压技术和冷冻真空干燥技术。通过这些技术，鲜乳不仅可以被加工成乳粉，还有效地保留了驴乳中的营养成分，克服了传统热加工方式的弊端，使驴乳粉的品质得到了可靠保障。

几年来，董茂林带领团队，以质量和品质为核心，不断扩大产品的影响力，使驴乳产品得到了消费者的广泛认可。目前，企业已累计投入资金2 600万元，拥有国内领先水平的现代化驴乳粉生产线和高科技精密产品检验设施，工艺过程全部采用机械化、自动化控制，组建了一支集科研、开发、管理、生产、销售为一体的员工队伍。在产品方面，“花麒”牌西域龙驴乳粉、阿胶红枣驴乳粉、杏仁驴乳粉等产品都已通过多个质量管理体系认证。2013年，企业荣获“中国优质奶源基地”称号。2015年，“花麒”牌系列驴乳粉荣获“哈密礼物”评选一等奖，花麒驴乳粉逐渐成为新疆优质农产品的一张崭新名片。

“未来，我们将在更大的市场展示自己，引领全国驴乳产业发展。”董茂林说，目前，企业依托现有技术力量，陆续在河南、甘肃等地布局乳源基地，母驴存栏数接近2万头。今后，企业不仅将深耕驴乳粉产品，还将研发更多驴的相关深加工产品，不断延长产业链，提高品质，让“花麒”品牌享誉全国。

欲善其功，必善其身，董茂林之所以能满怀激情地走在养驴扶贫的道路上，主要因为他身上有着以下几个品质：

一是坚定的信念。从 2004 年到 2019 年，已经 15 年了。15 年如一日，董茂林并没有清闲下来享福，而是为了花麒奶业继续东奔西跑。当坚持到了一定的程度就不只是坚持了，坚持的背后更是强大信念的支撑，而这个信念就是社会的责任！新疆贫困地区不只是物质条件非常艰苦，气候也非常差，经常会有很大的风沙，在创业初期，董茂林就曾因为去新疆的毛驴之乡考察，遇到风沙而受伤。以董茂林大学高才生的学历加上多年的创业经历，他在哪不能挣口饭吃，在哪不能创番事业，为什么偏偏要跑到新疆贫困地区来受这份罪？就是为了广大贫困农牧民的脱贫致富，做一个能解决社会问题、有社会责任感的企业家！

二是以德服人的品质。为什么会有这么多人愿意十年、二十年地追随董事长？接触过董茂林的人应该都会有感觉，他为人真的很和善，很亲切客气，处处为别人着想。这么多年一路创业走来，虽然被人捣乱过，被人骗过，被人恶意竞争假冒过，但是董茂林都是以德报怨，宁愿自己吃亏也不让别人受委屈，让周围的人看到忍让并不是一种懦弱，而是以德服人的境界及对生命的敬畏！

三是爱岗敬业的工作作风。笔者有幸到过新疆，也在新疆听到了很多关于董茂林的故事。例如，创业初期，他亲自运输的毛驴半路跑出来了，辛辛苦苦一趟，距离又远，耗时又多。又如，他曾因为工作太过劳累而生病，被送到了医院。再如，有人因为身体不好，听说喝驴乳有用，就买了驴乳，却没想到是董事长亲自送的货，这个人非常惊讶和感动，当自己身体调理好了之后，就毅然放弃了原来的事业，跟着董事长一起从事大爱的驴乳事业，至今也已经有 5 年了。这些都数不胜数，笔者还给大家分享一下自己亲眼看到的事。2018 年 12 月，笔者跟董事长一起出差去陕西，从郑州开车去陕西的一路，董事长的电话基本上没停过，一直在处理工作上的事情和对接各地的产业布局规划。他累了就在座位上眯一会，醒了又继续，那是笔者第一次近距离连续几天一直跟董事长相处，真正见识到了他对这份事业的态度，真是以车为床，以路为友，几乎每天都在路上。

也听董事长讲过，驴乳产业，已经不仅仅关系到他一个人，或一家企业了，而是关乎这么多跟随在身边的兄弟姐妹及更多养驴的贫困农牧户！所以董茂林立志要把花麒奶业做强做大，做上市，带领贫困户脱贫致富，带领花麒人创业成功，让更多的老百姓喝上花麒驴乳！

有人说，一个企业的价值取决于它能解决哪些社会问题。

有人说，一个企业能走多远关键要看带头人的格局。

也有人说，一个企业的魂就是其最高带头人赋予的。

不管是花麒奶业的价值，还是花麒奶业的未来，相信有这么一位德才兼备、敢为人先的领导在前方带路，花麒奶业一定能给社会交出一份满意的答卷，一定能走出一条康庄大道！

第五节　钟勇——扎根边疆振兴驴业①

在内蒙古中东部地区，有一片未曾污染的山水草原，一处绿色纯净的心灵故乡，这就是美丽的阿鲁科尔沁旗。在这里，有一家深耕驴业、扎根边疆的企业，这就是内蒙古阿鲁科尔沁旗太极天驴有限公司（简称“太极天驴公司”），中国畜牧业协会驴业分会副会长单位、阿鲁科尔沁旗驴业协会会长单位。

为保障太极“天胶”优质驴皮原料的供应，重庆太极实业（集团）股份有限公司（简称“太极集团”）做出战略决策，进入驴皮供应链上游产业。2014 年 8 月，内蒙古阿鲁科尔沁旗太极天驴有限公司成立，隶属于太极集团，投资 3 亿元建设“阿旗太极产业园”项目，园区产业涵盖标准化生态毛驴养殖基地、肉驴屠宰及食品加工生产基地、药材初加工基地、中药材种植基地、仓储中心及蒙古风情园。目前，园区毛驴存栏 1 000 头左右，种植苍术、桔梗、黄芪、甘草等药材 200 余亩。

太极天驴公司在公司董事长钟勇的带领下，入驻内蒙古边疆，深耕驴产业，使阿旗太极产业园从无到有，从一片茫茫荒凉到园林式厂区拔地而起。

① 本节内容原文来自“投身驴产业”征文，原题为“扎根边疆，坚守驴业”，材料提供者为舒蕾（内蒙古阿鲁科尔沁旗太极天驴有限公司）。略有修改。

2017年年底，阿旗太极产业园顺利完成建设并成功投产，开启了太极集团发展毛驴事业的新篇章。产业园拥有国内首条大型标准化毛驴生产线，创立了具有内蒙古地域风情的“太极®·原上道®”品牌，成功申报了国家地理标志保护产品“阿鲁科尔沁驴肉”。

2018年，驴行业遭遇寒流，阿胶滞销、驴皮价格一落千丈，驴肉市场接受度低，太极天驴公司仍“坚守驴业，不忘初心”，积极进行产品研发、生鲜驴肉市场拓展，2018年全年完成了逾2 000万元的销售开门红。

钟勇提出，要通过挂牌建立阿旗新型职业农牧民实训基地，开展技术扶贫工作，开展畜牧养殖技术培训班带动当地的发展。为此，钟勇率队先后进行毛驴养殖、人工授精技术培训10余次，药材种植技术培训10次，培训农牧民1 000余人，发放培训资料3 000余册。在他的不懈努力下，企业在阿旗超过100个嘎查村（蒙古族的行政村叫嘎查）进行毛驴养殖、药材种植的宣传、培训。同时，公司采取“公司＋基地＋合作社＋农户”的模式发展毛驴养殖和药材种植，签订订单，保价回收，并对合作养殖/种植户提供资金补贴和技术服务，带动当地经济社会发展，促进农牧民增收致富。

在企业不断扎根当地的同时，钟勇敏锐地察觉到，不忘初心，充分发扬企业责任才是企业存在并壮大的根基。在这一思想的指导下，他号召公司员工积极融入驻地的扶贫工作中，并与旗农牧业局、贫困嘎查成立联合党总支，对乌和朝鲁嘎查、乌兰绍荣嘎查投入资金逾100万元，通过无抵押毛驴寄养、筹备乡村爱心超市、毛驴托养投资分红、种植技术资金双扶持等多种形式帮扶贫困农牧民，实施精准扶贫，帮扶贫困户25户，预计年均增收3万元。

钟勇在工作例会中提到：在探索中发展，讲诚信，有责任心，在发展中建立诚信，共同探索发展新路子；要在诚信的基础上建立长期合作和可复制的模式；要在养殖、防疫、种植等各方面提供技术支持，使农牧民有自强自立的信心，建立长期合作关系，建立长远发展的产业；要以融合党建的形式，引领基层产业发展，为巩固脱贫攻坚，实现“互融互赢”提供源源动力和坚强保障。

目前，太极天驴公司已安置当地就业80余人，将要完成驴皮仓库、驴产品展示馆等项目建设，2020年年底将全部建成达产，满负荷生产可达年屠宰毛驴9万头、年产值7.5亿元、上缴税金1 500万元、安置就业300人的规模。到“十三五”末，公司将带动全旗5 000户农牧民饲养毛驴20万头以上，年出栏8万头，助力农牧民增收2.5亿元。目前，公司已成功申报了“阿鲁科尔沁旗驴肉”国家地理标志保护产品，并致力于将阿旗打造成中国毛驴养殖繁育基地。

扎根边疆，振兴驴业，钟勇和太极天驴公司的故事仍在继续。

第六节　杜军——扎进皮山的“犟驴”①

一次偶然的机会，让杜军放弃了原来从事的行业，离开生活了二十几年的大城市，毅然决然地来到偏远落后的边疆地区。是什么促使一个四十多岁的男人走出舒适与安逸，选择艰苦与奋斗？

杜军刚到皮山县时，正值当地政府大力发展养殖业，培养产业新动能的时期。当时，皮山县确定了以驴产业为支柱性产业带动百姓脱贫。皮山乃至和田的老百姓历来有养驴的习惯，尤其是饲养当地的特有驴种“果拉驴”（和田青驴）。正是这种果拉驴，成为杜军扎根和田，埋头苦干，与贫困打决战的原因。

本来打算在皮山开拓自己建筑事业的杜军，偶然来到了皮山县乔达乡，当时正赶上巴扎（集市），十分热闹，而路边喧闹的一幕引起了他的注意。一只驴倒在路边，挣扎了一会后再无动静，一位维吾尔族老汉一边哭着，一边拍打着驴，希望它能再站起来，就这样十余分钟后，老汉的眼神逐渐变得空洞，仿佛失去了希望。杜军上前询问情况，原来，老汉的儿子考上了大学，这给原本生活拮据的家庭带来了希望，同时也带来不小的经济压力，老汉本来打算将家中唯一值钱的一头驴卖掉，可没想到，这头驴早已患病，并且身体虚弱，在赶巴扎的路上透支了体力，最终在被交易前倒在了路边，也让这个家庭唯一的希望轰然倒塌。

① 本节内容原文来自“投身驴产业”征文，原题为“扎根和田皮山的‘犟驴’——杜军”，材料提供者为陈亚[新疆昆仑绿源农业科技发展(集团)有限责任公司]。略有修改。

在得知这一情况后，杜军十分震惊，让他没想到的是这个南疆小县城，竟然如此的贫穷与落后。同时，心中燃起的使命感和责任感让他下定了一个决心："我要在这里开创新的事业，把根深深地扎进这片土地，我要改变这里老百姓的生活条件，让他们都过上应有的好日子！"

在随后的几个月里，他带领着团队四处走访，深入老百姓的家中，了解他们贫困的原因。他发现，让老百姓贫困的真正原因，是没有一个能起到带动和引领作用的大型企业，老百姓不知道做什么，怎么做。驴对于维吾尔族农户来说仅仅是作为驮畜，没有实际的经济产出，所以产业发展没有形成聚集效应，更没有实现规模化、现代化。

为解决这一难题，杜军决定着手组建新疆昆仑绿源农业科技发展（集团）有限责任公司，想要通过脚踏实地，撸起袖子带头干，将驴产业作为带动扶贫的切入口，帮助当地百姓增收致富。

得知他的决定后，他的朋友都非常不解，纷纷劝他："皮山那么穷，那么远，那么苦，你自己在内地的建筑事业搞得好好的，不回家过个安生日子，跑那儿去干吗？"他反驳道："就是因为这里穷，才更应该让这里有希望。人活着，总要干点事情，做点自己力所能及的事情。"就这样，他的众多朋友没能拉回这头"犟驴"，杜军在皮山扎下了根。

经过无数次多方位、多角度的考察、走访，他认真思考，并意识到，要让扶贫工作快速有效，就要从"扶智"上去解决造成贫困的根源问题。俗话说："授人以鱼不如授人以渔"，让老百姓学会一种乃至多种技能，能长期稳定地就业或创业，才能帮助他们实现真正的脱贫，这比解决当下暂时的贫困更为重要。要让扶贫有持续的生命力，当地在这一波扶贫任务的"输血"完成后，还要有继续"造血"的功能。

为此，他带领的新疆昆仑绿源农业科技发展（集团）有限责任公司，首先立足皮山县乔达乡，在果拉驴的原产地果拉村建起了果拉驴品种保护繁育中心，总投资 4 440 万元，其中包括了饲草料基地、棚圈等，并建设了驴标准化棚圈 9 座（不含原有的 19 座），机械化挤乳厅 1 座。在和当地驴养殖户沟通了解其心声后，公司决定采用"企业＋合作社＋贫困户"的经营模式，号召驴养殖户，尤其是驴养殖贫困户将驴寄养到公司，公司按照驴的实际产出给农户分成。经过一年多的管理运营，已有 3 000 余户农户将驴托养至公司，公司实现驴存栏 5 470 头，其中母驴 5 164 头，驴驹 230 头，种公驴 76 头。

养殖户将驴代养在公司养殖基地，公司采用科学饲养的方式，保障驴的营养供应，提高驴的身体素质，从而提高驴的受精率和产崽率。怀孕母驴在哺乳期间，由公司统一集中挤乳，农户能从企业拿到 3 000 元/头的乳款。养殖户还可以将生产的小驴卖给公司，其中公驴驹 2 000 元/头、母驴驹 3 000 元/头，直接、快速地见到效益。

除此之外，杜军一直思考如何提高驴产业的附加值，真正实现产业持续化发展，让老百姓一直有钱挣。为此，他瞄准了驴乳，开始布局食品深加工行业。2018 年 7 月，在皮山县三峡工业园区里，一座占地 144 亩，总投资 1.5 亿元的标准化、规模化的乳制品与休闲食品深加工产业园拔地而起。该产业园以加工驴乳制品为生产核心，主营业务涵盖了驴乳制品、乳品深加工，畜产品及畜副产品深加工和销售，食品研发，冷冻存储等业务。目前，项目一期已经建成并投入使用，实现月处理鲜驴乳 1 200 吨，产出冻干驴乳粉 25 吨，酸驴乳 100 吨，其他配方饮品 300 吨。

目前，项目一期加工车间已吸纳贫困户 120 人，二期计划投资建成 5 000 $米^2$ 的果汁与驴乳融合及驴乳深加工产品车间，三期计划投资建成 1.5 $万米^2$ 的休闲食品加工园。该产业园全部建成并顺利运行后，将是南疆地区最大的驴乳及休闲食品深加工产业园。

在鲜驴乳收购方面，杜军让公司与驴养殖户建立订单关系，保障驴养殖户的利益，确保每个驴养殖户的驴乳都能卖到公司，实现经济效益。为此，公司每天派出两台冷藏车到各乡镇养殖户家中收购鲜驴乳，平均每天每户收购鲜驴乳保持在 40 千克左右，公司以每千克 30 元的价格收购。在驴的哺乳期间，驴养殖户每户月均收入可达 3 万元。

在得知老百姓有实际困难的时候，他往往深入一线，亲自带领公司员工走进农户家中，为他们排忧解难。阔什塔格乡的一户驴养殖户生活条件十分艰苦，家中唯一的经济来源就是将驴乳卖给公司获得收益，年收入仅几千元。但是，2019 年年初，女主人突如其来的一场大病让本就生活拮据的家庭更是雪上加霜，仅有的少许存款全部用于治病。一家人几乎连饭都吃不上了，而正是哺乳期的驴更是吃不上饲料，在寒冬时节又没有杂草青草，一家人和驴就这么一顿又一顿地饿着。在得知这一情况后，杜军赶紧让公司员工准备上面粉、青菜、肉等粮食，以及过冬需要的棉衣棉被，还拉上了两大车驴饲料，带着员工火急火燎地赶去了农户的家里，亲手为他们送去生活必需品和驴饲料。在收到这些慰问品后，农户紧紧地握住他的手，用维吾尔语说着一些感动的话，还留下了炙热的泪水。他握着维吾尔族农户的手时才发现，这家人在寒冬腊月，连基本的保暖设备也没有，在接近0℃的气温里，只能一家人依偎在一起，烤着少量的篝火取暖。于是，他又赶紧让员工到镇上集市采购了一些保暖设备，并让公司的建筑队伍将农户的房子进行维修，把漏风、漏雨的地方补上，改善他们的居住环境。同时，他还告诉相关管理人员，要把这样极度贫困、生活没有保障的家庭进行统计，在今后的带贫扶贫中，要从生活上、精神上对他们进行重点关照，切切实实解决他们的实际困难。

除了驴产业以外，公司还考虑多元化发展，并布局了兔、鹅、羊养殖，酒店管理，特色林果种植等多个产业。各个项目顺利实施后，公司将实现年产值10亿元以上，直接带动12 000人以上就业，间接带动25 000户脱贫，实现皮山县贫困户全覆盖。

2019年4月，公司已获批“自治区重点龙头扶贫企业”。此外，公司正与和田地区行政公署共同成立农业产业化研究院，重点研究农业产业化发展、生物制药、动物疫病防控与无抗健康养殖、食品深加工、畜禽粪污零排放处理等课题。该产业研究院将结合驴血、驴皮等，研究生物制药课题，进一步做大驴产业，增加产品附加值，提高产业的可持续发展动力，让和田青驴产业发挥更大的扶贫带动作用。

目前，公司已在成都成立了成都昆仑绿源销售公司，未来还将在乌鲁木齐、北京、上海、广州等一线大城市设立销售分中心，将农户辛勤劳动的成果转化为实实在在的经济效益，打通商品流通市场的“最后一公里”通道，让农户养得放心，种得放心。而当地通过发挥龙头企业的带动引领作用，才能真正实现产业带动脱贫。

第七节　刘敏——宰相故里　巾帼情怀[①]

在肥沃的辽河平原西北部，坐落着一座水草丰美、古迹遍山、白鹤群起、枫林尽染的风景小镇——叶茂台。这里是辽金宰相的故里，又是契丹文化的发源地，更是以驴马为主要交易对象的牲畜交易集散地，全国最大的驴马牲畜交易市场就在这里。

该市场始建于辽代初期，至今已有1 000多年的历史，年交易牲畜30万头以上，年交易额20亿元人民币，其中驴的上市及交易量占整个市场的40%左右。2014—2015年，该市场被中国商业联合会评为中国优秀示范市场、品牌建设优秀企业。

经历了计划经济时期的停滞和改革大潮的洗礼，叶茂台牲畜交易市场于20世纪90年代初期由刘德仁老先生恢复重建，其女儿刘敏女士（现任圣迹山畜牧有限公司董事长）再接再厉，励精图治，相继成立了辽宁圣迹山畜牧有限公司、检测防疫站、服务大厅、交易大厅，终于使千年集市旧貌换新颜。现如今，展现在世人面前的是一座功能齐全、运营规范化及程序化和管理制度化的现代化牲畜交易市场。

每逢交易日，来自全国各地10多个省、自治区、直辖市的广大客商汇聚在这里，每周交易5 500余头，其中主要以东北黑毛驴为主。目前，叶茂台牲畜交易市场年交易递增率高于20%以上，预计5年后交易量可突破50亿元人民币。

在叶茂台牲畜交易市场的带动影响下，本地黑毛驴饲养量逐年增加。2016年10月15日—17日，中国畜牧业协会在法库县成功举办第二届中国驴业发展大会暨中国驴业发展高峰论坛，同时在辽宁圣迹山畜牧有限公司举办了第二届中国东北驴交易博览会，给这个历史悠久、方兴未艾的驴马牲畜交

① 本节内容原来来自“投身驴产业”案例征文，原题为“宰相故里，巾帼情怀”，材料来自辽宁省法库县圣迹山畜牧有限公司。略有修改。

易市场带来了勃勃生机。

2016年4月，全国驴产业龙头企业东阿阿胶股份有限公司总裁秦玉峰应邀前来考察，与市县领导会谈，初步达成了与叶茂台牲畜交易市场共同建设全国驴产业中转中心的合作意向。

2017年7月，辽宁东阿黑毛驴科技牧业有限公司成立，带动了法库及周边地区驴产业的发展，刺激了本地区总体经济的复苏。随着叶茂台牲畜交易市场的繁荣兴盛，本镇及周边地区的畜牧业、白酒酿造、皮革加工、农产品及畜产品加工、餐饮业、商贸物流等产业也搭上了这趟“特快列车”，迅猛发展起来，叶茂台驴肉、花生、小磨香油、小杂粮、地瓜等土特产品正以规模化、标准化、品牌化逐步走向全国各地。同时，产业发展也解决了一大批本地区农村剩余劳动力的就业问题。

“自己富了不算富，我的奋斗目标就是让全镇人民都富起来，腰包都鼓起来!”刘敏董事长这样说，也是这样做的。从小立志于改变家乡贫困面貌的刘敏，1995年取得了辽宁大学财会专业大学文凭。为了了解市场未来发展动向，近几年来，她先后自费去西欧四国、澳大利亚、日本等地考察大牲畜饲养及皮肉深加工企业，回国后根据本地经济发展的需要进行实践。在她内心的规划里，未来10年，叶茂台牲畜交易市场将以驴马交易市场带动建成东北黑毛驴繁育基地、驴产业园区、饲料加工厂、低温屠宰厂、肉食加工厂、骨粉厂、阿胶加工厂、生物制药厂、有机化肥厂、餐饮住宿和旅游文化公司，计划到2030年形成集团，并在金融市场成为A股上市企业。

刘敏以她的睿智和超前理念，开创了一番大事业，谁能想到这个美丽的中年女子竟然和驴产业结下了缘并且发展得有声有色呢？每逢年节，刘敏想的最多的就是还没有脱贫的父老乡亲。她多次号召公司全体员工捐款捐物，积极参与县宣委、县妇联组织的“好儿媳”评选活动。她多次到贫困学生家里帮助解决实际困难，有位单亲学生家长拉着她的手说：“您就是我们娘俩的恩人，我一定不辜负您对孩子的希望，让孩子将来做个对社会有用的人!”

刘敏董事长业余时间除了研究企业管理知识外，研究领悟最多的就是中国五千年的悠久历史文化，尤其是儒家思想，并在市场管理方面有的放矢地渗透儒家思想。如每个工作日，全体员工吃罢早餐穿上整齐的服装有序地站在交易大厅，齐声背诵《弟子规》，洪亮的声音响彻整个市场，提高了广大员工的整体服务素质。每周的学习会、每月的总结会及快乐会议开得有声有色，增强了“企业就是家、客商就是上帝”的合心力、凝聚力。

社会不会亏待有责任心、敢打敢拼的人。2015 年，刘敏被选为法库县第十二届政协委员并被发展改革局聘任为民主监督员。在十二届四次全会的分组讨论中，她做了关于驴产业发展方面的重要发言，得到了县委县政府的高度重视。她撰写的关于驴产业发展的提案，被沈阳市政协委员联名提交市委市政府，并参与制定了毛驴养殖补贴政策，促进了全市驴产业的发展。

付出总会有收获。2016 年，这位与驴产业结下缘分的知识女性，被评为“沈阳市十佳农村青年致富带头人”“法库县十佳青年致富带头人”和法库县劳动模范。2019 年，她又被授予“沈阳市五四奖章”。

对于现在取得的成绩和荣誉，刘敏和公司广大员工并不满足，在他们的心中，早已绘就公司和市场未来发展的美好宏图。

在未来的驴产业发展中，刘敏董事长定将凭着多年的经营管理经验，凭着一股“驴的犟脾气”，带动本地区的驴产业发展突飞猛进，更上一层楼。我们相信，在上级有关部门的大力支持下，在家乡父老乡亲的热情支持下，在创业创新理念的引导下，在乡村振兴战略深入实施和全面建成小康社会的“新时代”的大背景下，叶茂台牲畜交易市场的明天一定会更加灿烂辉煌。

第八节　贾涛——传承德州驴业文化[①]

德州驴作为山东地方特色品种资源，具有体型大、耐粗饲、抗病力强等特点，名列中国五大优良驴种之一，于 2007 年被列入国家地方品种保护名录。经常行驶在京台高速禹城段的司机朋友们可能会注意到，在禹城出口处有个高大的广告牌——禹城市惠民农业科技有限公司。下面，我们就重点介绍下这个公司及其背后的掌舵人——贾涛。

① 本节内容原文来自“投身驴产业”案例征文，原题为“传承德州驴，共享中国梦”，材料提供者为张燕（山东省农业科学院生物技术研究中心）。略有修改。

一、缘起，小时玩伴家庭成员

1978年开始，国家实行土地承包责任制，贾涛的家乡山东省禹城市前油坊乡马旺村对集体所有的土地、牲畜进行抓阄分配。当时，他的父亲抓到了一头毛驴，这头毛驴个头比较大，身上的毛全部为黑色。年仅8岁的贾涛看到父亲抓到一头毛驴后特别高兴，天天喂它。夏天到田地里给驴割草，他走到哪里就把驴牵到哪里。当时农村用驴犁地、拉车、拉磨，家里用毛驴干活的时候，他都牵着去。那时在贾涛眼里，毛驴不仅是他的小伙伴，更是家庭中不可或缺的一员。

后来，贾涛参军服兵役，临走时，他与毛驴进行了告别，并嘱咐父母一定要好好地饲养这头毛驴，不能卖掉。在他服兵役第二年，回家探亲时，毛驴因年龄比较大，去世了。毛驴的去世令他感到万分痛苦，连续几天吃不下饭、睡不着觉，回部队后有时还能梦到与驴在一起的幸福时光。

二、创业，终究剪不断的驴缘

1990年，贾涛在中国人民武装警察部队济南市支队服役5年后光荣退役，之后一直从事农业农村工作。多年跑村下乡中，贾涛发现，由于农业机械化的普及以及驴本身饲养周期长等因素的影响，驴的养殖越来越少，过去村中随处可见的黑毛驴越来越稀罕。他意识到，再不进行有效保护，德州驴的数量会日渐稀少，甚至濒临灭绝。

为了保护这一优良的物种，他决定开始收集德州黑驴。开始着手收集时，他碰到最大的难题是到哪里去找驴。最初，贾涛一个人到农村去打听，去的时候坐公共汽车到县城，然后徒步到农村挨家挨户地去打听。老百姓听说是来收集德州黑驴的，都不信。记得在张庄镇一个村，有位老大爷说：“孩子，你收集这玩意干啥呀?”贾涛老老实实地说：“大爷，这东西现在很少了，濒临灭绝了，我得把它传承下去呀!”。老大爷说：“你这个傻孩子，这东西都快灭绝了，你怎么传承呀?”他说：“我要在咱们德州挨家挨户地去打听、去收集。”最后，老大爷被他打动了。老人对村子的情况比较了解，谁家养驴他都知道，他带领贾涛到村里养驴的农户家去收集。驴找到了，可是农户并不愿意卖，当时毛驴在养殖户家里做农活用，拉车、耕地等十分有用。贾涛不放弃，他给农户苦口婆心地去讲去说，买驴不是为了买卖，而是为了繁殖保种用，最终农户被他的诚意所打动，同意了。收集的过程中，有时走遍一个村子都不一定有一头驴。记得冬季的一天，下着雪、天气很冷，而他所去的村子里满是泥泞的红土地，黏性很大。在村子里走了一天，他脚上磨了几个水泡，也冻伤了，疼痛难忍。他想过放弃，但是经历思想的波动后，想起了曾经的“小伙伴”，最后还是坚持下来。就这样，靠着一股子“驴劲”，贾涛硬是将养殖场做到了存栏 2 000 多头的规模，成为山东仅有的三家德州驴原种场之一。

三、坚持，一路摸索创新实践

德州驴收集到了，贾涛准备开始挑选优质母驴和优质种驴。开始养殖的时候，他认为母驴发情时交配就可以怀孕，一年就可以生小驴了。但是，到了预产期的时间，一直不见母驴生产，他这才发现原来母驴根本没有怀孕。第一次交配之后没有怀孕，又因当时经验少，第二次、第三次发情的时候也没有看出来，最终就这样白白浪费了一年的人工费、物料费以及光阴。“养殖初期，交的学费有点多。”贾涛如是说。

另外，母驴怀孕周期比较长，怀孕期间还得需要人工费、物料费等费用，占压资金比较长。养殖场资金比较紧缺，贾涛向亲戚、朋友都借遍了，资金还是不够。当时家里只有五间瓦房，他就把家里的房子卖掉，把家搬到了驴棚。在母驴产仔时，他整宿看着它，生怕母驴压着或踩着小驴。在母驴产仔后半个月内，他基本上不睡觉，黑白天看着它。

慢慢地，贾涛在收集养殖的过程中总结了一些经验，于是在 2008 年成立禹城市惠民农业科有限公司。公司位于山东德州禹城市京台高速公路出口北 1 公里，占地面积 150 亩，总投资 7 600 余万元，下设专业养殖合作社 1 个，与合作社共存栏德州驴 2 000 余头，是德州地区最大的德州驴养殖企业。

通过在养殖的过程中不断学习探索，贾涛自己总结出循环经济的“法宝”。禹城市是“馅料城”，拥有豆沙生产企业 16 家，贾涛在日常与豆沙生产企业交流的过程中了解到，豆沙企业的下脚料（豆皮、豆渣）是企业处理的难题，处理不好就会污染环境。于是他深入企业，了解下脚料在生产环节有没有添加不适合驴食用的化学成分。经过实地考察，他发现没有，于是开始找相关专家化验下脚料的营养成分。通过化验得知，下脚料的蛋白含量在17%～20%，非常适合饲养德州驴。他取了样品，带到养殖场喂驴，驴不吃，他就把下脚料搅拌到饲草中，慢慢地一点一点地添加。经过反复试验，他找到了一个合理的配比，并申请了一项专利——《驴用育肥饲料及其制配方法》。

另外，经过多次尝试探索，贾涛也发现，农民种植作物的秸秆、面粉加工企业产生的下脚料，也是养驴的好饲料。同时，饲养驴产生的驴粪富含微生物有机质，还是种植瓜果蔬菜的上好农家肥。种养结合，既降低了成本，又实现变废为宝，减少了环境污染，实现了循环经济可持续发展。

四、努力，坚持付出总有回报

经过10余年的坚持，贾涛逐步拓展公司经营范围，目前公司已成为综合性的农业一体化企业。其经营范围如下：畜禽养殖、屠宰、加工、销售；德州驴（种驴）养殖、销售；配合饲料（畜禽、幼畜禽、种畜禽）、浓缩饲料（畜禽、幼畜禽、种畜禽）生产、销售；蔬菜种植、加工、销售；食品、果蔬冷藏服务；农业技术指导培训、农业观光。

公司坚持科技引领，与中国科学院、中国农科院、山东省农业科学院、山东省农业大学开展长期合作，在德州黑驴及地方驴科研方面取得丰硕成果。山东省农业科学院在公司设有“山东省农业科学院地方驴品种资源保护基地”“德州黑驴养殖繁育保种基地”，以及博士工作站、DNA分子鉴定实验室。

2017年8月11日，公司在齐鲁股权交易中心山东青年创业创新板（简称“青创板”）开板，成为全省首批在“青创板”挂牌的企业，也是德州地区仅有的两家企业之一。

为了进一步拓展发展空间，公司在现有种驴扩繁、黑驴养殖及饲料加工的基础上，于2017年开始在房寺镇建设分公司——禹城市惠禹农牧有限公司，分公司现存栏德州驴500余头。通过建设屠宰加工厂、冷储物流以及美食生态休闲体验园等场所设施，公司逐步成为集德州黑驴种驴家系扩繁、养殖、屠宰、驴肉加工、美食、饲料加工与销售、农业休闲于一体的具有较完善的黑驴产业化链条的农业产业化重点龙头企业。

另外，在公司成果展览室中，还能看到更多的荣誉：2013 年获得山东省畜牧兽医局的“无公害农产品产地认证”；被原农业部农产品质量安全中心认定为“无公害农产品”，注册商标“天地龍”；为山东省高效特色畜牧业示范项目单位，2016 年山东省人民政府粮改饲项目实施单位；2016 年公司生产的德州驴肉在第 31 届（2016）山东畜牧业博览会上被评为优质产品“金奖”；被山东省商务厅认定为“中药材流通追溯体系建设单位”；被山东省旅游局、山东省畜牧兽医局评为山东省畜牧旅游示范区。

五、共享，毛驴情怀传递大爱

吃水不忘挖井人，贾涛一直难忘“毛驴情怀”，难忘毛驴身上吃苦耐劳、任劳任怨、甘愿奉献的牺牲精神。他表示，要通过驴产业把爱心传递下去，积极参与到社会的扶贫队伍中，让人民群众特别是贫困群众共享社会主义温暖。

他深入实际开展调研，针对不同的贫困户，采取不同的扶贫方式。对于有劳动能力的：一是供应驴苗、驴料，提供技术服务、免费培训，按高于市场价格回收成驴；二是吸收当地扶贫办建档立卡贫困人员入社和安排就业，培养一技之长，使他们永久脱贫。对于没有劳动能力的：一是实施项目，将扶贫资金直接拨付给贫困户；二是公司申请富民生产贷款 300 万元，帮扶贫困户脱贫。截至目前，惠民农业科技有限公司已帮扶东城街道办事处、市中街道办事处、粱家镇、李屯乡、辛寨镇、张庄镇、莒镇乡等乡镇的 300 余名贫困人员。贫困人员有的被安排到企业内长期务工，每人每年工资收入约 2 万元；有的被安排短期劳务，每人每年收入约 2.1 万元；有的代养公司提供的驴苗，每人每年收入约 2.8 万元；还有的直接接受扶贫资金，合计 30 余万元。每逢佳节，公司都组织员工代表带着礼物和爱心去贫困户家中慰问。此外，公司还参与开展了给贫困村铺路、资助贫困家庭孩子上学等公益活动。

由于共享大爱，贾涛连续三年被当地政府授予“扶贫工作模范带头人”称号。他在《中国畜牧业杂志》发表的《乌头驴和三粉驴微卫星遗传多态性分析》和《用特色产业带领农民脱贫致富》两篇文章受到业内人士的普遍关注。公司的发展模式被中国畜牧博览会评为“中国畜牧产业扶贫优秀模式”。“惠民，让更多的老百姓享受产业红利，这就是我起名惠民农业科技有限公司的初衷。”贾涛不改朴实本色。

“创业是一条通天之路，路上有许多坎坎坷坷，勤奋努力才会使路更平坦、宽广。这也是对家人、对社会负责！”回顾曾经走过的风风雨雨，贾涛总结自己的驴情怀，展望自己未来的驴梦想：“天道酬勤、厚载万物，我要努力把公司建设成为国内最大的德州黑驴繁育保种基地。”这不仅是贾涛的个人梦想，更是当前新时代驴产业奋斗者的共同心声！

第九节　张同新——初心使命一脉传[①]

山东作为驴产业特色优势区，其规模养驴场数量众多。其中，在济南长清区文昌街道，有这么一家极具特色：虽然存栏数量不多，但是质量效益走在前列；虽然员工人数不多，但是场区环境干净整洁；虽然是偏重养殖一产，但是旅游餐饮客人络绎不绝。这就是济南张景牧业科技发展有限公司，简称“张景牧业”。公司存栏黑毛驴 1 000 余头，目前已逐步打造成一产良种繁育、二产屠宰加工和三产餐饮娱乐、生态观光的毛驴全产业链发展模式，成为山东特色畜牧业的知名品牌。今天，就让我们了解张景牧业的一路历程，认识其背后的主人公——张同新。

一、不忘初心使命，带头共同致富

张同新，现任济南张景牧业科技发展有限公司总经理，长清区文昌街道华新社区（原邢代庄村）党支部书记、主任，济南华新集团董事长，长清区高端人才联谊会会长。谈起他，要从 25 年前的邢代庄村说起。

① 本节内容原文来自“投身驴产业”案例征文，原题为“初心使命一脉传，乡村振兴中国梦”，材料提供者为张燕（山东省农业科学院生物技术研究中心）。略有修改。

邢代庄村，现在的华新社区，位于长清区文昌街道内，1992 年由于长清城市建设征用村庄全部土地，转型发展成为村庄唯一出路。1994 年，张同新当选村支部书记后，带领村“两委”集体连续开会 6 天，经过反复地激烈讨论，最终达成共识：立足县城驻地优势，大力发展村办企业和民营经济，走共同富裕的发展路子。为发展村集体经济，他不顾家人反对，毅然将自己价值近百万元的企业无偿捐给村里，创立了华新集团，重点从事房地产开发和建筑安装等。当时，张同新就向村民庄严承诺：“我就是脱掉一层皮也要让邢代庄村甩掉贫困村的帽子。”他向村民们承诺：第一年村集体收入要超过 10 万元，第二年要超过 30 万元，第三年要超过 50 万元；1995 年实现集体年纯利润 46 万元，1996 年 87 万元、1997 年 180 万元，连续 3 年翻番。同时，村里从征地补偿款中拿出 200 万元，利用城中村的区位优势，在新城区内建起了长 420 米的商业街，给全村每户一栋两层的沿街商业楼。村民既可以自用商业楼经营，也可以对外租赁。短短 5 年时间，村民年收入也从过去不到 500 元，一下子增加到了 1 万多元，早早实现了张同新“带领大家共同致富”的承诺目标。

2005 年，张同新紧抓邢代庄村撤村改居的有利时机，带领华新社区居委会，动员全村开展旧村改造建设，利用不到 1 年时间，使全村 100 多户全都住上了宽敞明亮的新楼房。昔日贫穷落后的小村庄，发展成为远近闻名的“模范社区”“党风廉政示范社区”“文明社区”。

二、接力乡村振兴，毛驴承载梦想

近些年来，张同新认真学习领会党中央系列决策部署，认为“农业大有可为”，决定利用二、三产业发展积累的资金重返农业，成立了涉农企业。为了摆脱传统农业发展模式，他积极研究探索，租赁邻村 1 000 亩荒坡山地，种植了爱宕梨果树和紫花苜蓿，决定发展“牧草喂畜禽、畜禽粪便产沼气沼液、沼液灌溉林果牧草”的生态循环经济模式，建设依靠科技、经济效益高的现代农业。

在先后探索奶牛、生猪养殖后，2015 年 6 月，张同新成立了济南张景牧业科技发展有限公司（即中国黑驴山东繁育基地）。公司占地面积 150 亩，投资 1 000 余万元引进中国黑驴优良品种 700 余头。公司以良种繁育、良种推广为主，努力打造集良种繁育、生态观光、餐饮娱乐于一体的驴业产业园。公司不仅是中国黑驴山东繁育基地，也是济南市精准扶贫养殖项目试验基地，因黑驴品种好，发展起点比较高，成为东阿阿胶股份有限公司的主要供应商。“牧草—毛驴—粪肥—林果”的生态良性循环模式，实现了经济效益、社会效益和生态效益的有机结合，受到各级领导和专家的高度评价，并在全省予以推广。

此外，由于毛驴抗病力强、耐粗饲，济南市委市政府提出，把养驴业作为今后济南市的精准扶贫试点做大做强。2016 年以来，张同新与当地 16 个贫困村 600 多户贫困户结成对子，使黑驴养殖成为贫困户脱贫的主要方式。如他与马山镇西褚科村集体合作，由村集体来养黑驴，养大后他再以高于市场价的价格回收，仅此一项，就使西褚科村集体收入一年增加 10 余万元。特别是在 2017 年驴行情严重低迷的情况下，他依然执行约定价格回收，不仅体现出有言必行的诚信精神，更彰显了共产党员的高尚品质。

三、细节彰显匠心，全程精益求精

从事毛驴养殖，不是张同新一时头脑发热，而是他经历了奶牛、生猪养殖后深思熟虑的选择。他于 2001 年引进奶牛涉足养殖业，在 2008 年因“三聚氰胺事件”遭遇沉重打击。他直言“当时奶价不如水价”，认识到“养殖企业抗风险能力太弱”。随后他转行养殖生猪，经历了几轮猪周期冲击，体会到“搞养殖不能搞大众化，要突出特色，而且必须要搞全产业链发展”。于是，在适度压减生猪产能基础上，张同新把目光投到了毛驴身上。“近年来，随着人们生活水平的逐渐提高和饮食结构的调整，阿胶、驴肉、驴乳等驴产品需求量越来越多，加上毛驴本身耐粗饲、抗病力强、特色优势明显，毛驴全产业链发展潜力非常大。”张同新如是说。

在养殖场里，随处可见张同新精益求精的匠心理念，无不体现着他细致入微的管理手段。为了节省人工，根据毛驴饲喂特点，他自行摸索设计了全自动化上料设施，大大降低了人工成本。这套设施已申请了国家专利，被山东畜牧兽医职业技术学院等多个单位观摩学习。为进一步降低养殖成本，他还自行探索设计饲料配方，通过有效利用青贮饲料，大大降低了驴饲养成本。目前一头驴一天的养殖成本为4元多，相较大多养殖户一头一天节省近2元。开展人工授精，他自己进行血配，能达到90%以上的配种成功率。发展发酵床养驴，既经济环保，又能清出驴粪将其发酵为有机肥，以600元/吨的价格卖给果农和菜农。厂区还设置雨污分离，收集雨水过滤后用于养殖锦鲤等，每个细节无不体现出他对毛驴养殖的热爱和一片苦心。此外，为有效解决养殖周期对毛驴收购价的影响，他开设快乐驴火锅连锁店，实现产销一条龙，增加了利润点。“可以预见的是，未来几年时间内，驴产业将始终会是畜牧业供给侧结构性改革的着力点、加快新旧动能转换的支撑点、脱贫攻坚的突破点。对于毛驴产业，我信心百倍。”张同新对驴产业发展的美好前景充满信心。

四、牢记责任担当，矢志奉献社会

一花独放不是春，百花齐放春满园。作为一名共产党员，他深知个人应积极承担更多的社会责任。一是倡导敬老风尚。华新社区专门设立了养老金，凡60岁以上的老人，每月发放200元生活补助，每天免费供应0.5千克鲜乳。全社区每年开展一次“双文明标兵”评选活动，对当选者给予特别的荣誉和经济奖励，使社区敬老氛围日渐浓厚。二是崇尚教育为本。社区设立教育奖励基金，对每个学段的孩子实施定额奖励，如考上大学奖励3 000～5 000元。鼓励居民参加自学考试，报销全部学费。开办文化夜校，促进居民学习，培养出人才30余名。三是关爱弱势群体。公司自成立之日起就十分重视关爱弱势群体，为了更好地回报社会，增加贫困家庭收入，公司成立了“济南张景牧业我的兄弟姐妹帮扶基地”，安排7名有劳动能力的残疾人到公司就业，带动10户无劳动能力的残疾人实现增收，实现残疾人脱贫致富的目标，对推动产业扶贫、项目扶贫起到了良好的示范引领作用。四是强化人才支撑。张同新组织成立农业高端人才联谊会，汇集了“山东省乡村之星”“济南市泉城乡村之星”“长清区首届农村实用人才（乡村之星）”等高端人才。会员要求素质高，社会知名度高，群众威望高，有奉献、创新、创优精神，要做乡村振兴的主力军、推动者。作为长清区高端人才联谊会会长，张同新充分发挥联谊会作用，解决了多名农村人才的创业难题。此联谊会的有效工作还受到了农业农村部的好评，2015 年长清区被农业农村部列为“全国农村实用人才认定试点县”，长清区农村实用人才管理工作已走在了全市乃至全省先进行列。

“一分耕耘，一分收获。”张同新的工作得到了社会各界的广泛认可，个人先后荣获“山东省劳动模范”“山东省农村科技致富能人”“山东省乡村之星”“济南市优秀共产党员”“济南市优秀青年民营企业家”“济南市优秀科技实用人才”等荣誉称号。他无私奉献、心系群众，无愧于群众期待、组织信任，充分展示了共产党员的时代风采！

后　记

处于新的历史节点，驴业转型升级面临重大发展机遇，同时，驴作为一个相对较小的畜种，在发展中也遇到了诸多严峻挑战。驴业扶贫作为产业扶贫的重要组成部分，在此过程中也跌宕起伏，近年来引发了“上至行业主管部门，下至普通养殖户”等“驴圈”广大“驴人”的普遍关注和广泛热议。

作为驴业经济研究学者，自 2017 年进行驴业经济调研以来，笔者屡屡被一些超出常规认识的现象所震撼，常常想要为驴业健康持续发展做点什么，于是自始至终与中国畜牧业协会驴业分会密切合作，积极参与规划制定与战略设计，深入开展系列专题调研与交流研讨，联合组织包括扶贫相关征文活动在内的系列活动，反复讨论本书框架结构，精心筛选并润色入选文章。

衷心感谢中国畜牧业协会会长李希荣先生、秘书长何新天先生欣然为本书作序；感谢中国畜牧业协会副秘书长、驴业分会秘书长刘强德先生和驴业分会副秘书长王春洪先生为本书编写做出的大量组织协调与指导帮助；感谢中国农业大学经济管理学院领导的支持鼓励与李军副院长的给力参与；感谢硕博连读生鹿傲飞同学、阳原驴产业科技小院硕士生王凯文同学、会计专硕孙荣荣同学投入大量时间精力做出的富有成效的工作；感谢编写团队所有成员的通力协作和辛苦付出！

还要重点感谢中国农业大学出版社童云老师、陈颖颖老师给予专业化的策划与编辑指导！

本书出版得到了金普新区都市现代农业发展规划项目的资助，得到了张家口桑阳牧业有限公司条件上的支持，在此特致诚挚谢意！

驴产业数据资料尚不全面，加上时间与水平所限，疏漏之处，敬请批评指正！

王玉斌

二〇二〇年十月十六日